Geografia cultural:
caminhos e perspectivas

inter
saberes

Geografia cultural:
caminhos e perspectivas
2ª edição

Marcia Alves Soares da Silva

inter saberes

Rua Clara Vendramin, 58 . Mossunguê . CEP 81200-170 . Curitiba . PR . Brasil
Fone: (41) 2106-4170 . www.intersaberes.com . editora@intersaberes.com

Conselho editorial	**Capa**
Dr. Alexandre Coutinho Pagliarini	Mayra Yoshizawa (*design*)
Drª Elena Godoy	Nadia Grapes/Shutterstock (imagem)
Dr. Neri dos Santos	**Projeto gráfico**
Mª Maria Lúcia Prado Sabatella	Mayra Yoshizawa (*design*)
Editora-chefe	ildogesto e Amosos/
Lindsay Azambuja	Shutterstock (imagem)
Gerente editorial	**Diagramação**
Ariadne Nunes Wenger	Andreia Rasmussen
Assistente editorial	***Designer* responsável**
Daniela Viroli Pereira Pinto	Ana Lucia R. Cintra
Preparação de originais	**Iconografia**
Natasha Suellen Ramos de Saboredo	Regina Claudia Cruz Prestes
Edição de texto	
Monique Francis Fagundes Gonçalves	
Palavra do Editor	

Dados Internacionais de Catalogação na Publicação (CIP)
(Câmara Brasileira do Livro, SP, Brasil)

2ª edição, 2025.
1ª edição, 2019.
Foi feito o depósito legal.

Informamos que é de inteira responsabilidade da autora a emissão de conceitos.

Nenhuma parte desta publicação poderá ser reproduzida por qualquer meio ou forma sem a prévia autorização da Editora InterSaberes.

A violação dos direitos autorais é crime estabelecido na Lei n. 9.610/1998 e punido pelo art. 184 do Código Penal.

Silva, Marcia Alves Soares da
Geografia cultural: caminhos e perspectivas / Marcia Alves Soares da Silva. – 2. ed. rev., atual. e ampl. – Curitiba, PR: InterSaberes, 2025.

Bibliografia.
ISBN 978-85-227-1661-6

1. Espaço e cultura 2. Espaço geográfico 3. Geografia humana I. Título.

24-243144   CDD-900

Índices para catálogo sistemático:
1. Geografia cultural 900

Eliane de Freitas Leite - Bibliotecária - CRB 8/8415

Sumário

Apresentação | 11
Como aproveitar ao máximo este livro | 19
Introdução | 23

1. Discussões sobre cultura na geografia: uma introdução | 27
   1.1 Conceito de cultura | 29
   1.2 Perspectiva histórica da geografia cultural | 41
   1.3 Fundamentos da geografia cultural | 52

2. Espaço e cultura | 65
   2.1 Espaço geográfico e questões culturais | 68
   2.2 Cultura material e cultura imaterial | 74
   2.3 Espacialidades culturais | 80
   2.4 Manifestações da cultura no espaço: festas populares, patrimônio cultural, memória e tradição | 83

3. Conceitos geográficos e suas relações com a cultura | 111
   3.1 Região e cultura | 113
   3.2 Paisagens culturais | 117
   3.3 Territórios e territorialidades culturais | 123
   3.4 Lugar e espaço vivido | 134

4. Geografia cultural brasileira | 149
   4.1 História da geografia cultural no Brasil | 151
   4.2 Diálogos com a geografia humanista | 157
   4.3 Autores, núcleos e grupos de pesquisa | 168

5. Desafios da cultura na contemporaneidade | 181
   5.1 Mercantilização da cultura | 184
   5.2 A lógica de produção do espaço e os impactos nas culturas tradicionais | 190
   5.3 Homogeneização cultural | 197

6. Outras geografias: novas perspectivas para os estudos culturais | 209
   6.1 Geografias marginais | 212
   6.2 Geografia e gênero | 214
   6.3 Geografia das emoções: experiências emocionais e espaciais | 221
   6.4 Geografia e(é) arte | 228
   6.5 Geografia e religião: sobre os espaços sagrados | 233
   6.6 Teorias mais-que-representacionais | 238

7. Metodologias inovadoras e geografias criativas | 273
   7.1 Caminhos provocadores para pesquisar o/no cotidiano | 276
   7.2 CriAÇÃO no/do espaço: *performances* e experiências geográficas | 280

Considerações finais | 303
Glossário | 307
Referências | 310
Bibliografia comentada | 323
Respostas | 327
Sobre a autora | 331

Dedico este livro a todas as pessoas que acreditam que é possível pensar um mundo mais colorido, justo, sensível, de respeito às diferenças e às práticas culturais. Dedico também a todas as mulheres da história que deram a vida para que mulheres como eu tivessem acesso à educação, ao trabalho e à liberdade.

Por fim, dedico aos meus pais, Antonio e Antonia, e aos meus irmãos, Guilherme e Manuella.

Agradeço a todas as pessoas que fizeram parte da construção deste sonho, como geógrafa, como professora, como intelectual e como mulher.

Nossas experiências com o mundo e com as pessoas nos fazem ser quem somos. Este livro foi escrito por muitas cabeças, mãos e corações, tendo como base inúmeros diálogos que teci durante minha carreira e minha vida. "Eu deixo e recebo um tanto", conforme se entoa na canção *Mistério do Planeta* (Novos Baianos). Sou grata a todos os amigos e amigas que são parte deste sonho.

Agradeço a todas as mulheres da história que tiveram coragem, lutaram e deram a vida para que outras mulheres, como eu, pudessem hoje ganhar outros espaços de atuação para além do ambiente doméstico, como as universidades, as escolas e os cargos de chefia.

Aos meus pais, Antonia Alves e Antonio Lopes, à minha irmã, Manuella Alves, e ao meu irmão, Guilherme Alves, que sempre acreditaram no meu sonho e são parte fundamental da minha luta e do meu percurso cotidiano, meu eterno agradecimento!

Agradeço aos mestres e mestras que participaram da minha caminhada profissional e compartilharam comigo seus conhecimentos. Muitos deles inspiraram esta jornada geográfica. Agradeço aos que me deram a oportunidade para que este livro fosse concebido, não só no que se refere às esferas administrativa e editorial, mas também no que diz respeito à existência de pessoas que acreditam na importância dos estudos culturais na e para a geografia.

Por fim, agradeço a todos aqueles que se sentem partícipes desta construção, que fizeram parte da minha vida em algum momento e que acreditam no meu trabalho. Este livro foi escrito por vocês e para vocês. Gratidão!

Apresentação

A cultura é uma construção das pessoas e engloba tanto as questões materiais que envolvem a vida, presentes na paisagem, por exemplo, quanto as imateriais, que dão sentido e significado às práticas cotidianas. Portanto, nesta obra, vamos discutir a cultura em termos tangíveis e intangíveis.

Há várias maneiras de compreender esse conceito. A cultura transforma nossa vida e, em uma perspectiva geográfica, os espaços onde vivemos. Considerando a geografia cultural, abordaremos a cultura tomando como base sua relação com o espaço geográfico – as paisagens, as regiões, os territórios e os lugares, categorias espaciais centrais do pensamento geográfico –, buscando esclarecer de que maneira os fenômenos espaciais podem ser compreendidos por meio dos fenômenos culturais.

É preciso reconhecer que as discussões e o desenvolvimento do conceito de cultura estão intrinsecamente relacionados com a discussão de outras concepções, como as de sociedade, civilização, coletividade, intersubjetividade e ser humano. Logo, não há uma única definição de cultura, que geralmente é compreendida em associação com outros conceitos, a depender do caminho escolhido pelo teórico no desenvolvimento da discussão.

De acordo com Ernst Cassirer (1874-1945), filósofo alemão do início do século XX, a cultura nos torna animais simbólicos e é por meio dela que fazemos a mediação de nossa relação com o mundo. Com base nesse entendimento, o filósofo desenvolveu uma teoria da cultura, apontando que, concebida como uma questão simbólica, a cultura permite a autolibertação das pessoas e o aparecimento da consciência. Por esse viés, compreendemos que a cultura é parte fundamental da existência, porque dá sentido e significado à nossa vida, às nossas relações e práticas.

As questões culturais já faziam parte da geografia desde o início dessa disciplina, no século XVIII, quando foi reconhecida como tal, perdurando até sua constituição como ciência moderna, no século XIX. As Grandes Navegações, a descoberta de outros lugares, as trocas entre os povos, as representações cartográficas, a análise e a descrição de paisagens, o desenvolvimento de teorias em função de diferenças regionais, entre outros elementos, são pontos importantes para entender o debate cultural na história do pensamento geográfico.

Assim, o conceito de cultura foi abordado de diferentes maneiras, de acordo com a época, os fatos históricos, as transformações sociais e os contextos de discussão dos teóricos da geografia. Mais recentemente, foram incorporadas discussões distintas sobre a concepção de cultura na disciplina, em especial em razão do diálogo com outras áreas do conhecimento, como a antropologia, a sociologia, a filosofia e a psicologia.

Já no contexto dos séculos XX e XXI, vale destacar as intensas transformações propiciadas pelos avanços tecnológicos na comunicação e no acesso à informação. Outro elemento importante foi o desenvolvimento de novas formas de mobilidade, que possibilitam conhecer outros lugares em uma velocidade jamais experimentada na história da humanidade.

Um ponto relevante sobre o tema, em particular nos últimos anos, é a intensificação das atividades turísticas, que viabilizam diferentes trocas culturais. Nesse sentido, elencamos esse e outros elementos a serem considerados na compreensão sobre o conceito de cultura na geografia cultural.

A cultura, portanto, engloba vários aspectos que são abordados por diferentes áreas com mais ou menos profundidade. Podemos pensar a cultura em termos de linguagem, valores, crenças e tradições, festas populares, patrimônios culturais, identidade, manifestações religiosas, alimentação, mitos, arte, entre outros, já que, como afirmamos, a cultura é uma construção humana e, logo, está em constante processo de (des)construção.

Desse modo, traçaremos nesta obra um percurso histórico da incorporação das discussões sobre a cultura e as questões culturais na geografia, buscando elucidar de que maneira a cultura foi trabalhada sob diferentes óticas desde o início da história do pensamento geográfico até os dias atuais. Muitas das discussões geográficas abarcavam questões relacionadas à cultura, mas nem todas estão inseridas no movimento da geografia cultural, que teve início no século XX.

É importante destacar a relevância da interdisciplinaridade nesse processo, uma vez que o diálogo com outras áreas do conhecimento possibilitou à geografia pensar a cultura segundo diferentes propostas, inclusive englobando as questões imateriais que a envolvem, como as relacionadas aos significados, aos sentimentos e aos pertencimentos, que fazem parte de práticas culturais cotidianas.

O interessante em discutir a cultura na geografia reside também na possibilidade de incorporar a discussão sobre a diferença. Isso porque é a cultura que diferencia as pessoas umas das outras e é preciso compreender que essas diferenças propiciam distintas transformações espaciais, aqui entendidas como parte do mundo da cultura.

Dessa forma, no Capítulo 1, intitulado "Discussões sobre cultura na geografia: uma introdução", inicialmente examinamos o conceito de cultura em diferentes áreas do conhecimento, em particular em áreas afins à geografia. Tal debate é pertinente para entendermos como a geografia introduziu o tema em suas análises, visto que a questão cultural não é seu objeto central de análise. Portanto, a concepção de cultura é analisada por meio das categorias espaciais.

Para tanto, realizamos um resgate histórico das questões culturais na geografia e da construção da geografia cultural no início do século XX, especialmente com as contribuições de Carl Sauer (1889-1975), da Escola de Berkeley (Universidade da Califórnia), nos Estados Unidos. Destacamos diferentes pesquisadores que contribuíram para a estruturação da geografia cultural, em seus vários caminhos e discussões. Esse resgate possibilita ainda entender os fundamentos da geografia cultural, os temas de interesse, o diálogo com outras áreas e suas transformações no decorrer do tempo, em função das transformações não só da ciência, mas também da sociedade em geral.

No intuito de compreender mais especificamente a relação da cultura com a geografia, levando em consideração a questão espacial, no Capítulo 2, intitulado "Espaço e cultura", analisamos como é possível entender o espaço geográfico – conceito-chave da ciência geográfica – tomando como base as ideias de cultura material e imaterial, as espacialidades culturais e as manifestações da cultura no espaço. Nesse capítulo, apresentamos exemplos do cotidiano para demonstrar como algumas práticas culturais, como as festas populares, o patrimônio cultural, as memórias e as tradições, podem ser pensadas também em termos espaciais, enfocando algumas categorias espaciais da geografia que serão examinadas com mais profundidade no capítulo seguinte.

O conceito de cultura é concebido na geografia em sua relação com o espaço geográfico, cuja análise abrange outros conceitos geográficos – entendidos como categorias espaciais –, como região, paisagem, território e lugar. No Capítulo 3, intitulado "Conceitos geográficos e suas relações com a cultura", discutimos cada um desses conceitos e como é possível compreendê-los tendo em vista as práticas culturais. Cada uma dessas definições tem uma tradição na geografia, por isso problematizamos como essas categorias espaciais são trabalhadas em diferentes campos da geografia, como a geografia tradicional, a geografia cultural e a geografia humanista. Assim, buscamos demonstrar como as práticas culturais constroem diferentes territorialidades, paisagens culturais, espaços vividos e outras formas de relação com o espaço geográfico.

O debate realizado até então sobre a relação entre a cultura e a geografia se dá principalmente por meio de contribuições de geógrafos internacionais, uma vez que o surgimento da geografia cultural ocorreu principalmente nos Estados Unidos e na Europa (Inglaterra, Alemanha e França, em especial). No Capítulo 4, intitulado "Geografia cultural brasileira", apresentamos o percurso histórico da geografia cultural no Brasil, as primeiras influências de outras escolas da geografia e os principais interesses e temas de pesquisa. Analisamos ainda a relação entre a geografia cultural e a geografia humanista e destacamos de que maneira elas caminham juntas em algumas perspectivas geográficas, por meio das contribuições de algumas correntes filosóficas, como a fenomenologia e o existencialismo. Nesse capítulo, também vimos a necessidade de divulgar alguns pesquisadores seminais da discussão sobre a cultura na geografia brasileira, os núcleos de atuação concentrados em algumas universidades nacionais e os principais grupos de pesquisa em atividade atualmente. Essa divulgação possibilita entender o alcance da geografia cultural no contexto nacional, permitindo a ampliação do debate e a consulta de pesquisadores que se interessam por enveredar no caminho da geografia cultural.

Do ponto de vista da prática, no Capítulo 5, intitulado "Desafios da cultura na contemporaneidade", buscamos problematizar a questão da cultura tendo como fundamento debates contemporâneos resultantes de conflitos associados ao avanço do turismo, da lógica de produção do espaço e da mercantilização da cultura, discutindo ainda os impactos desses processos no âmbito da constituição da identidade. O intuito é apresentar algumas questões que devem ser compreendidas de maneira crítica e reflexiva, a fim de evidenciar como as práticas culturais têm sido encaradas segundo uma lógica de consumo e venda, como qualquer objeto, sem levar em consideração sua importância para as pessoas envolvidas.

Com o objetivo de destacar interesses mais recentes no campo de análise das questões culturais na geografia em função das transformações nas sociedades, no Capítulo 6, intitulado "Outras geografias: novas perspectivas para os estudos culturais", apresentamos algumas frentes de pesquisa que têm sido assumidas por diferentes pesquisadores e que trazem à luz alguns assuntos marginalizados pela geografia, pela ciência e pela sociedade como um todo. Nosso objetivo é contribuir para a ampliação das perspectivas sobre a cultura na geografia, com um olhar mais sensível para alguns assuntos mais próximos do cotidiano, tendo como foco central a questão da diferença. Entre esses temas, elencamos a religião, as emoções, a arte e o gênero.

Além disso, como parte da atualização da obra, também exploramos o debate mais recente acerca das teorias mais-que-representacionais, que dão enfoque ao cotidiano e às práticas banais como modos de pensar, produzir e compreender o espaço geográfico, bem como aos mundos mais-que-humanos, que consideram animais, objetos, tecnologias e coisas como parte de nossas interações e relações espaciais.

Por fim, no Capítulo 7, intitulado "Metodologias inovadoras e geografias criativas", apresentamos possibilidades metodológicas para compreender os desafios propostos pelas temáticas contemporâneas e emergentes da perspectiva da geografia, estabelecendo um diálogo com questões criativas, inventivas e artísticas para ampliar a leitura sobre as espacialidades e suas práticas e produções. Ademais, elencamos metodologias interdisciplinares, participativas e mistas para analisar as *performances*, os movimentos, os ritmos e as atmosferas do cotidiano.

Além das discussões teóricas e conceituais, em todos os capítulos, apontamos algumas questões a serem entendidas na prática, isto é, segundo as vivências de cada leitor. Este livro conta, ainda, com tópicos avaliativos que possibilitam a você, leitor, retomar alguns pontos discutidos aqui e realizar uma autoavaliação. Também apresentamos uma seleção de obras importantes que analisam temas de interesse da geografia cultural. Esperamos que, com esta obra, você possa se familiarizar com a geografia cultural e se sentir instigado a se enveredar pelos caminhos profícuos desta discussão geográfica.

Boa leitura!

Como aproveitar ao máximo este livro

Este livro traz alguns recursos que visam enriquecer seu aprendizado, facilitar a compreensão dos conteúdos e tornar a leitura mais dinâmica. São ferramentas projetadas de acordo com a natureza dos temas que vamos examinar. Veja a seguir como esses recursos se encontram distribuídos na obra.

Introdução do capítulo
Logo na abertura do capítulo, informamos os temas de estudo e os objetivos de aprendizagem que serão nele abrangidos, fazendo considerações preliminares sobre as temáticas em foco.

Importante!
Algumas das informações centrais para a compreensão da obra aparecem nesta seção. Aproveite para refletir sobre os conteúdos apresentados.

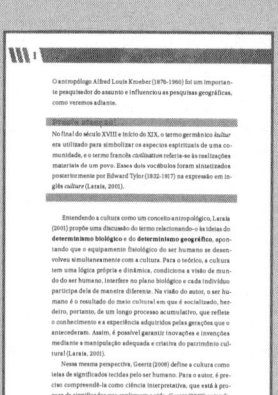

Preste atenção!
Apresentamos informações complementares a respeito do assunto que está sendo tratado.

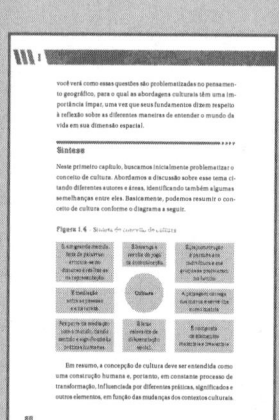

Síntese
Ao final de cada capítulo, relacionamos as principais informações nele abordadas a fim de que você avalie as conclusões a que chegou, confirmando-as ou redefinindo-as.

Indicações culturais
Para ampliar seu repertório, indicamos conteúdos de diferentes naturezas que ensejam a reflexão sobre os assuntos estudados e contribuem para seu processo de aprendizagem.

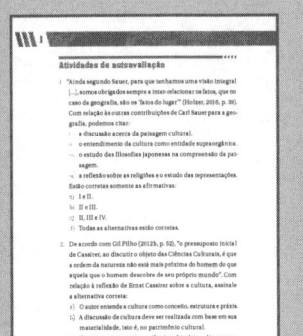

Atividades de autoavaliação
Apresentamos estas questões objetivas para que você verifique o grau de assimilação dos conceitos examinados, motivando-se a progredir em seus estudos.

Atividades de aprendizagem
Aqui apresentamos questões que aproximam conhecimentos teóricos e práticos a fim de que você analise criticamente determinado assunto.

Bibliografia comentada
Nesta seção, comentamos algumas obras de referência para o estudo dos temas examinados ao longo do livro.

Introdução

A discussão sobre o conceito de cultura é uma preocupação de diversas áreas do conhecimento, em especial das ciências humanas, que o analisam levando em consideração diferentes perspectivas. Na geografia, o debate sobre essa concepção também está presente. As questões culturais já se mostravam como parte das reflexões dos primeiros geógrafos, nos séculos XVIII e XIX, quando buscavam compreender a relação das pessoas com a natureza, vista como fundamental para entender o espaço geográfico – objeto-chave da disciplina.

Nesse sentido, o tema central de nossa discussão é a forma como o debate cultural está inserido na geografia, tanto do ponto de vista teórico e conceitual quanto do ponto de vista da práxis. Tal debate, desde as primeiras décadas do século XX, está inserido na subárea da geografia humana denominada *geografia cultural*.

Por *geografia cultural* entende-se a área da geografia humana que visa compreender os fenômenos espaciais tomando como base questões culturais. Em outras palavras, trata-se de compreender a organização do espaço em termos culturais. Desse modo, concebe-se que a cultura, como uma construção humana, cria diferentes espacialidades culturais no decorrer da vida, dos deslocamentos e das permanências.

> A cultura, entendida como [construção de] significados, direciona a atenção dos geógrafos para a escolha de seus objetos de investigação. Por ser uma abordagem, um modo de olhar a realidade, uma interpretação daquilo que os outros grupos pensam e praticam, a geografia cultural não é definida por um

> objeto específico, como a própria cultura, concebida segundo o senso comum ou segundo uma visão abrangente.
>
> A geografia cultural está focalizada na interpretação das representações que os diferentes grupos sociais construíram a partir de suas próprias experiências e práticas. (Corrêa, 2009, p. 5)

As intensas transformações nas sociedades nos séculos XX e XXI também repercutem em transformações culturais, visto que a cultura é mutável. Dessa forma, justifica-se a necessidade de compreender as questões culturais em termos geográficos, no intuito de refletir sobre como as práticas culturais se relacionam com os espaços cotidianos e como ambos se envolvem em uma dinâmica complexa no dia a dia.

Tendo em vista esse propósito, objetivamos, com esta obra, resgatar na história do pensamento geográfico as reflexões sobre o conceito de cultura, principalmente para a geografia cultural, evidenciando como tal debate é relevante até os dias atuais, em particular para problematizar o respeito às diferenças culturais. Assim, além do percurso geográfico, nosso intuito é examinar exemplos do cotidiano para entender como a cultura faz parte de nossa vida em vários aspectos, incluindo o social, o político e o econômico.

A obra destina-se a geógrafos e a todos aqueles que desejam ampliar o horizonte de análise das questões culturais. Procuramos apresentar um panorama geral da geografia, o que possibilita o debate com outras áreas do conhecimento interessadas em temas como cultura, identidade, território, paisagem, memória, tradição, patrimônio cultural, cultura popular, turismo, gênero, religião, emoções e arte. Aqui, contemplamos a pluralidade da análise do conceito de cultura, que pode ser discutido em diferentes frentes, tendo como foco o ser humano e suas formas de relação com o mundo por meio de suas práticas culturais.

Em suma, a contribuição do livro se configura na possibilidade de se entender a concepção de cultura em termos espaciais, o que permite, no âmbito da geografia, compreender as espacialidades culturais e, no contexto de outras áreas do conhecimento, incorporar a dimensão espacial nas análises culturais.

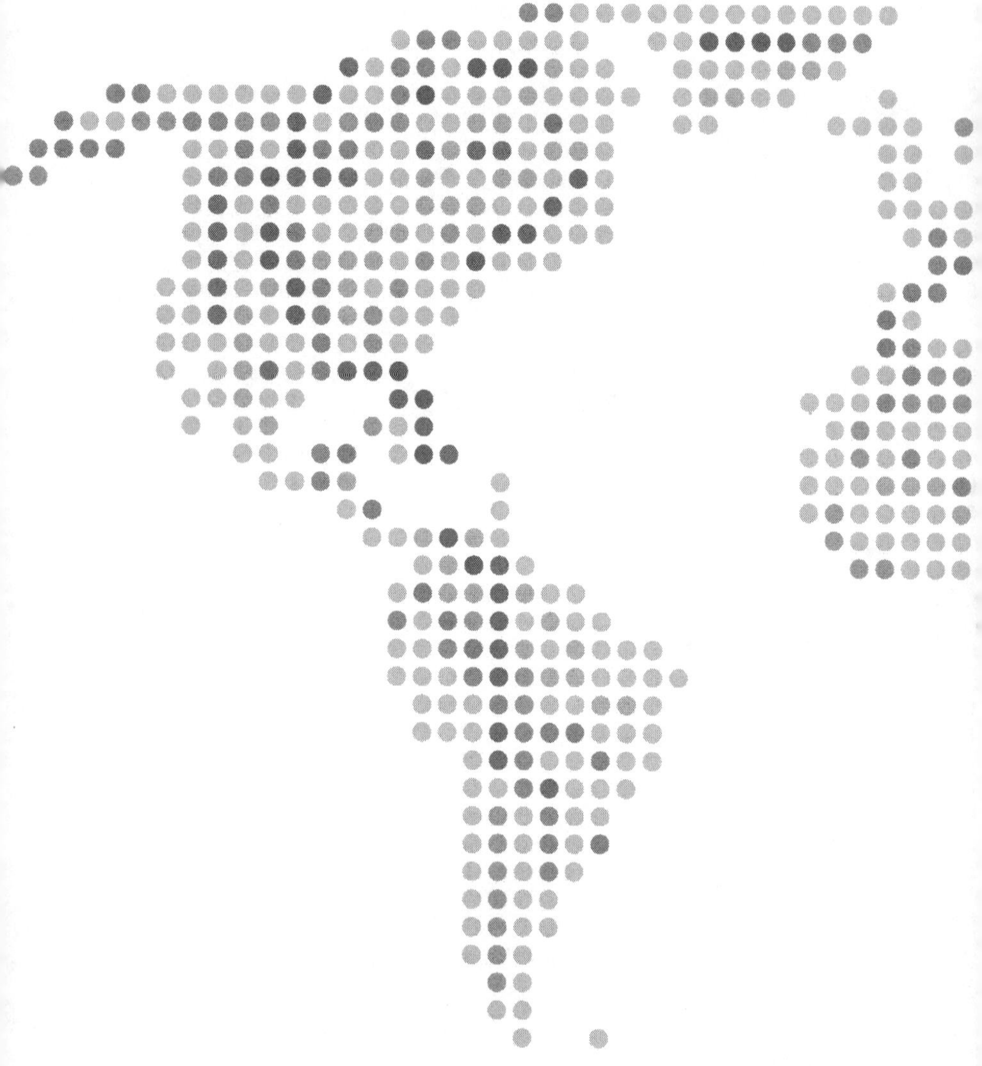

I

Discussões sobre cultura na geografia: uma introdução

Definir *cultura* é um desafio. Não há uma única visão do conceito e cada área do conhecimento científico discute o tema de acordo com determinada perspectiva. No entanto, apesar dessa diversidade, para o desenvolvimento da discussão proposta aqui, é necessário considerar algumas concepções de *cultura*, em especial das áreas afins à geografia.

Sobre isso, é importante destacar que a área da geografia cultural, por se propor a discutir um conceito tão amplo como a cultura relacionada à questão espacial, sempre privilegiou um diálogo interdisciplinar. E é exatamente esse caminho que será analisado neste primeiro momento.

Como introdução ao estudo da geografia cultural, apresentaremos algumas definições de *cultura*, o caminho histórico percorrido na construção da geografia cultural e alguns fundamentos que caracterizam essa subárea da geografia humana. Analisaremos por que se introduziu o debate sobre a cultura na geografia e de que maneira é possível pensá-la em termos espaciais, abordando conceitos como paisagem, território e lugar, além de temas de interesse como as festas, a religião, o patrimônio cultural, as manifestações populares e outros tópicos contemporâneos.

1.1 Conceito de cultura

O debate sobre as questões culturais tem estado "na moda" nos últimos tempos. Muitos assuntos contemporâneos são colocados no rol de temas atinentes à cultura, por vezes legitimando práticas atrasadas, preconceituosas e problemáticas. É aí que entra a complexidade do conceito: Você já parou para pensar qual é sua cultura? E que talvez você não tenha só uma cultura, mas várias culturas? Afinal, o que é cultura?

Determinar conceitualmente o que é cultura é algo bastante complexo, porque não há consenso sobre a definição do termo, justamente em razão das várias abordagens teóricas dessa definição por diversas áreas do conhecimento. Aqui, vamos considerar aquelas que têm maior afinidade com a discussão proposta pela geografia.

Podemos iniciar a reflexão apontando uma questão que acreditamos ser de entendimento geral no debate sobre o conceito: a cultura é uma **construção humana**. Somente os seres humanos têm cultura. Portanto, se a cultura é uma construção, ela também pode ser desconstruída, ou seja, é necessário pensar o conceito como uma constante (re)construção, em que diferentes usos e sentidos resultam na atribuição de outros significados à cultura no decorrer do tempo. Você entenderá a significação disso ao longo do debate aqui proposto.

Para iniciar a definição de um conceito, é relevante recorrer à definição do termo que o originou. Etimologicamente, a palavra *cultura* deriva de *colere*, termo em latim relacionado, em sua origem, ao cultivo agrícola. No final do século XVI, o significado da palavra *cultura* se alargou, passando a englobar a ideia de cultivo da língua, da arte, das ciências. Em meados do século XVIII, a noção de cultura se expandiu ainda mais, passando a ser concebida como patrimônio universal dos conhecimentos e valores humanos. O entendimento atual que temos do termo remonta a essa época, mesmo momento em que a concepção iluminista começava a desenvolver o conceito de cultura segundo um viés científico (Alves, 2010).

> O termo "cultura" tem uma longa história, sofrendo profundas transformações em seus significados no decorrer do tempo. Em certo sentido, é uma "palavra

mosaico" e, talvez por isso mesmo, rica, sedutora e contraditória. A sua definição é um tanto dispersa, não é exatamente clara e almeja atingir fins diferentes. Mais precisamente, não há um significado consensual que seja atribuído ao termo. "Cultura" é uma expressão utilizada para representar desde um conjunto de valores, tradições e capacidades inerentes à condição humana até a afirmação de identidades nacionais, de grupos ou subgrupos. Refere-se ao enriquecimento do espírito, a valores e normas existentes em determinados contextos históricos e sociais. (Alves, 2010, p. 15)

Nesse sentido, é preciso entender que a ideia de cultura, para além da relação com o espaço – que é a discussão central que nos interessa aqui (tendo em vista ser o objeto-chave da geografia) –, também se relaciona com a questão do tempo, isto é, com a questão histórica. Como já ressaltamos, a definição do termo foi se modificando no decorrer do tempo, em função das transformações das sociedades, que também são transformações espaciais. Portanto, é necessário analisar o conceito em termos espaço-temporais.

No âmbito da antropologia, que concebe a cultura como foco fundamental em sua estruturação na qualidade de campo do conhecimento, várias são as definições do conceito e há uma área específica para a discussão: a antropologia cultural. Os antropólogos desenvolveram importantes reflexões sobre o termo, utilizando, em especial, a **etnografia**[i] em suas pesquisas empíricas.

---

i. A etnografia é um método de pesquisa de cunho qualitativo que abrange diferentes técnicas e procedimentos, aplicados geralmente em pesquisas das áreas das ciências humanas, como a antropologia. Envolve a relação direta entre o pesquisador e o sujeito da pesquisa, mediante observação participante, observação direta, entre outras formas de observação e escuta, com o objetivo de investigar diferentes aspectos culturais de determinada comunidade, como no caso da pesquisa acerca de comunidades indígenas.

O antropólogo Alfred Louis Kroeber (1876-1960) foi um importante pesquisador do assunto e influenciou as pesquisas geográficas, como veremos adiante.

Preste atenção!

No final do século XVIII e início do XIX, o termo germânico *kultur* era utilizado para simbolizar os aspectos espirituais de uma comunidade, e o termo francês *civilisation* referia-se às realizações materiais de um povo. Esses dois vocábulos foram sintetizados posteriormente por Edward Tylor (1832-1917) na expressão em inglês *culture* (Laraia, 2001).

Entendendo a cultura como um conceito antropológico, Laraia (2001) propõe uma discussão do termo em que o relaciona às ideias do **determinismo biológico** e do **determinismo geográfico**, apontando que o equipamento fisiológico do ser humano se desenvolveu simultaneamente com a cultura. Para o teórico, a cultura tem uma lógica própria e dinâmica, condiciona a visão de mundo do ser humano, interfere no plano biológico e cada indivíduo participa dela de maneira diferente. Na visão do autor, o ser humano é o resultado do meio cultural em que é socializado, herdeiro, portanto, de um longo processo acumulativo, que reflete o conhecimento e a experiência adquiridos pelas gerações que o antecederam. Assim, é possível garantir inovações e invenções mediante a manipulação adequada e criativa do patrimônio cultural (Laraia, 2001).

Nessa mesma perspectiva, Geertz (2008) define a cultura como teias de significados tecidas pelo ser humano. Para o autor, é preciso compreendê-la como ciência interpretativa, que está à procura de significados que expliquem a vida. Geertz (2008) entende ainda a cultura como atuação; logo, ela seria pública, também em função do significado atribuído às práticas culturais, que igualmente são públicas. Desse modo, nesse contexto, a cultura consiste em estruturas de significado socialmente estabelecidas, fazendo parte da construção da vida coletiva.

Na discussão antropológica, Geertz (2008) propõe duas possíveis ideias para analisar o conceito de cultura. Uma delas diz respeito ao entendimento de que a cultura pode ser vista com maior precisão não como complexos padrões concretos de comportamento – costumes, usos, tradições, feixes de hábitos –, como geralmente é abordada, mas como um conjunto de mecanismos de controle – planos, receitas, regras, instruções – para governar o comportamento. A outra ideia concerne ao impacto do conceito na discussão do que é o ser humano: "precisamente o animal mais desesperadamente dependente de tais mecanismos de controle, extragenéticos, fora da pele, de tais programas culturais, para ordenar seu comportamento" (Geertz, 2008, p. 33). A esse respeito, o autor afirma o seguinte:

> Como sistemas entrelaçados de signos interpretáveis (o que eu chamaria símbolos, ignorando as utilizações provinciais), a cultura não é um poder, algo ao qual podem ser atribuídos casualmente os acontecimentos sociais, os comportamentos, as instituições ou os processos; ela é um contexto, algo dentro do qual eles podem ser descritos de forma inteligível – isto é, descritos com densidade. (Geertz, 2008, p. 10)

Assim, cabe observar a importância do contexto para entender a cultura. Isso porque as práticas culturais, justamente por seus significados, em geral fazem sentido em determinados contextos nos quais já estão estabelecidas. Esses contextos, em nossa discussão, são também espaciais, ou seja, podem ser compreendidos tomando-se como base a geografia. O que queremos dizer é que cada contexto social, político, econômico, entre outros, pode ser mais bem compreendido quando as práticas culturais que contempla são levadas em consideração – práticas estas que acontecem no tempo e no espaço.

Um exemplo disso refere-se à maneira como as pessoas lidam com a morte e o luto. Em diferentes culturas, muitas delas influenciadas por questões religiosas, a morte e o luto são interpretados de formas também distintas: em algumas culturas, realizam-se festas e celebrações; já em outras, preza-se pelo silêncio e pela dor da perda. Em cada uma delas, o contexto do luto – inclusive espacial – é diferente.

No campo da sociologia, Bauman (2012) discute a cultura como conceito, estrutura e práxis, apontando que, segundo sua conceituação original, ela "seria um agente da mudança do status quo, e não de sua preservação; ou, mais precisamente, um instrumento de navegação para orientar a evolução social rumo a uma condição humana universal" (Bauman, 2013, p. 12). Para o sociólogo, a cultura entra no vocabulário moderno como um lema e uma ação, oriunda de um projeto iluminista que a designava como ferramenta básica para a construção de uma nação, de um Estado e de um Estado-nação.

> A cultura é a única faceta da vida e da condição humana em que o conhecimento da realidade e do interesse humano pelo autoaperfeiçoamento e pela realização se fundem em um só. O conhecimento cultural é o único que não tem vergonha de seu sectarismo e do viés dele resultante. É, na verdade, o único

conhecimento audacioso o bastante para oferecer ao mundo seu significado, em vez de acreditar (ou fingir acreditar), com ingenuidade, que o significado está ali, já pronto e completo, à espera de ser descoberto e aprendido. A cultura, portanto, é o inimigo natural da alienação. Ela questiona constantemente a sabedoria, a serenidade e a autoridade que o real atribui a si mesmo. (Bauman, 2012, p. 300-301)

Ainda no campo das ciências sociais, Cuche (1999) afirma que a cultura torna possível a transformação da natureza e que a natureza do ser humano, por sua vez, é interpretada pela cultura, visto que os comportamentos são orientados por ela. O ser humano é essencialmente um ser de cultura, o que lhe permite adaptar-se ao meio, mas também adaptar o meio a si próprio.

A noção de cultura remete a modos de vida e pensamento; é uma ordem simbólica, portanto, que se aplica unicamente às pessoas, ou seja, nasce de relações sociais, que são sempre desiguais. Cuche (1999) destaca ainda alguns debates sobre o tema, como as ideias de cultura dominada e cultura dominante, cultura popular, cultura de massa e identidade.

Sobre a relação entre cultura e identidade, Cuche (1999) ressalta o desejo de se ver cultura em tudo e de se encontrar identidade para todos. Para o autor, **identidade** é o sentimento de fazer parte, de ser inerente ao grupo; liga-se ainda às ideias de representação e identificação e de afirmação e distinção cultural. A identidade existe sempre em relação a uma outra, ou seja, a identificação acompanha a diferenciação, e é comum que a identidade seja resultante da identificação imposta pelos outros – por isso o debate envolve lutas sociais. "A identidade permite que o indivíduo se localize em um sistema social e seja localizado socialmente" (Cuche, 1999, p. 177).

Na filosofia, Cassirer (2012) postula que somos seres biológicos, mas que não é isso que determina a condição humana. Somos seres que constroem cultura – isto é, somos seres culturais –, o que nos diferencia dos animais. A esse respeito, o filósofo afirma que o "pensamento simbólico e o comportamento simbólico estão entre os traços mais característicos da vida humana e que todo o progresso da vida humana está baseado nessas condições" (Cassirer, 2012, p. 51).

Desse modo, Cassirer (2012) discute a cultura inserida na ideia do simbolismo, entendendo que ela faz parte da construção dos seres humanos na condição de animais simbólicos. Nesse sentido, para pensar a cultura, é preciso considerar as formas simbólicas que envolvem o mundo simbólico, o próprio mundo da vida, portanto. O autor aponta a arte, a ciência, a história, a linguagem, o mito e a religião como formas simbólicas constituintes do mundo da cultura e que possibilitam a mediação simbólica com o mundo da vida.

Com relação à questão simbólica e ainda no campo da filosofia, Chaui (2006) concebe a cultura como a criação de uma ordem simbólica da linguagem, do trabalho, do espaço, do tempo, do sagrado e do profano, do visível e do invisível.

> Cultura é, pois, a maneira pela qual os humanos se humanizam e, pelo trabalho, desnaturalizam a natureza por meio de práticas que criam a existência social, econômica, política, religiosa, intelectual e artística. O trabalho, a religião, a culinária, o vestuário, o mobiliário, as formas de habitação, os hábitos à mesa, as cerimônias, o modo de relacionar-se com os mais velhos e os mais jovens, com os animais e com a terra, os utensílios, as técnicas, as instituições

sociais (como a família) e políticas (como o Estado), os costumes diante da morte, a guerra, as ciências, a filosofia, as artes, os jogos, as festas, os tribunais, as relações amorosas, as diferenças sexuais e étnicas, tudo isso constitui a cultura como invenção da relação com o Outro – a natureza, os deuses, os estrangeiros, as etnias, as classes sociais, os antepassados, os inimigos e os amigos. (Chaui, 2006, p. 113-114)

A autora caracteriza a cultura como moral, ética e política, como a intervenção do ser humano na natureza para adequá-la aos valores de sua sociedade; trata-se de uma "segunda natureza". Ao defender a ideia do direito à cultura, Chaui vê a necessidade de se opor "à política neoliberal, que abandona a garantia dos direitos, transformando-os em serviços vendidos e comprados no mercado e, portanto, em privilégios de classe" (Chaui, 2006, p. 137).

No campo da geografia, Claval (2011a) identifica a cultura como importante componente das relações entre as pessoas e o meio, bem como das relações sociais. O autor a enxerga como uma herança, entendendo que as trocas, as migrações e os rápidos deslocamentos contribuem amplamente para a diversidade cultural das sociedades.

A cultura é constituída de realidades e signos – isto é, tem uma dimensão simbólica –, os quais foram inventados para descrevê-la, dominá-la e verbalizá-la. Varia no tempo e no espaço, como criação coletiva e renovada das pessoas, moldando os indivíduos, definindo os contextos sociais e culturais, estruturando o espaço. Em suma, Claval (2007, p. 63) define *cultura* como "a soma dos comportamentos, dos saberes, das técnicas, dos conhecimentos e dos valores acumulados pelos indivíduos durante suas vidas e, em outra escala, pelo conjunto dos grupos de que fazem parte".

> **Importante!**
> Há alguns pontos em comum entre os autores citados, como a ideia de **dimensão simbólica da cultura**. Com a expressão *dimensão simbólica*, entre outros aspectos, queremos dizer que o mundo da cultura, isto é, o mundo criado pelas pessoas, é um mundo de significados. Nós criamos laços de significados a partir da relação que temos com o mundo dos objetos e o mundo das pessoas.

Ainda no campo da geografia, Gil Filho (2012b) afirma que as formas culturais não podem ser descritas somente por suas características físicas, pois sua manifestação é de ordem simbólica. Isso se reflete também na construção do espaço geográfico, já que

> o processo de espacialização é eminentemente simbólico, na medida em que o mundo dos fatos em si mesmo nos escapa e necessariamente precisa de uma mediação, o que o torna um mundo de símbolos. Portanto, os objetos culturais são formas do sujeito e parte do processo de espacialização mediado pelas formas simbólicas. (Gil Filho, 2012b, p. 56)

Nesse sentido, é preciso compreender que a cultura é espacializada e que o espaço geográfico não somente funciona como lugar de possibilidade do acontecer cultural, mas também se constitui como parte significativa dessas manifestações. Aqui, podemos citar, por exemplo, as manifestações religiosas. As igrejas, os templos, os locais de peregrinação, as festas de devoção, entre outros, são espaços sagrados necessários às manifestações de fé e devoção, sendo, ao mesmo tempo, condição material e imaterial para a realização de tal prática cultural. A Igreja dos Congregados, localizada em Porto, em Portugal (Figura 1.1), construída no início do século XVIII, é um exemplo de espaço sagrado que combina a cultura material (arquitetura, símbolos religiosos, azulejos) e a cultura imaterial (fé, devoção, crença e práticas religiosas).

Figura 1.1 – Igreja dos Congregados (Porto, Portugal)

Marcia Alves Soares da Silva

Com base nas discussões indicadas, é possível afirmar que a cultura se sustenta em algumas bases, como a história, a memória, os valores, as tradições, as crenças e os processos de identificação. Em razão dessa pluralidade, é necessária uma contínua reflexão, considerando-se que as culturas não são imutáveis, pois estão em permanente processo de (re)construção. Observe que aqui nos referimos a **culturas**, e não somente a uma cultura. Essas culturas estão em contínuo processo de ressignificação, em função das transformações inerentes às sociedades, que nos últimos tempos têm acontecido de maneira rápida e intensa. Pelos processos históricos às quais são submetidas, as questões culturais são também resultado de lutas, conflitos e contradições que possibilitam que tais práticas continuem existindo. Portanto, é preciso entender que a cultura faz parte da condição existencial do ser humano.

Resumindo as considerações apresentadas, podemos afirmar que

> a cultura é uma totalidade complexa feita de normas, de hábitos, de repertórios de ação e de representação, adquirida pelo homem enquanto membro de uma sociedade. Toda cultura é singular, geograficamente ou socialmente localizada, objeto de expressão discursiva em uma língua dada, fator de identificação dos grupos e dos indivíduos e de diferenciação diante dos outros, bem como fator de orientação dos atores, uns em relação aos outros e em relação ao seu meio. Toda cultura é transmitida por tradições reformuladas em função do contexto histórico. (Warnier, 2000, p. 21)

Nesse ponto da discussão, nosso interesse foi apresentar algumas interpretações sobre o conceito de cultura, que, como demonstramos, não se esgota. Como o debate é feito de maneira interdisciplinar na geografia, destacamos as reflexões que mais se aproximam dos propósitos e das perspectivas das abordagens culturais do pensamento geográfico. Aos poucos, a geografia foi traçando o diálogo sobre a questão, construindo seu *corpus* teórico-conceitual sobre a cultura, entendida sempre na relação com o espaço geográfico.

1.2 Perspectiva histórica da geografia cultural

O interesse inicial da geografia, quando de sua estruturação como ciência moderna no século XIX, era compreender a relação entre a natureza e a sociedade, embora a ênfase sobre o espaço "natural" tenha sido proeminente nos trabalhos dos primeiros geógrafos. Nesse sentido, a geografia cultural nasce no final do século XIX, juntamente com a geografia humana.

De acordo com Lévy (2015, p. 20),

> a geografia cultural foi primeiramente, no final do século XIX, uma denominação alemã (*Kulturgeographie*) designando uma etnografia das paisagens das sociedades "tradicionais", desenvolvendo assim um projeto um pouco diferente daquele da geografia francesa vidaliana[ii] que era da mesma época. A herança alemã foi difundida por Carl Sauer, que fez da *cultural geography* um ramo clássico da geografia americana.

A herança alemã para a geografia cultural se deu também com as contribuições de Friedrich Ratzel (1844-1904), que teve papel fundamental na estruturação inicial do pensamento geográfico. Assim, desde 1910, os geógrafos alemães definiram uma abordagem original dos fatos da cultura, dando atenção aos utensílios e às técnicas que dominavam o meio, além da análise da paisagem (Claval, 2007).

---

ii. O termo *vidaliana* faz referência ao geógrafo francês Paul Vidal de La Blache, um dos precursores da ciência geográfica, que abordou os conceitos de *possibilismo geográfico* e *gênero de vida* no século XIX.

Além da escola alemã, vale ressaltar o papel que as escolas francesa e anglo-saxã (tanto na Grã-Bretanha quanto nos Estados Unidos) de geografia desempenharam no desenvolvimento da geografia humana e, consequentemente, da geografia cultural. Essas duas últimas escolas tiveram destaque ainda nas contribuições para a geografia brasileira, como veremos posteriormente.

Na escola francesa de geografia, merecem destaque as contribuições de Paul Vidal de La Blache (1845-1918), em especial sua obra póstuma *Princípios de geografia humana* (1922). La Blache inaugurou a discussão do conceito de **gênero de vida**, que se refere à importância da técnica na intervenção do ser humano no meio em que vive, e do **possibilismo geográfico**, segundo o qual o ser humano tem possibilidades de transformar o meio, não sendo, portanto, um ser determinado, como defendiam os geógrafos alemães que desenvolveram o conceito de determinismo geográfico, como Friedrich Ratzel. De acordo com Claval (2007), Vidal de La Blache concebia a cultura como aquilo que se interpõe entre o ser humano e o meio e humaniza as paisagens.

Segundo Almeida (1993), outro geógrafo que se destaca na escola francesa de geografia é Jean Brunhes (1869-1930), o "único, no início deste século, a se interessar efetivamente pelas dimensões culturais na Geografia, se inspirando sobretudo nos folcloristas, como muitos alemães na época. A paisagem é o elemento capital para sua análise" (Almeida, 1993, p. 41).

Preste atenção!

A abordagem cultural teve um papel importante na primeira metade do século XX, que configurou a primeira fase da geografia cultural (1890 a 1940). Nesse momento, houve discussões relacionadas aos instrumentos que as pessoas utilizavam para transformar seu meio, como as técnicas agropastoris, as técnicas de construções de casas e os instrumentos de trabalho. Enquanto isso, alguns teóricos viam a necessidade de pensar a cultura em outros termos, como no caso da análise sobre os conteúdos simbólicos da paisagem, entendida como paisagem cultural, e os gêneros de vida (Claval, 2007, 2011a).

Desde a década de 1920, os temas culturais se constituíram como parte do interesse de alguns geógrafos da área humana da geografia. Um dos principais expoentes nesse momento foi Carl Sauer, professor da Escola de Berkeley (Califórnia), um dos proeminentes da escola anglo-saxã de geografia. O autor publicou uma importante obra em 1925, intitulada *The Morphology of Landscape*. Seus temas de interesse incluíam as paisagens culturais, a ecologia cultural, a história da cultura, o estudo da diferenciação de áreas ou dos *habitats* da terra e o uso do solo rural.

Sob a influência da discussão dos antropólogos Franz Boas (1858-1942) e Alfred Kroeber (1876-1960), Sauer via a cultura como criação humana. Discutia ainda a cultura como uma entidade supraorgânica, isto é, como algo que "pairava por cima das pessoas" e exercia um papel de determinação sobre elas. Na visão do teórico, "a geografia cultural se interessa, portanto, pelas obras humanas que se inscrevem na superfície terrestre e imprimem uma expressão característica" (Sauer, 1997, p. 4).

Para Sauer (1997), o método da geografia cultural é evolutivo e especificamente histórico, tratando de determinar as sucessões de cultura que ocorreram em determinada área, entendida como área cultural. Essas áreas culturais são estudadas pelo teórico com base no conceito de **paisagem**, sendo consideradas, assim, como paisagens culturais. Como exemplo, podemos citar o conjunto arquitetônico da cidade da Lapa, no Paraná. As singularidades das construções, as cores, os fatos históricos e a relevância do conjunto para os moradores constituem essa paisagem cultural.

Figura 1.2 – Conjunto arquitetônico da cidade da Lapa, no Paraná

Marcia Alves Soares da Silva

De acordo com Corrêa (2014, p. 41),

> a paisagem Saueriana, isto é, a paisagem cultural, era o resultado da ação da cultura, o agente modelador da paisagem natural. [...] nesse sentido [...] Sauer foi criticado por entender a cultura como entidade abstrata, supraorgânica, sem agentes sociais concretos, sendo gerado um quadro harmonioso: a paisagem cultural.

Entre as décadas de 1940 e 1970, período que marca a segunda fase desse movimento, o interesse pela geografia cultural diminuiu. Tal retração se deu pela força dos debates da geografia regional e da revolução teórico-quantitativa, que privilegiaram discussões ligadas aos conceitos de região e paisagem[iii]. A partir da década de 1950, houve um declínio da geografia cultural tradicional, que não incluía o debate sobre as representações e as ideias.

Nesse período, na geografia francesa, destacam-se as contribuições de Eric Dardel (1899-1967) – com a publicação de *O homem e a Terra* (1952), um importante trabalho da discussão cultural e humanista da geografia – e dos chamados *tropicalistas*, que realizaram estudos tropicais fundamentados nos contrastes e nas diversidades culturais. De acordo com Almeida (1993), entre os tropicalistas podemos citar Pierre Gourou (1900-1999), com a análise dos sistemas e técnicas de organização social no campo da análise cultural; Jean Gallais (1926-1998) e Armand Frémont (1933-2019), com ideias sobre a valorização da experiência humana dos lugares, das paisagens e dos espaços; e Joël Bonnemaison (1940-1997).

Quanto à escola anglo-saxã, podemos elencar os trabalhos de David Lowenthal (1923-2018), interessado na percepção do entorno, no diálogo com a psicologia comportamental e nas ligações entre o presente e o passado por meio do estudo das paisagens; Yi-Fu Tuan (1930-2022), que apresentou os debates sobre a percepção ambiental, a topofilia e a topofobia[iv], entre outras

---

iii. Conforme Christofoletti (1982, p. 13), a geografia regional do início do século XX, inserida na geografia tradicional, "procurava estudar as unidades componentes da diversidade areal de superfície terrestre. Em cada lugar, área ou região a combinação e a interação das diversas categorias de fenômenos refletiam-se na elaboração de uma paisagem distinta, que surgia de modo objetivo e concreto". A partir da década de 1950, com a revolução teórico-quantitativa da geografia e na busca por superar as dicotomias e os procedimentos metodológicos da geografia regional, a nova geografia, em que se insere a chamada *geografia teórico-quantitativa*, passou a valorizar a adoção de maior rigor na aplicação da metodologia científica, com o uso de técnicas estatísticas e matemáticas, abordagem sistêmica e modelos para explicar os fenômenos geográficos.

iv. O conceito de topofilia analisado por Yi-Fu Tuan foi cunhado inicialmente por Gaston Bachelard e está relacionado com o "amor aos lugares", isto é, o laço afetivo que as pessoas estabelecem com os lugares. Em contraposição a isso, a topofobia refere-se à experiência negativa vinculada a determinado lugar, o que causaria sensações desagradáveis. Esses conceitos serão abordados posteriormente.

questões que aprofundaremos posteriormente; Marvin Mikesell (1929-2017), que se debruçou sobre a importância do campo da percepção ambiental para a renovação da geografia cultural; além de James Duncan, Douglas Pocock, John Pickles, Edward Relph, entre outros.

Na década de 1970, com a renovação de todo o debate geográfico[v] em função de diferentes acontecimentos históricos que repercutiram na ciência, a geografia cultural também se renovou. A chamada ***new cultural geography*** (nova geografia cultural) começou a borbulhar nesse contexto e, nas décadas seguintes, consolidou seus novos interesses. Tal discussão foi estimulada pelo debate com outras áreas do conhecimento, como a história, a filosofia, os estudos linguísticos e as ciências sociais; portanto, a renovação dos estudos culturais estava acontecendo em diferentes disciplinas, influenciando a análise das questões culturais em termos espaciais.

A modernização do debate sobre a cultura na nova geografia cultural ocorreu em virtude de duas questões principais: (1) as novas expressões da cultura naquele período viviam um momento de padronização dos tipos de vida e de produtos, ao mesmo tempo que a diversidade das culturas se fundamentava cada vez menos no conteúdo material, pois estava atrelada aos sistemas de representação e de valores; (2) assumindo uma posição pós-moderna,

---

v. O processo de renovação da geografia nesse momento foi importante não só para a renovação do debate cultural, mas também para a crítica à geografia que estava em evidência no momento, representada pela geografia teorético-quantitativa. A renovação permitiu ainda a estruturação da geografia crítica, de base marxista, apoiada no materialismo histórico-dialético, e também da geografia humanista, que abordaremos com maior profundidade mais adiante.

a nova geografia cultural realizava uma crítica ao positivismo[vi], que, de certa maneira, negligenciava o debate sobre a questão imaterial da cultura (Claval, 1999a).

Assim, foram contemplados novos temas de interesse para as abordagens culturais na geografia, como as questões da percepção (principalmente a ambiental), das representações, dos simbolismos, dos significados, dos comportamentos, das religiosidades e da relação com a arte via literatura, música e artes visuais. Além dos temas, foram renovadas também as reflexões sobre os conceitos espaciais, principalmente as concepções de paisagem e lugar, ressignificadas diante das transformações das sociedades.

A década de 1970 foi, em realidade, uma arena de embates epistemológicos, teóricos e metodológicos, no âmbito dos quais emergem uma geografia crítica e diferentes subcampos que, nos anos 80 iriam confluir, em parte, para gerar a denominada geografia cultural renovada. A década de 1980 vê configurar-se esta nova versão da geografia cultural. Na década seguinte surgem periódicos especializados, Géographie et Cultures, na França, criado por Paul Claval em 1992 e Ecumene, na Inglaterra e nos Estados Unidos, em 1994, posteriormente redenominado de Cultural Geographies. Ambos se juntam ao Journal of Cultural Geography criado nos Estados Unidos. A criação posterior do Social and Cultural

---

vi. O positivismo é a expressão da sociedade técnica, fruto da Primeira Revolução Industrial, no século XVIII, e da Segunda Revolução Industrial, no final do século XIX. Impôs a organização do pensamento com base na visão física e matemática da natureza do projeto científico renascentista, separando-se o inorgânico, o orgânico e o humano em esferas dissociadas e criando-se modelos e padrões de análise. No entanto, essa modelização matemática não funcionou na geografia, pois não se implantou na esfera do humano, gerando dificuldades de discussão na esfera do inorgânico (Moreira, 2011).

Geography veio ampliar as possibilidades de publicar textos em geografia cultural. (Corrêa, 2009, p. 2)

Segundo Claval (2011a, p. 7), "o contexto mudou profundamente nos anos sessenta e setenta do século XX. O quadro dominante da reflexão epistemológica deixou de ser positivista ou neopositivista. A subjetividade humana não apareceu mais como um domínio fora do campo da pesquisa nas ciências sociais", ou seja, os sentidos e os significados das espacialidades culturais começaram a fazer parte do interesse das reflexões culturais na geografia.

Um importante expoente do movimento da nova geografia cultural é Denis Cosgrove (1948-2008), da escola anglo-saxã de geografia. Com uma crítica radical à geografia saueriana, sua discussão apresenta marcas do marxismo, e seus temas de interesse envolvem a questão da paisagem, da representação e dos significados. Ao contrário de Sauer, Cosgrove não via a paisagem pela perspectiva da morfologia, mas dos significados, pois estaria impregnada de simbolismos. A geografia histórica também influenciou sua perspectiva (Corrêa, 2014).

Para Cosgrove (2003), a cultura é subjetividade essencial, é mundo vivido, o encontro coletivo de sujeito e objeto, da consciência e do mundo material, em que a escolha dos meios de sobrevivência é sempre culturalmente determinada. Portanto,

> toda atividade humana é, ao mesmo tempo, material e simbólica, produção e comunicação. Esta apropriação simbólica do mundo produz estilos de vida (genres de vie) distintos e paisagens distintas, que são histórica e geograficamente específicos. A tarefa da geografia cultural é apreender e compreender esta dimensão da interação humana com a natureza e seu papel na ordenação do espaço. (Cosgrove, 2003, p. 103)

Em sua discussão de base marxista, Cosgrove (2003) acredita que, em uma sociedade de classes como a sociedade capitalista, o modo de produção é um modo de vida e, portanto, é uma produção simbólica, uma cultura hegemônica de classe a ser imposta para todas as outras classes.

Outro expoente do movimento da nova geografia cultural é James Stuart Duncan, também da escola anglo-saxã de geografia, que, desde a década de 1980, apresenta contribuições para a geografia cultural. O autor tece críticas à discussão da cultura como entidade supraorgânica, tal como proposta por Sauer, pois a vê como um obstáculo para a explicação das diversidades sociais, políticas e econômicas, uma vez que poderia conotar uma ideia de homogeneidade da cultura. O teórico rejeita uma noção reificada de cultura e vê a necessidade de compreendê-la não como autônoma, mas como focalizada nos indivíduos e nos grupos à medida que interagem com o espaço geográfico, em diferentes contextos (Duncan, 2002).

Na escola francesa de geografia, o movimento de renovação foi efetuado por nomes como Armand Frémont[vii], Joël Bonnemaison[viii] e Augustin Berque[ix]. Berque versa sobre a filosofia budista-fenomenológica com influência japonesa, explorando como os japoneses concebem a natureza e a relação dessa concepção com a questão urbana do Japão. Já Bonnemaison analisa a questão da representação com base na mitologia, além de se interessar pelo território e pelas territorialidades. Frémont, por sua vez, discute os sentidos dos lugares, a percepção do espaço, contribuindo para a compreensão do conceito de região com base no conceito

---

vii. FRÉMONT, A. **La région, espace vécu**. Paris: Champs-Flammarion, 1976.

viii. BONNEMAISON, J. Voyage autour du territoire. **L'Espace Géographique**, n. 4, p. 249-262, 1981.

ix. BERQUE, A. **Le sauvage et l'artifice**: les Japonais devant la nature. Paris: Gallimard, 1986.

de espaço vivido (*espace vécu*). Aprofundaremos o debate acerca deste último teórico mais adiante.

Com a introdução de novos problemas e temas de pesquisa no contexto de renovação da geografia cultural, a discussão sobre a cultura, que antes estava muito atrelada à sua noção material, passou a ser repensada, e foram introduzidas questões imateriais para esclarecer a relação das pessoas com o espaço. Essas reflexões contribuíram para a releitura do espaço como algo heterogêneo e em sua natureza qualitativa, composta por diferentes elementos objetivos e subjetivos.

Ao se incorporarem as questões subjetivas, o foco recai sobre o indivíduo e sua relação íntima com o espaço geográfico que o cerca. Assim, o conceito de cultura se expande, pois sua análise possibilita refletir sobre a heterogeneidade da vida, isto é, sobre como os seres humanos são diferentes e, logo, se relacionam com os outros (intersubjetividade) e com os espaços de maneiras distintas. Temas como o corpo, as percepções, as emoções e as experiências de vida também foram incluídos nesse momento de renovação, em particular com o debate da geografia humanista, que abordaremos em outro momento, ao analisarmos sua relação com a geografia cultural.

Essas discussões foram inseridas em pelo menos três grandes correntes da geografia cultural: a corrente humanista, a corrente pós-estruturalista e o materialismo histórico. Sobre isso, vale mencionar a compreensão de Corrêa (2009, p. 6):

> A geografia cultural não se constitui em um subcampo caracterizado por uma uniformidade epistemológica, presa a uma ortodoxia. A partir de 1980 torna-se nitidamente claro que a geografia cultural pode ser epistemologicamente definida como uma heterotopia,

conforme aponta Duncan (2000), uma característica que não lhe é exclusiva e que tem correspondência com o que Geertz (2004) denomina de mistura de gêneros. Nesta heterotopia epistemológica estão ora justapostas, ora combinadas, matrizes distintas e posições individualizadas.

Um debate importante sobre a geografia cultural é levantado por Claval (2011b) e Lévy (2015). Claval (2011b), por exemplo, problematiza se existe realmente uma geografia cultural ou uma abordagem cultural na geografia. Afirma que seu livro *A geografia cultural*, publicado originalmente em francês em 1995 – uma das principais referências em português sobre o tema –, era para ser publicado com o título *A perspectiva cultural na geografia*, mas ele não conseguiu convencer o editor, que achou o primeiro título mais clássico.

Com a mesma inquietação, Lévy (2015) aponta que a geografia cultural tem um duplo problema epistemológico e assinala alguns questionamentos: A geografia cultural é um ramo da geografia, uma geografia dos fenômenos culturais ou o estudo do componente cultural do espaço das sociedades? É um novo ramo da geografia ou uma escola de pensamento que pretende reorganizar o conjunto dos saberes da disciplina? É um ramo que se toma por uma árvore ou uma árvore que se disfarça de ramo?

As inquietações são válidas em toda a construção do conhecimento e no debate epistemológico da geografia. No entanto, não eliminam a validade e a importância dos trabalhos discutidos no âmbito cultural da geografia humana. Isso porque foram construídos alguns fundamentos essenciais para a estruturação dessas discussões no pensamento geográfico, como demonstraremos a seguir.

1.3 Fundamentos da geografia cultural

A renovação da geografia cultural demonstra justamente que a cultura está sempre em processo de transformação. Portanto, não era possível continuar analisando tal concepção por meio de abordagens que não acompanhassem as mudanças que aconteciam nas sociedades. Aqui, é preciso destacar que as mudanças nos modos de vida das pessoas, principalmente de acordo com determinadas lógicas econômicas, impactaram significativamente as práticas culturais, cujo processo é sentido até hoje (e de maneira muito mais intensa).

Conforme Claval (1999a), em função dessa renovação, a abordagem da geografia cultural sofre modificações e é possível elencar alguns fundamentos que embasam as discussões atuais da geografia, os quais servem como guia para as pesquisas e estudos culturais na ciência geográfica. Entre esses fundamentos, podemos citar: (1) compreensão de itinerários individuais e círculos de intersubjetividade; (2) técnicas ambientais e sociais e esfera de valores; (3) comunicações analítica e simbólica; (4) institucionalização e construção simbólica do mundo cultural; (5) percepção do mundo interior e das mediações ideais coletivas; e (6) papel do além. Abordaremos cada um desses fundamentos a seguir.

Compreensão de itinerários individuais e círculos de intersubjetividade

Aquilo que as pessoas recebem e experimentam do mundo que as circunda é limitado espacialmente. Nesse sentido, há uma concepção relacional da cultura segundo a qual o indivíduo não recebe um conjunto pronto, mas constrói suas referências culturais, que envolvem informações, códigos e sinais com base nessa relação. Aqui se insere o debate da intersubjetividade, que está associada à ideia de troca com o outro, ou seja, é necessário pensar na relação do eu com o outro. Na contemporaneidade, as trocas se ampliaram significativamente, em virtude também da expansão dos meios de comunicação e da capacidade de transmissão de informações (Claval, 1999a).

Técnicas ambientais, técnicas sociais e esfera de valores

Nesse ponto, a questão dos conhecimentos e das atitudes é fundamental, uma vez que é o próprio saber-fazer que permite ao ser humano localizar-se no mundo, reconhecer os lugares, agir, proteger-se, nutrir-se e utilizar utensílios que o ajudem a explicitar a realidade que o envolve. Assim, as técnicas e a esfera dos valores são uma construção individual, no tempo e no espaço (Claval, 1999a).

As técnicas se configuraram como as primeiras inquietações dos teóricos da geografia. Elas se transformam à medida que outros elementos são incorporados na sociedade, como o avanço dos instrumentos de informação e comunicação. Tal avanço é fundamental e, ao mesmo tempo, impactante para os estudos culturais, porque modifica as relações intersubjetivas, bem como as relações com o próprio espaço geográfico.

Comunicação analítica e comunicação simbólica

As interações, as comunicações e as trocas são relevantes tanto para a transmissão de conhecimento quanto para a proximidade com outros indivíduos, em que se compartilham valores e crenças que são relevantes para a construção de uma noção de identidade e coletividade. Esse processo pode ser simbólico e, na partilha com o outro, as pessoas podem perceber o quanto são diferentes porque não aderem aos mesmos valores centrais (Claval, 1999a).

Desse modo, os estudos que envolvem o processo de comunicação, como os estudos da linguagem, também se configuram como um ponto de interesse das questões culturais na geografia. Além disso, multiplicam-se os trabalhos que utilizam metodologias qualitativas, como as entrevistas narrativas e a história oral, para entender as práticas culturais de comunidades específicas. Mais adiante, exploraremos o papel dos griôs, por exemplo, nesse processo.

Institucionalização e construção simbólica do mundo cultural

"Cada indivíduo é portador de um sistema cultural em evolução constante, mas que é estruturado pelos valores. Estes são adquiridos pelos indivíduos no decorrer de sua trajetória de vida, ao sabor dos ensinamentos que receberam e das experiências que têm" (Claval, 1999a, p. 72).

Os jogos de valores, os procedimentos sociais de institucionalização e os ritos de passagem permitem que as culturas individuais se integrem nos sistemas simbólicos que dão sentido à vida de cada um e do grupo como um todo. Na visão de Claval (1999a), o geógrafo tem o papel de se interrogar sobre as razões que levam as pessoas a construir esses sistemas simbólicos na relação que tecem com o espaço geográfico.

Os estudos sobre a questão simbólica são de interesse de diferentes áreas do conhecimento. Na geografia, discutem-se temas como a toponímia, as paisagens culturais e as relações emocionais com os lugares, buscando-se enfatizar a experiência das pessoas, traduzidas por meio de suas narrativas, por exemplo.

Percepção do mundo interior e das mediações ideais coletivas

Esse fundamento se baseia no interesse de tomar o foco da percepção e dos condicionamentos exteriores como ponto de investigação. Isso porque as pessoas recebem informações externas, e estas, ao serem interiorizadas, são reelaboradas e colocadas em ação de acordo com as circunstâncias e as experiências de cada um, isto é, sua leitura de mundo (Claval, 1999a). Os estudos sobre a percepção, inicialmente a percepção ambiental, estiveram presentes na discussão da geografia humanista e da geografia cultural da década de 1970. Antes disso, alguns teóricos buscaram estruturá-los em uma área da geografia, denominada *geografia da percepção e do comportamento*, estabelecendo diálogo com outras áreas, como os estudos behavioristas.

De acordo com Rocha (2002/2003, p. 67, 76),

> A Geografia da Percepção, baseando-se na Fenomenologia e na Semiótica, estuda a organização do espaço através da ótica da percepção, da vivência do cotidiano, da significação dos signos.
>
> [...]
>
> Desta forma, a partir das premissas fenomenológicas, a Geografia da Percepção passou a estudar o espaço, a paisagem e os lugares, tendo em vista também a experiência e a vivência de seus moradores, conseguindo, assim, a imagem de muitas cidades dentro de uma cidade, por exemplo.

Papel do além

"A abordagem cultural não pode ignorar o papel do céu ou do inferno, do bem ou do mal, da razão, da utopia, da idade de ouro ou da terra sem mal, sobre o pretexto de que estas são construções do imaginário: é a partir delas que cada um define aquilo que [...] considera como o verdadeiro, autêntico e fundamental" (Claval, 1999a, p. 76).

Assim, a atenção às religiões e aos mitos também se tornou um fundamento das abordagens culturais na geografia. A geografia da religião, por exemplo, busca entender os espaços sagrados, que abordaremos no Capítulo 6 deste livro. Para Claval (1999a), é preciso estar atento também aos fundamentos atuais da geografia cultural, uma vez que, inicialmente, tal discussão estava muito vinculada à noção de técnica e a seus impactos na transformação das paisagens, dos espaços, dos lugares; porém, na contemporaneidade, com a modernização, tais mudanças são rapidamente difundidas.

Atualmente, alguns aspectos da abordagem cultural na geografia que podemos apontar como temas de interesse são: os conceitos de base; o corpo, os sentidos e a apreensão do mundo; o papel das mulheres e a construção cultural dos sexos; a vida material e suas representações; a relação entre identidade e território; e a paisagem (Claval, 1999a). Consideramos ser necessário incluir nesse rol ainda outros temas, como os aspectos culturais relacionados à problemática ambiental, às percepções, às migrações, à arte e às emoções, que abordaremos no Capítulo 6 deste livro.

De acordo com Claval (1999a, p. 59), "a percepção do real, os meios para modificá-lo e os sonhos, que muitas vezes servem de modelos para a ação, são produtos originados da cultura: é esta a importância desses temas". Desse modo, é preciso entender as novas perspectivas sobre a cultura, a saber: a cultura deve ser estudada sob a ótica da comunicação; as categorias segundo as quais as pessoas analisam o real são criações da cultura; a cultura forja identidades; a cultura oferece possibilidades de abertura; a uniformização do mundo traz reações identitárias; a cultura é, em primeiro lugar, uma realidade local; e a cultura deve ser entendida como enriquecimento, inclusive, em termos artísticos (Claval, 1999b).

Figura I.3 – A cultura como técnica, artefato, identidade e diferenciação

Sam DCruz, Samuel Kochhan, alsem, tostphoto e ChameleonsEye/Shutterstock

O grande trunfo da geografia cultural em sua renovação e na construção de seus fundamentos foi dar enfoque ao indivíduo e à relação que ele, como ser autônomo, tece com o espaço geográfico e o modo como ressignifica essa interação, entre outras maneiras, por meio das questões culturais. No decorrer desta obra, você verá como essas questões são problematizadas no pensamento geográfico, para o qual as abordagens culturais têm uma importância ímpar, uma vez que seus fundamentos dizem respeito à reflexão sobre as diferentes maneiras de entender o mundo da vida em sua dimensão espacial.

Síntese

Neste primeiro capítulo, buscamos inicialmente problematizar o conceito de cultura. Abordamos a discussão sobre esse tema citando diferentes autores e áreas, identificando também algumas semelhanças entre eles. Basicamente, podemos resumir o conceito de cultura conforme o diagrama a seguir.

Figura I.4 – Síntese do conceito de cultura

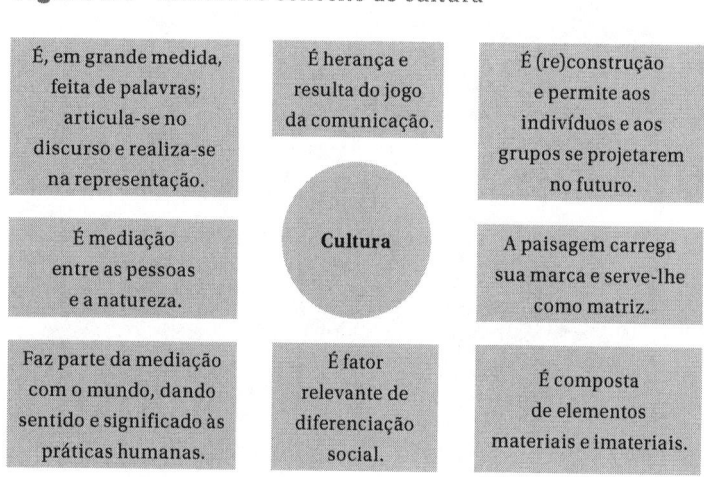

É, em grande medida, feita de palavras; articula-se no discurso e realiza-se na representação.	É herança e resulta do jogo da comunicação.	É (re)construção e permite aos indivíduos e aos grupos se projetarem no futuro.
É mediação entre as pessoas e a natureza.	**Cultura**	A paisagem carrega sua marca e serve-lhe como matriz.
Faz parte da mediação com o mundo, dando sentido e significado às práticas humanas.	É fator relevante de diferenciação social.	É composta de elementos materiais e imateriais.

Em resumo, a concepção de cultura deve ser entendida como uma construção humana e, portanto, em constante processo de transformação, influenciada por diferentes práticas, significados e outros elementos, em função das mudanças dos contextos culturais.

Depois de problematizarmos o conceito de cultura, examinamos como as questões culturais são discutidas na geografia, apresentando um panorama histórico da incorporação do tema nas análises geográficas desde o século XIX. Destacamos a importância de Carl Sauer, da Escola de Berkeley, para a estruturação da geografia cultural na década de 1920; a renovação da geografia cultural, chamada de *nova geografia cultural*, nas décadas de 1940 e 1950; os focos de interesse e o diálogo com outras áreas do conhecimento, apontando, ainda, nesse movimento de renovação, a importância dos trabalhos de geógrafos anglo-saxões e franceses.

Por fim, analisamos os fundamentos da geografia cultural, isto é, alguns dos direcionamentos que movem as pesquisas sobre as questões culturais na geografia, como a questão da intersubjetividade, os itinerários individuais, as técnicas ambientais e sociais, as questões simbólicas, a religião e o mito e os temas ambientais.

O objetivo deste primeiro capítulo foi situar você, leitor, com relação à questão da cultura de maneira ampla e à perpectiva da geografia cultural. Vamos aprofundar alguns dos aspectos examinados nos capítulos seguintes.

Indicação cultural

ESPAÇO E CULTURA. Rio de Janeiro: Igeog/UERJ, 1995-. Disponível em: <https://www.e-publicacoes.uerj.br/espacoecultura/index>. Acesso em: 23 out. 2024.

Acesse o site da revista Espaço e Cultura, *pertencente ao Núcleo de Estudos e Pesquisas em Espaço e Cultura (Nepec) da Universidade do Estado do Rio de Janeiro (UERJ). Alguns artigos dos autores discutidos neste capítulo estão disponíveis nesse endereço de forma gratuita. É possível encontrar diferentes discussões sobre a cultura na geografia que podem contribuir para a aproximação com o tema.*

Atividades de autoavaliação

1. "Ainda segundo Sauer, para que tenhamos uma visão integral [...], somos obrigados sempre a inter-relacionar os fatos, que no caso da geografia, são os 'fatos do lugar'" (Holzer, 2016, p. 39). Com relação às outras contribuições de Carl Sauer para a geografia, podemos citar:
   I. a discussão acerca da paisagem cultural.
   II. o entendimento da cultura como entidade supraorgânica.
   III. o estudo das filosofias japonesas na compreensão da paisagem.
   IV. a reflexão sobre as religiões e o estudo das representações.
   Estão corretas somente as afirmativas:
   a) I e II.
   b) II e III.
   c) II, III e IV.
   d) Todas as alternativas estão corretas.

2. De acordo com Gil Filho (2012b, p. 52), "o pressuposto inicial de Cassirer, ao discutir o objeto das Ciências Culturais, é que a ordem da natureza não está mais próxima do homem do que aquela que o homem descobre de seu próprio mundo". Com relação à reflexão de Ernst Cassirer sobre a cultura, assinale a alternativa correta:
   a) O autor entende a cultura como conceito, estrutura e práxis.
   b) A discussão de cultura deve ser realizada com base em sua materialidade, isto é, no patrimônio cultural.
   c) O autor aponta a arte, a ciência, a história, a linguagem, o mito e a religião como formas simbólicas constituintes do mundo da cultura.
   d) O autor discute sobre cultura dominada e cultura dominante, cultura popular, cultura de massa e identidade.

3. Na estruturação da geografia cultural, o papel de alguns pesquisadores e de suas escolas de atuação foi fundamental, especialmente para definir os caminhos conceituais e os temas de discussão. Entre as duas principais escolas da geografia cultural, podemos citar:

   a) a escola francesa, com a abordagem de Eric Dardel, Jean Gallais e Joël Bonnemaison; e a escola anglo-saxã, liderada por Carl Sauer, da Escola de Berkeley, além de outros representantes, como Denis Cosgrove.

   b) a Escola de Chicago, com as teorias urbanas, com Kevin Lynch e Edward Relph; e a Escola de Frankfurt, com as discussões filosóficas de Theodor Adorno e Friedrich Ratzel.

   c) a escola alemã, com as discussões de Armand Frémont, Augustin Berque e Joël Bonnemaison; e a escola francesa, com as discussões de Friedrich Ratzel, Marvin Mikesell e Douglas Pocock.

   d) a escola italiana, liderada por James Duncan; e a escola canadense, liderada por Denis Cosgrove.

4. Conforme Claval (1999a, p. 59), "o ponto de vista cultural permite resolver os problemas de método herdados do positivismo". Nesse sentido, entre alguns dos fundamentos da geografia, podemos destacar:

   a) a valorização da cultura apenas em seus aspectos materiais.

   b) a análise das questões culturais com base em métodos quantitativos.

   c) a percepção do mundo interior e das mediações ideais coletivas.

   d) as discussões sobre cultura a partir da renovação do positivismo.

5. Denis Cosgrove, da escola anglo-saxã de geografia, afirma que a escolha dos meios de sobrevivência é sempre culturalmente determinada. Entre suas reflexões sobre a questão da cultura, podemos citar:

I. A cultura deve ser entendida como entidade supraorgânica, isto é, inata aos indivíduos.

II. Toda atividade humana é, ao mesmo tempo, material e simbólica, produção e comunicação.

III. A cultura é subjetividade essencial, é mundo vivido, é o encontro coletivo de sujeito e objeto, da consciência e do mundo material.

IV. O debate sobre o espaço vivido (*espace vécu*), sob a influência fenomenológica e existencialista.

Estão corretas somente as afirmativas:

a) I e IV.
b) II e III.
c) I, II e III.
d) II e IV.

Atividades de aprendizagem

Questões para reflexão

1. A cultura não é imutável, isto é, está em constante processo de transformação; por isso, deve ser entendida também ao longo de um processo histórico. Você já parou para pensar sobre as práticas culturais de sua família? Que elementos foram transmitidos de geração para geração? Faça uma reflexão sobre isso, tentando elencar as manifestações culturais que têm uma história relevante para a sua família. Pode ser uma receita de sua avó, a devoção a uma entidade religiosa,

um saber-fazer, uma festa, um mito. Perceba que elementos considerados como integrantes do mundo da cultura estão inseridos em seu cotidiano e fazem parte de sua construção como indivíduo.

2. A cultura é uma construção humana e, portanto, heterogênea. Uma questão importante sobre o assunto é o debate acerca da diferença, também compreendida como alteridade, além do entendimento da intersubjetividade – da relação do eu com o outro. Discutir a diferença para compreender as questões culturais é uma via relevante para incorporar ainda outras discussões, como o respeito e a igualdade entre as pessoas. Em seu cotidiano, você acha que o respeito à diferença tem sido defendido? Como é possível problematizar esse debate no ensino da geografia, por exemplo? Aponte elementos reflexivos que indiquem como a diferença existe no cotidiano e de que maneira é possível entendê-la em termos geográficos e também culturais.

Atividade aplicada: prática

1. A paisagem carrega a marca da cultura. Para entender na prática as reflexões que realizamos até agora, procure descrever e analisar a paisagem da cidade onde você mora. Que elementos da paisagem você acha que são diferentes dos encontrados em outros lugares? Que marcas culturais estão inscritas na paisagem? Que manifestações culturais são registradas nesta paisagem? Leve também em consideração a discussão que fizemos sobre a cultura tanto do ponto de vista material quanto do imaterial. Faça uma pequena resenha sobre suas observações e percepções.

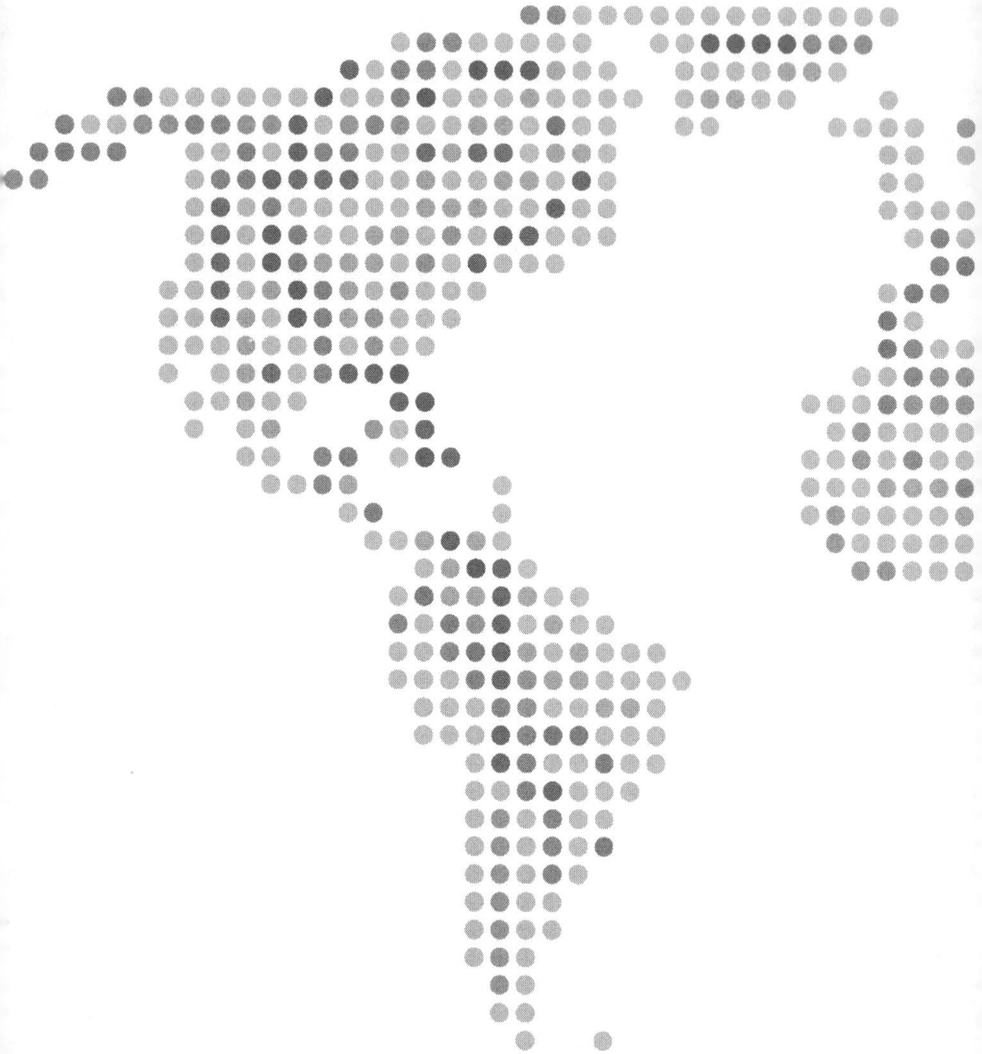

2
Espaço e cultura

No primeiro capítulo, abordamos os principais aspectos da trajetória histórica da geografia cultural e alguns dos fundamentos culturais segundo a perspectiva geográfica. Neste capítulo, enfocaremos a relação específica entre espaço geográfico – conceito-chave da geografia – e cultura, problematizando as práticas e manifestações culturais, as culturas material (tangível) e imaterial (intangível) e as espacialidades culturais.

Levando em consideração os elementos citados, discutiremos alguns exemplos concretos dessa relação, por meio da análise de algumas manifestações presentes no contexto brasileiro, como as festas populares, o patrimônio cultural, a memória e a tradição. Demonstraremos como cada um desses elementos tem uma relação intrínseca com o espaço, gerando diferentes espacialidades geográficas e culturais.

As práticas culturais, ao mesmo tempo que conferem singularidade a determinados lugares, também são influenciadas por esses lugares. Assim, muitos elementos específicos de lugares distintos, em virtude de diferenças relacionadas às regiões e às paisagens, configuram-se como elementos das práticas culturais. Exemplos disso são a flor e o fruto do pequi (Figura 2.1), presentes no cerrado brasileiro e parte da cultura local no artesanato, na alimentação, nas lendas e nas representações da paisagem.

Figura 2.1 – Pequi, no cerrado brasileiro – elemento da natureza e da cultura local

BRUNO LACERDA, rodrigobark e Paulo Vilela/Shutterstock

2.1 Espaço geográfico e questões culturais

Como sinalizamos no capítulo anterior, em termos geográficos, entendemos que a cultura é espacializada. Isso significa que as práticas culturais necessitam do espaço geográfico para acontecer e, ao mesmo tempo, essas mesmas práticas – como as questões naturais, econômicas, políticas e sociais, além de outros fatores – acabam por caracterizar esses espaços.

Assim, o espaço geográfico, ao mesmo tempo que é o "palco", o "meio", isto é, a condição para que a cultura possa se manifestar, é também o resultado dessas práticas culturais. As questões culturais, portanto, dão significado ao espaço geográfico, tornando-o singular.

A esse respeito, Claval (2007) afirma que a cultura fornece ao ser humano os meios para reconhecer, orientar, explorar o meio, recortar e institucionalizar o espaço, bem como apropriar-se dele. Nos meios humanizados, o ambiente é um componente da cultura que ajuda a transmiti-la, mas que também contribui para sua fixação.

Sobre o ato de reconhecer-se, Claval (2007) aponta que é resultado de uma relação sensorial com o espaço. O círculo das práticas cotidianas é familiar e os detalhes significativos diferem de uma cultura para outra. Os lugares são reconhecidos, nomeados e apropriados pelos sentidos (sensoriais), bem como pelos significados que estabelecemos com esses espaços.

O ato de orientar-se, por sua vez, depende de uma estruturação e de uma apreensão do espaço, o que possibilita entender as direções e as distâncias. Grande parte das culturas utiliza os pontos cardeais para orientação, por exemplo. A orientação espacial também está intimamente atrelada ao nosso corpo, com relação ao qual são definidas as noções de *em cima, embaixo, esquerda, direita, frente* e *trás*.

Na discussão sobre a qualificação dos espaços, Claval (2007) usa como exemplo o batismo dos lugares, chamado de **toponímia**. Herança das culturas passadas, o batismo dos espaços e dos pontos importantes que estão neles serve para que as pessoas possam se referenciar, ao mesmo tempo que simboliza uma tomada de posse (simbólica ou real) do espaço.

Essa posse simbólica pode ser vista, por exemplo, quando um lugar, embora tenha um nome "oficial", ou seja, dado por órgãos oficiais, como o nome de uma rua ou de uma praça, é (re)conhecido por outro nome pelas pessoas, em virtude de uma relação simbólica, que tem um importante peso histórico. Esse tipo de relação também dá às pessoas a sensação de reconhecimento dos lugares e de identificação com eles.

Importante!

Corrêa (2009) discute o conceito de toponímia considerando a natureza política da cultura. Para o teórico, a toponímia "pode ser interpretada em muitos casos como uma articulação entre linguagem, poder territorial e identidade, denotando um nítido sentido político" (Corrêa, 2009, p. 5).

A instituição da sociedade é inseparável do espaço, que serve como suporte para traçar limites, definir lugares, rituais e modalidades de passagem entre os conjuntos instituídos. Nesse processo, há a imposição de contextos culturais ao espaço. Há ainda a apropriação e a marcação desse espaço, que se exprime "pela delimitação de fronteiras e a multiplicação de marcas que lembram a identidade comum" (Claval, 2007, p. 216-217).

Claval (2007) reforça uma dimensão relevante da relação entre o espaço geográfico e as questões culturais que comentamos anteriormente: a dimensão simbólica. Para o autor,

> A geografia humana insiste sobretudo sobre o peso das lógicas econômicas nas suas interpretações dos espaços humanizados. Ela negligencia, frequentemente, a dimensão simbólica: os homens não podem, entretanto, viver sem dar um sentido àquilo que os cerca. Sua preocupação não é somente satisfazer as suas necessidades e assegurar a transmissão do que sabem às futuras gerações. Eles leem no céu e nos vastos horizontes o peso de forças cósmicas ou a presença do divino: ao profano da vida cotidiana opõe-se o sagrado dos lugares visitados ou habitados pelos gênios, espíritos ou príncipes invisíveis, mas que são mais verdadeiros que o mundo visível.
> (Claval, 2007, p. 293)

Nesse sentido, é importante destacar a questão da escala que envolve essa relação. O espaço geográfico pode ser analisado em múltiplas escalas, desde o âmbito da rua até o nível global. Quando escolhemos entender o espaço geográfico segundo suas manifestações culturais, também escolhemos uma escala de análise, tendo em vista que essas escalas fazem parte de um emaranhado que envolve todas as nossas relações em sociedade. É preciso refletir criticamente sobre essa questão, considerando-se que, ao pensar as práticas culturais de uma festa religiosa de determinada cidade, por exemplo, é necessário buscar entender como essas práticas se manifestam em uma escala local e como se conectam com uma escala mais ampla, por exemplo, uma escala nacional.

Outra questão fundamental é analisar os contextos em que as práticas culturais estão inseridas, os quais também se relacionam com diferentes escalas, além de serem envolvidos por questões históricas, sociais, políticas, econômicas e ambientais. Sobre a relação entre os contextos e as práticas culturais, tomemos como exemplo uma manifestação cultural que faz parte da história do Brasil: o carnaval. Faria sentido uma festa como o carnaval ser celebrada dentro de uma igreja de base cristã, por exemplo? Perceba que a essência da festa do carnaval também tem uma dimensão espacial, que é a ocupação do espaço público, ao som das marchinhas e com o uso de fantasias que não condizem com o espaço de uma igreja, não só por sua condição física, mas principalmente pelos significados desse espaço para as práticas sagradas.

Trataremos das festas populares com mais profundidade mais adiante, mas aqui podemos refletir rapidamente sobre essa questão. Tomemos agora como exemplo a Festa do Divino Espírito Santo, em Florianópolis, no Estado de Santa Catarina. Em uma análise geográfica e considerando a abordagem cultural, podemos elencar alguns pontos para reflexão: Por que essa festa foi concebida nesse lugar? Como essa manifestação cultural se espacializa? Como está integrada com outras festas religiosas da cidade e do estado? Como faz parte de uma construção histórica e cultural do Brasil? De que maneira a lógica de produção das cidades na contemporaneidade pode afetar essa festa? Esses são alguns questionamentos que podem ser feitos na busca pelo entendimento da relação entre as práticas culturais e o espaço geográfico.

Além de todas essas questões, com um olhar crítico e reflexivo sobre a realidade, é preciso reconhecer que a luta pelo espaço é a luta pelo direito à cultura. Nos últimos anos, vimos o avanço de algumas medidas políticas que desconsideram as práticas culturais em nome do discurso de progresso e do desenvolvimento.

São criadas políticas públicas de avanço dos processos de urbanização, por exemplo, negligenciando-se certas manifestações culturais que, quando marginalizadas em função da marginalização das pessoas, também perdem seu significado de ação, já que não mais ocorrem em seus espaços "tradicionais".

No Brasil, alguns casos são emblemáticos e históricos, como a luta de indígenas e quilombolas, considerados como comunidades tradicionais, pelo direito à terra. Em casos como esse, no tocante à questão cultural, os espaços em que essas comunidades estão inseridas envolvem significados que vão além de sua materialidade, fazendo parte da própria condição de existência e do sentido da vida para essas pessoas – é a questão simbólica que temos reforçado em nossa discussão. Como exemplo, podemos citar as ladeiras do Pelourinho, em Salvador, na Bahia (Figura 2.2). Além do patrimônio material caracterizado pelo conjunto arquitetônico do período colonial, identificamos aí o patrimônio imaterial representado pela música afro-brasileira, que constitui parte da diversidade do Brasil.

Figura 2.2 – Ladeiras do Pelourinho, Salvador, Bahia

Tomando como exemplo as comunidades indígenas brasileiras, podemos observar que as relações que essas comunidades tecem com os espaços em que vivem são marcadas pela sacralidade, caracterizada pelo respeito à natureza e a todo o cosmo que envolve a vida. Quando essas comunidades reivindicam determinado "pedaço de terra", não estão considerando somente a materialidade do espaço como possibilidade de recurso para sobrevivência, mas também a imaterialidade que envolve suas práticas culturais, seus valores como comunidade, suas crenças, devoções, tradições, festas, entre outros elementos. Portanto, desconsiderar tais elementos e entender essa relação com a terra apenas do ponto de vista de sua materialidade é desvalorizar e ignorar as necessidades dessas comunidades e o percurso histórico traçado desde muito antes do processo de invasão colonial promovido por Portugal no Brasil no século XVI. Discorreremos mais sobre a materialidade e a imaterialidade da cultura na próxima seção.

No que se refere à relação entre o espaço geográfico e as questões culturais, podemos ainda citar os espaços míticos, que são plurais e representam a valoração de múltiplos lugares. A lógica do mito é uma lógica subjetiva, simbólica, por isso as emoções e os sentimentos colorem todas as suas fisionomias.

> A experiência e a existência dos lugares míticos aportam sensações familiares e aspirações do sagrado, do lar. Os lugares míticos são criações humanas, histórias, geografias, culturas e surgem trazendo, em seu bojo, significações de seres animados e inanimados, de seres animais, vegetais ou minerais, até de seres humanos. (Oliveira, 2015, p. 22)

Ao tratarmos da relação entre o espaço geográfico e as questões culturais, demos ênfase à dimensão simbólica dessa relação, que aparece tanto na materialidade quanto na imaterialidade da vida cotidiana. O interesse em dar enfoque à questão simbólica é justamente porque ela dá sentido e significado à relação entre o ser humano e o espaço geográfico e permite refletir sobre isso de uma maneira mais integral, entendendo-se que a vida vai além do que se vê, envolvendo também o que se sente. Discutiremos essa questão de maneira mais aprofundada na próxima seção.

2.2 Cultura material e cultura imaterial

Como salientamos anteriormente, o conceito de cultura é bastante amplo e inclui não somente a dimensão material (tangível), mas também a questão imaterial (intangível). É justamente por abarcar essas duas categorias que a discussão sobre a cultura é tão rica.

Corrêa (2009, p. 2) afirma que "a produção e reprodução da vida material é mediada na consciência e sustentada pela produção simbólica – língua, gestos, costumes, rituais, artes, a concepção da paisagem etc." A produção simbólica, nesse sentido, faz parte da dimensão do significado, entendido como a própria natureza espacial da cultura. Claval (2001, citado por Corrêa, 2009, p. 3) traça alguns questionamentos sobre o assunto:

Por que os indivíduos e os grupos não vivem os lugares do mesmo modo, não os percebem da mesma maneira, não recortam o real segundo as mesmas perspectivas e em função dos mesmos critérios, não descobrem neles as mesmas vantagens e os mesmos riscos, não associam a eles os mesmos sonhos e as mesmas aspirações, não investem neles os mesmos sentimentos e a mesma afetividade?

Por *cultura material* entendemos aquela que está ligada aos bens materiais – que podem ser tocados, vistos, isto é, que têm uma natureza tangível – concebidos como artefatos culturais. Essa cultura material aparece tanto em determinadas ferramentas e técnicas necessárias para a construção de bens materiais, como o artesanato, quanto em construções edificadas, como alguns conjuntos arquitetônicos que posteriormente podem ser considerados patrimônios culturais. Como exemplos, podemos citar o conjunto arquitetônico do período colonial da cidade de Ouro Preto (Minas Gerais), o centro histórico da Lapa (Paraná), o conjunto urbanístico e paisagístico da cidade de Cáceres (Mato Grosso) e o conjunto arquitetônico que inclui o Mercado Ver-o-Peso da cidade de Belém (Pará). Na Figura 2.3, é possível ver o conjunto arquitetônico da cidade de Alcântara (Maranhão), considerado um patrimônio cultural material, que abrange igrejas, prédios, conjuntos urbanos e outras obras materiais que contam a história da cidade colonial fundada em 1648. O centro histórico da cidade foi tombado pelo Instituto do Patrimônio Histórico e Artístico Nacional (Iphan) em 1948 e, a partir de 2004, teve reconhecido seu valor cultural, histórico, artístico, paisagístico, urbano e arqueológico.

Figura 2.3 – Conjunto arquitetônico da cidade de Alcântara, no Maranhão

Marcia Alves Soares da Silva

À esquerda, as ruínas da antiga Igreja Matriz de São Matias; em frente às ruínas, o Pelourinho de Alcântara, um resquício da paisagem cultural colonial, onde os escravizados eram castigados.

A materialidade da cultura é resultado do saber-fazer, possibilitado pelas técnicas, ferramentas e materiais disponíveis nos lugares onde vivemos. Essa materialidade tem um fim e uma utilidade. Então, antes mesmo de as coisas ganharem forma material, pensamos sobre esses objetos e sobre o que queremos com eles, ou seja, sobre seu objetivo e sua função. É aí que entra o diálogo entre o material e o imaterial.

Na condição de seres culturais, nós nos diferenciamos dos outros seres quando damos significados às coisas. Os significados comunicam o que somos, o que queremos. Assim, a dimensão simbólica, do sentido e do significado dos objetos, aparece muito antes de sua dimensão material. Criamos o mundo material à nossa volta com base em nossa intencionalidade, que é simbólica.

O interessante sobre a natureza tangível da cultura é que essa materialidade pode ser como uma "válvula" de acionamento, que faz lembrar o que é aquele bem cultural. A frase "o que não é visto não é lembrado" pode ser muito útil para refletir sobre a necessidade de discutir os bens culturais nas dimensões tanto material quanto imaterial. Isso diz respeito também às discussões sobre os patrimônios culturais e a importância histórica deles, que contribuem para (re)lembrar a história dos lugares. Os lugares, portanto, têm memória.

Quando os arquitetos projetam algum espaço, como uma casa, uma praça ou um monumento, o pontapé inicial do projeto é a questão: "O que eu quero comunicar sobre esse elemento material?". Isso significa que, partindo-se de determinada intencionalidade, os elementos da cultura material são impregnados de significados e espera-se que isso possa ser comunicado por meio de sua tangibilidade. Nesse caso, a questão tangível do elemento cultural diz respeito não somente ao visual, mas a todas as dimensões dos sentidos sensoriais que podemos utilizar para entender o que o arquiteto quis dizer com sua obra. Vale ressaltar que a arquitetura é concebida originalmente em função de distintas formas de adaptabilidade, decorrentes das diferentes condições geográficas, dos materiais disponíveis e das necessidades de uso do espaço projetado.

Esse exemplo pode ser expandido para outras questões, como as pinturas feitas por diferentes artistas, as roupas que usamos, os alimentos que comemos, os elementos religiosos que respeitamos. Esses exemplos têm materialidade, mas, antes disso, os sentidos e significados que lhes são conferidos de maneira intencional os tornam bens materiais singulares e extremamente importantes. Assim, de nada vale um objeto quando não se sabe para que ele serve, qual sua finalidade, qual sua intenção, que significados contém, desde sua concepção até sua efetiva utilização.

Vejamos, por exemplo, a Figura 2.4. Tirada durante o verão europeu, a foto mostra a cidade de Veneza, localizada no norte da Itália. O local é conhecido internacionalmente por vários elementos que fazem parte da cultura local: as famosas gôndolas, os vários canais que cortam a cidade, as festas de carnaval e as máscaras venezianas, as ruelas que parecem labirintos, as pontes, os *gelatos* (sorvetes) e a atmosfera "romântica" que envolve toda a cidade.

Figura 2.4 – Verão na cidade de Veneza, na Itália

Marcia Alves Soares da Silva

São elementos materiais e imateriais que compõem esse espaço geográfico e o tornam singular e único. Vale frisar que esses elementos são intensamente explorados pela indústria do turismo e muitos deles podem ter sido (re)inventados e (res)significados para entrar na lógica turística, que, por vezes, cria elementos desprovidos de um significado singular – envolvido por questões históricas e até por lutas sociais –, privilegiando a exploração econômica.

Se a apreensão dos bens culturais imateriais como expressões máximas da "alma dos povos" conjuga memórias e sentidos de pertencimento de indivíduos e grupos, evidentemente fortalecem os seus vínculos identitários. Entrementes, as contínuas intimidações às tradições culturais e a violência imposta ao meio ambiente, tão prosaicas na contemporaneidade, têm sinalizado a necessidade dos cidadãos de exercerem seus direitos e se mobilizarem em favor da proteção das tradições populares e dos múltiplos e plurais bens culturais de toda a humanidade. (Pelegrini; Funari, 2008, p. 9)

Os autores citados entendem a **cultura material** como os artefatos e a **imaterialidade** como o todo que compreende a cultura material, mas é maior do que a soma dessas materialidades. A natureza intangível diz respeito a expressões, conhecimentos, práticas e técnicas populares, além de rituais e festas, manifestações artísticas (linguagens, danças, ritmos), lugares onde são reproduzidas as práticas culturais (feiras, mercados, praças), modos de fazer e conhecimentos radicados no cotidiano das comunidades.

Figura 2.5 – Representação dos personagens da congada praticada na Lapa, no Paraná

Marcia Alves Soares da Silva

A congada lapeana (Paraná) é um exemplo de prática cultural material e imaterial. Como homenagem a São Benedito, é uma mistura de festa religiosa, cívica e profana, com enredo, personagens, músicas e encenações singulares. Na Figura 2.5, vemos, por exemplo, a representação do Rei do Congo e da Rainha da Ginga, personagens dessa manifestação que é a expressão de uma história africana.

2.3 Espacialidades culturais

Como ressaltamos anteriormente, a cultura tem uma dimensão espacial. Essa espacialidade diz respeito não somente à condição material do espaço, mas também aos aspectos não materiais relacionados aos significados, aos simbolismos, às crenças que fazem parte das manifestações culturais. Os lugares, como manifestações espaciais da cultura, vão além de sua condição tangível, tornando-se singulares quando são significativos para as pessoas.

Por *espacialidade* entendemos a ação humana sobre o espaço geográfico. Do ponto de vista da cultura, essa ação, como já mencionamos, relaciona-se a vários pontos, como a construção de ferramentas e utensílios por meio de diferentes técnicas, a transformação dos espaços naturais, a transformação dos espaços profanos em espaços sagrados, os rituais e as festas. A ação humana, que é intencional e nos torna seres de cultura, isto é, animais simbólicos, cria diferentes espacialidades na vida cotidiana, associadas aos contextos de trabalho, de lazer, familiar, religioso e a todos aqueles que fazem parte dos espaços vividos, conceito que abordaremos mais adiante.

Segundo Corrêa (2009), no momento de renovação da geografia cultural, o passado não foi deixado de lado, mas o interesse se voltou mais para o presente ou o passado recente.

Mas o que é mais importante ressaltar não é o recorte temporal mas a análise dos significados que são ou foram atribuídos à espacialidade humana. Pois, repita-se, a abordagem cultural está precisamente centrada nos significados que os diversos grupos sociais constroem relativos à espacialidade passada, do presente e mesmo do futuro. (Corrêa, 2009, p. 6)

Corrêa (2009) reforça aqui a importância dos significados para a compreensão das espacialidades culturais, que, além de produto social, constituem uma condição para a reprodução social. Esses significados reafirmam a diversidade de interpretações atribuídas à existência humana, inclusive à espacialidade[i]. "A espacialidade da cultura permite que a expressão 'mapas de significados' não seja apenas uma metáfora, sendo possível elaborar mapas de significados que ampliem o escopo da cartografia geográfica" (Corrêa, 2009, p. 3). A respeito do mapa de significados, o autor apresenta como exemplo os itinerários simbólicos, deslocamentos regulares (com datas previamente definidas) ou irregulares (sem data prévia, mas com percursos consagrados pela prática), como as procissões religiosas.

Conforme a análise de Corrêa (2009, p. 5),

> A natureza e a distância aos lugares e grupos culturais podem ser de interesse para a geografia cultural. Ao se considerar o espaço vivido, no âmbito do qual estabelecem-se práticas, percepções, afetividades e

---

i. O autor cita como exemplo um artigo de Augustin Berque de 1981, intitulado "Paisagem-marca, paisagem-matriz: elementos da problemática para uma geografia cultural" (traduzido para o português em 1998), segundo o qual os significados atuam por intermédio das formas materiais criadas pela ação humana e criadoras dela.

distanciamento ao que é estranho, o geógrafo depara-se com significados distintos, segundo cada grupo cultural, face à natureza e ao espaço social.

Na visão de Gil Filho (2010, p. 10-11),

> Todas as espacialidades são parte de um sistema simbólico que estrutura funcionalmente a experiência humana. O espaço se apresenta como um *a priori* nas relações estabelecidas entre a consciência e a experiência como um espaço de ação onde os sistemas simbólicos fornecem as bases da cultura mediante a significação da experiência e da objetivação do espírito.

Nessa discussão, as espacialidades, portanto, são resultado da dimensão simbólica que faz parte da experiência humana. Assim, é nessa dimensão que o espaço ganha forma e materialidade.

Importante!

A dimensão simbólica é intrínseca às manifestações culturais, pois, se elas são praticadas, há um sentido e um significado para as pessoas envolvidas.

A Figura 2.6 demonstra que o ato de prender cadeados a grades de fontes e pontes, por exemplo, e jogar a chave na água, bastante simbólico e presente em várias cidades, expressa a vontade dos casais de que o amor permaneça.

Figura 2.6 – Cadeados presos a uma fonte na cidade de Montevidéu, no Uruguai

Marcia Alves Soares da Silva

No simbólico, pois, há essencialmente um sentido e um significado, importantes no processo de criação de espacialidades, as quais sintetizam a noção material e imaterial da cultura, conforme discutiremos a seguir.

2.4 Manifestações da cultura no espaço: festas populares, patrimônio cultural, memória e tradição

Para esclarecermos a relação entre a cultura e o espaço geográfico, demonstraremos como algumas manifestações culturais acontecem na prática e de que maneira elas constituem diferentes espacialidades. Apresentaremos aqui apenas alguns exemplos;

outros serão explorados no decorrer deste livro, sem, no entanto, esgotar a discussão, o que não seria possível, uma vez que há inúmeras manifestações culturais, as quais estão relacionadas a diferentes períodos históricos, contextos culturais, processos sociais e econômicos.

2.4.1 Festas populares

Uma das manifestações culturais mais presentes no espaço são as festas populares, que podem ter diferentes motivações, como religião, tradições, mitos, crenças, música, artesanato e alimentação. As festas populares estão relacionadas à ideia de coletividade e têm uma importante carga simbólica para os envolvidos, visto que perpetuam práticas históricas com importante significado para as comunidades. Ao mesmo tempo que englobam a cultura material, têm uma relevante dimensão imaterial.

> A cidade não pode ser compreendida em termos materiais e simbólicos sem a consideração de suas dinâmicas e instituições festivas específicas [...]. Através da festa e do ritual podemos observar como os diferentes grupos sociais expressam os seus valores, organizam, constroem e disputam seus espaços na cidade, o que por si mesmo se apresenta como um dos processos fundamentais de produção da própria cidade em suas múltiplas faces, de seu espaço público, de sua dinâmica política e de seu imaginário. (Fernandes, 2003, p. 16)

Maia (1999) aponta que as festas populares são rituais e que elas possibilitam a aproximação das pessoas. Além disso, dialogando com outros autores, afirma que as festas podem ser marcadas pelos excessos, pela transgressão, por atitudes subversivas, ao mesmo tempo que promovem a reafirmação dos laços sociais, de identidade, de coletividade, a organização e a participação das pessoas. Há a proximidade entre estranhos em decorrência da excepcionalidade expositiva e receptiva e do aguçamento afetivo gerado por esses eventos, além do interesse em comum pela comemoração. O autor relaciona a festa não só ao espaço, mas também ao tempo.

> A temporalidade das festas populares é marcada, usualmente, por uma compreensão do movimento histórico em que se releva o caráter de tradição; ou seja, há toda uma preocupação por parte dos participantes em preservar um legado de crenças, hábitos, elementos alegóricos etc., tidos como fundamentais na significação/caracterização/composição da festa como acontecimento. (Maia, 1999, p. 200)

De acordo com Maia (1999), a questão do tempo se configura não só pela ideia de herança e carga histórica, mas também como um "momento esperado" pelos envolvidos. Isso porque, além da participação no ato em si, a vida cotidiana de muitos envolvidos é marcada pelo intervalo entre as festas, como no caso dos participantes de escolas de samba, por exemplo, que estão envolvidos com as festas do carnaval durante o ano todo, nos ensaios, nas confecções das fantasias, nas famosas feijoadas para arrecadação de dinheiro. Por serem eventos transitórios e efêmeros, durante horas, dias ou semanas, as festas também definem novas funções para as formas espaciais, que são reconfiguradas em virtude dos acontecimentos.

Nesse sentido, além dessas transformações temporárias, a relação com o espaço é definida pelo significado que este tece com as festas populares, como acontece com os espaços religiosos (igrejas, terreiros, rotas de peregrinação), os locais de exposições (como as associadas aos rodeios) e as casas ou associações culturais (festas de imigrantes e migrantes) (Maia, 1999).

Vários são os agentes envolvidos, inclusive aqueles que fazem das festas populares um nicho de arrecadação econômica, segundo uma lógica de mercantilização cultural. Para Fernandes (2003, p. 15), "a permanência das manifestações populares requer capacidade adaptativa e de recriação, isto é o que lhe garante enfrentar o esgarçamento da vida moderna".

Algumas das festas populares mais conhecidas no Brasil são o carnaval, a Festa do Boi-Bumbá e suas variantes, a Festa de São João, o Círio de Nazaré, a Festa do Divino Espírito Santo, as festas de imigrantes, a Parada do Orgulho LGBTQIA+, entre outras. Na visão de Maia (1999), tais comemorações podem ser discutidas na geografia de acordo com alguns eixos, como as territorialidades das festas populares, as redes geográficas formadas pelas festas, as interações espaciais, as festas e(m) seu lugar e a espacialidade das festas.

Assim, as festas populares têm uma íntima relação com os espaços em que se inserem, pois, para além da dimensão simbólica, esses espaços mudam sua dinâmica no momento do acontecimento da festa. Um exemplo importante disso é o carnaval, em que o espaço público ganha outra cor com a presença de foliões, marchinhas, fantasias e instrumentos musicais. Essas festas populares são, ainda, uma importante representação do patrimônio cultural material e imaterial, tema de que trataremos a seguir.

Figura 2.7 - Decorações típicas da Festa dos Santos Populares em Lisboa, Portugal

Marcia Alves Soares da Silva

Na Figura 2.7, apresentamos um exemplo de festa popular. Em junho, em Portugal, é comemorada a Festa dos Santos Populares. Músicas, comidas típicas, cantorias, rituais, orações e decorações constroem a paisagem cultural do país nessa época do ano. Nesse período, toda uma atmosfera toma conta das ruas lisboetas, de modo a construir uma paisagem singular tanto espacial quanto temporalmente, tendo em vista que acontece em determinada época do ano.

2.4.2 Patrimônio cultural

O termo *patrimônio*[ii] tem recebido destaque nos últimos tempos tanto na sociedade em geral quanto na ciência. Além disso, tem sido alvo de diferentes políticas públicas, que, por um lado, discutem a importância histórica e cultural do patrimônio e, por outro, veem nisso uma possibilidade de geração de capital, em particular

---

ii. A noção de preservação do patrimônio surgiu com a Revolução Francesa; até então, não havia a preocupação com a preservação das edificações.

por meio do investimento turístico. Por *patrimônio cultural* entendemos a expressão espacial que envolve diferentes processos e agentes, em que a dimensão espaço-tempo deve ser especialmente considerada.

O conceito de patrimônio está intimamente atrelado à concepção de cultura, tendo em vista que é justamente pela carga cultural e pelos significados presentes nos patrimônios que a discussão sobre sua preservação é tão debatida.

> A valorização do patrimônio cultural e a necessidade de reabilitação dos centros históricos, na atualidade, constituem premissas básicas dos debates sobre o desenvolvimento sustentável, uma vez que a reabilitação dessas áreas e o reconhecimento dos bens culturais materiais e imateriais das populações residentes podem potencializar a identidade coletiva dos povos, contribuir para o seu desenvolvimento econômico e social [...]. (Pelegrini; Funari, 2008, p. 72)

Nesse sentido, a ideia de preservação incorpora tanto a preservação material – de edificações, praças, monumentos, fachadas, caminhos, ferrovias – quanto a preservação imaterial – de tradições, ritos, comidas, crenças, valores, saber-fazer –, considerando-se sua relevância para a memória coletiva, isto é, para a sociedade como um todo.

Isso caracteriza a ideia de patrimônio material e patrimônio imaterial, que, no Brasil, são regulamentados pelo Instituto do Patrimônio Histórico e Artístico Nacional (Iphan), vinculado ao Ministério da Cultura. O Iphan, em âmbito nacional, define as diretrizes que envolvem o processo de preservação, faz estudos e laudos técnicos e indica os bens que podem ou não ser tombados e preservados.

No âmbito internacional, a Organização das Nações Unidas para a Educação, a Ciência e a Cultura (Unesco) adotou, em 1972, a Convenção sobre a Proteção do Patrimônio Mundial, Cultural e Natural. De acordo com Pitombo (2007), o conceito de cultura disseminado pela Unesco oscilou entre universalidade e particularismo e colocou em pauta, ainda, o multiculturalismo, a democracia e questões políticas, assumindo o papel de articular, em escala global, a dialética entre cultura e desenvolvimento. A autora afirma que a organização teve um papel relevante para o desenho de uma cartografia cultural do planeta, ao mesmo tempo que exerceu um controle social ao intervir para alterar realidades sociais.

A Unesco tem como objetivo incentivar a preservação de bens culturais e naturais que têm um valor significativo para a humanidade, tanto os materiais quanto os imateriais, considerados patrimônios mundiais. No Brasil, como exemplos de patrimônio cultural imaterial da humanidade, podemos citar o frevo como expressão artística do carnaval do Recife e a roda de capoeira (Figura 2.8).

Figura 2.8 – Roda de capoeira em Salvador, na Bahia

Filipe Frazão/Shutterstock

Como exemplos de patrimônio mundial cultural e natural, podemos mencionar os centros históricos de Olinda (Pernambuco), de Diamantina (Minas Gerais), de Goiás e de São Luís (Maranhão); a paisagem do Rio de Janeiro; o Complexo de Áreas Protegidas do Pantanal (Mato Grosso/Mato Grosso do Sul); a Costa do Descobrimento: Reservas da Mata Atlântica (Bahia/Espírito Santo); o Parque Nacional do Iguaçu (Paraná); as Reservas da Mata Atlântica (Paraná/São Paulo); e as Reservas do Cerrado: Parques Nacionais da Chapada dos Veadeiros e das Emas (Goiás) (Iphan, 2019).

Até meados do século XX, o patrimônio cultural resumia-se a obras de arte, arquitetônicas ou monumentos, geralmente associado às classes dominantes. Com as discussões sobre o conceito de cultura, houve a inserção de elementos imateriais relacionados aos usos, hábitos, costumes, crenças e formas de vida cotidiana da sociedade e sua memória. A identificação do patrimônio histórico, cultural, paisagístico e natural da humanidade passou a ser feita a partir de 1930, com estudiosos preocupados com o crescimento urbano. No entanto, somente no século XXI o patrimônio imaterial começou a ganhar destaque nas questões relativas ao patrimônio cultural (Monastirsky, 2009; Pelegrini; Funari, 2008).

Desse modo, o patrimônio cultural, abarcando o popular e o erudito, diz respeito às manifestações culturais materiais ou imateriais que se desenrolam no espaço geográfico. Nesse sentido, a questão da cultura e do patrimônio cultural apresenta-se como relevante na análise do espaço, visto que a constituição deste pode ser entendida não só pelo seu contexto histórico, mas também por meio da funcionalidade e dos significados que se revelam desde sua origem até a contemporaneidade.

A Figura 2.9 mostra a paisagem do Rio de Janeiro, que, em 2012, foi a primeira área urbana no mundo a ter reconhecido o valor universal de sua paisagem urbana, um diálogo entre o natural e o cultural.

Figura 2.9 – Paisagem do Rio de Janeiro: entre a montanha e o mar

Marcia Alves Soares da Silva

O patrimônio cultural, portanto, é um conjunto de símbolos, herança e identidade cultural e, em qualquer sociedade, é produto de uma escolha, uma vez que esses símbolos podem ser desconstruídos e seus significados podem ser interpretados de diversas maneiras. Todos os grupos sociais são portadores de cultura, podem e devem se manifestar por meio dos bens patrimoniais, que se tornam símbolos que esses grupos desejam perpetuar (Camargo, 2002).

Na visão de Pelegrini e Funari (2008, p. 30), o conceito de patrimônio cultural está imbricado com as identidades sociais e, "antes restrito ao excepcional, aproximou-se, cada vez mais, das ações cotidianas, em sua imensa e riquíssima heterogeneidade".

Os bens patrimoniais costumam ser associados aos bens materiais, ou seja, a monumentos históricos, conjuntos arquitetônicos, parques e praças, considerados bens tangíveis. O patrimônio material é entendido, assim, como aqueles elementos concretos no espaço geográfico, que têm relevância em razão de sua carga histórica, visto que, em algum momento, desempenharam uma função no contexto em que estavam inseridos, como comércio, serviços, transporte, lazer ou moradia.

A discussão sobre patrimônio cultural, no entanto, tem sido ampliada, incorporando a ele também os bens intangíveis, isto é, os imateriais. De acordo com Pelegrini e Funari (2008), o patrimônio material tem maior reconhecimento na Europa e na América do Norte; o patrimônio imaterial, por sua vez, tem maior reconhecimento nos países da América Latina, do Caribe, da África, da Ásia e do Pacífico e nos países árabes.

A Figura 2.10 mostra a Casa do Tambor de Crioula, em São Luís, no Maranhão, inaugurada em 2018. O Tambor de Crioula é de origem africana, classificado como patrimônio cultural imaterial do Brasil. Nessa manifestação, as mulheres dançam com roupas floridas e adornos, e os homens tocam tambores e outros instrumentos musicais.

Figura 2.10 – Casa do Tambor de Crioula (São Luís, Maranhão)

Marcia Alves Soares da Silva

Alguns dos bens materiais tombados[iii] pelo Iphan no Brasil incluem o Patrimônio Ferroviário Nacional, o Parque Nacional Serra da Capivara (Piauí), a cidade da Lapa (Paraná), as estátuas *Os Profetas*, de Antônio Francisco Lisboa – o Aleijadinho (Minas Gerais), a Capela-Mor da Igreja Matriz de São José de Ribamar (Ceará), além de inúmeros conjuntos urbanos, como nas cidades de Parnaíba (Piauí), Penedo (Alagoas), Natividade (Tocantins), Belém (Pará), Corumbá (Mato Grosso do Sul), Cáceres (Mato Grosso), Serro (Minas Gerais), Vassouras (Rio de Janeiro), Antonina (Paraná) e Jaguarão (Rio Grande do Sul). A imagem mostrada na Figura 2.11 é um exemplo de conjunto arquitetônico, urbanístico e paisagístico tombado na cidade de São Cristóvão (Sergipe), em 1967. O conjunto remete ao século XVI, época da união de Portugal e Espanha em uma única coroa.

Figura 2.11 – Conjunto arquitetônico da cidade de São Cristóvão, em Sergipe

iii. Vários são os tipos de tombamento dos bens materiais: tombo arqueológico, etnográfico e paisagístico; tombo histórico; tombo das belas artes; tombo das artes aplicadas; entre outros.

De acordo com Gonçalves (2009), atualmente, em especial no Brasil, construiu-se a qualificação de *patrimônio imaterial ou intangível*, que se opõe ao patrimônio chamado de *pedra e cal*, para contemplar aspectos da vida social e cultural. Nessa nova categoria estão enquadrados:

> lugares, festas, religiões, formas de medicina popular, música, dança, culinária, técnicas etc. Como sugere o próprio termo, a ênfase recai menos nos aspectos materiais e mais nos aspectos ideais e valorativos dessas formas de vida. Diferentemente das concepções tradicionais, não se propõe o tombamento dos bens listados nesse patrimônio. A proposta existe no sentido de registrar essas práticas e representações e acompanhá-las para verificar sua permanência e suas transformações. (Gonçalves, 2009, p. 28)

Por *imaterial* entendemos o patrimônio que valoriza aqueles bens que, por vezes, são repassados pela oralidade, o saber-fazer (*savoir-faire*), as crenças, os valores, as tradições e as memórias de um grupo. Muitos desses patrimônios imateriais são repassados pelos indivíduos mais velhos dos grupos culturais, que detêm não só o conhecimento em si acerca do patrimônio imaterial, mas também a experiência, a luta pela preservação, o respeito com os ancestrais e o desejo de perpetuar essas manifestações para a posteridade, garantindo a identidade cultural do grupo.

Um exemplo importante de patrimônio imaterial é a função dos griôs. A palavra de origem africana refere-se aos membros das comunidades que são portadores de saberes e fazeres culturais e que desempenham um importante papel de socialização dessas manifestações no grupo cultural em que estão inseridos. Os griôs se relacionam, ainda, à ancestralidade e, em suas experiências e vivências, adquiridas também pelo contato com os antepassados, permitem manter as tradições culturais. A transmissão do conhecimento pelos griôs pode ocorrer por meio de contação de histórias míticas, cantorias, danças e qualquer outra forma de transmissão oral. Aqui se destaca também a importância da memória na preservação dessas práticas culturais. A face imaterial do patrimônio cultural preserva a memória de fatos, pessoas ou ideias.

Preste atenção!

Alguns dos patrimônios imateriais registrados no Brasil incluem: o Rtixòkò (Expressão Artística e Cosmológica do Povo Karajá), o Carimbó, o Ofício dos Mestres de Capoeira, o Maracatu Nação, o Modo de Fazer Viola de Cocho, a Romaria de Carros de Bois da Festa do Divino Pai Eterno de Trindade, o Modo Artesanal de Fazer o Queijo de Minas, o Jongo e o Fandango Caiçara.

Embora não registrado, outro exemplo de bem imaterial é a renda de bilro (Figura 2.12), associada ao saber-fazer. O ofício da renda, um legado português, é encontrado no Nordeste e no Sul do Brasil. A renda de bilro pode ser considerada tanto patrimônio material, a renda em si, como imaterial, o saber-fazer do ofício das rendeiras. Se esse saber-fazer não for transmitido para outras pessoas, a confecção da renda de bilro pode se perder com o tempo.

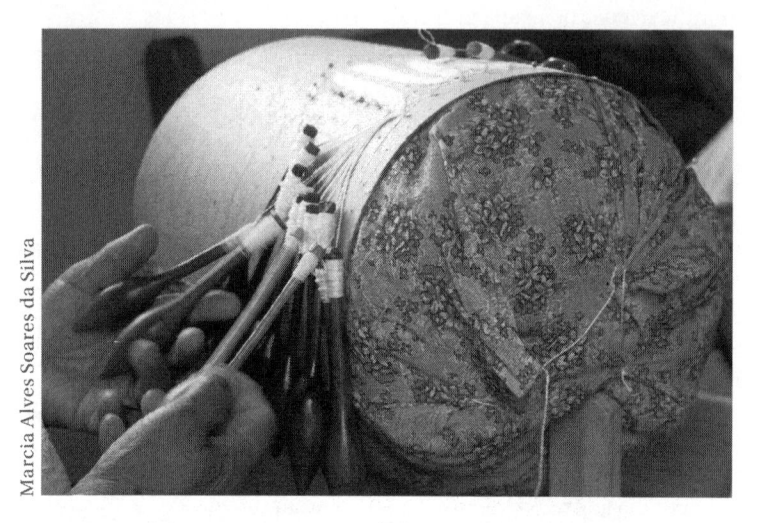

Figura 2.12 – A renda de bilro e as mãos ágeis da rendeira em Florianópolis, Santa Catarina

Marcia Alves Soares da Silva

Ainda que a preservação seja um fator essencial para manter o legado dos patrimônios culturais, é sabido que tal processo, por vezes, é motivado por interesses econômicos de diferentes atores, como acontece no âmbito turístico. Assim, alguns patrimônios acabam perdendo sua essência para entrar em uma lógica de mercado. A cultura vira bem comercializável e sua preservação só acontece na medida em que gera lucro. Por isso, é comum encontrarmos inúmeros bens patrimoniais, geralmente materiais, como edificações históricas, que estão destruídos, em especial pela falta de planejamento público e privado voltado a ações de preservação e manutenção. Ao mesmo tempo, é usual identificarmos o envolvimento de diferentes agentes na exploração de bens patrimoniais quando há a possibilidade de geração econômica.

Paes (2009) aponta que o patrimônio histórico é incorporado à esfera do consumo cultural, agregando valor econômico às paisagens urbanas e a lugares-símbolos de pertencimento de identidades territoriais. Há a supervalorização estética por parte de inúmeros agentes (gestores urbanos, instituições privadas, agentes políticos) em nome do turismo, que se sobrepõe ao lugar e ao espaço vivido cotidianamente pelos habitantes. A identidade e o sentimento de pertencimento acabam sendo diluídos no consumo cultural, em que são priorizados signos, símbolos, discursos e imagens na construção de uma identidade distintiva como estratégia importante na venda das cidades.

> A valorização do patrimônio cultural para fins turísticos evidencia a associação entre o urbanismo e o planejamento do território na produção de imagens e discursos que privilegiam ou excluem determinadas memórias e paisagens do território. As imagens valorizadas, construídas ou recuperadas com o objetivo de mercantilização das paisagens, de fortalecimento dos lugares e de produção de territorialidades, participam de uma construção simbólica com base espacial. (Paes, 2009, p. 4)

Nesse sentido, em uma lógica de consumo da cidade e da mercantilização da cultura, alguns bens patrimoniais podem perder sua essência de valorização das singularidades locais em favor de um interesse mercadológico. É importante frisar a importância de compreender esses bens para além de sua natureza material, pois eles são carregados de história e memória, dão sentido e significado aos grupos a que pertencem, visto que mantêm vivas não só as práticas, mas também uma carga de ancestralidade.

2.4.3 Memória

A memória funciona como um elemento importante na estruturação das práticas culturais e em sua transmissão. É por meio dela, bem como da relação das pessoas com os lugares, que são construídos os chamados *lugares de memória*.

A discussão sobre a memória serve também como contribuição para ampliar a apreensão sobre o patrimônio cultural. Monastirsky (2009, p. 326) afirma que "a memória, por seus laços afetivos e de pertencimento, é aberta e em permanente evolução e liga-se à repetição e à tradição, sacralizando o vivido do grupo social", concretizando-se em determinados objetos, necessários à sua sustentação.

A noção de **pertencimento cultural** está atrelada à ideia de memória coletiva como promoção e conservação do patrimônio e de memória individual como forma de reconhecimento do indivíduo nesse contexto.

> A memória se enraíza no concreto, no espaço, no gesto, na imagem, no objeto. [...] A memória é a vida, sempre carregada por grupos vivos e, neste sentido, em permanente evolução, aberta à dialética da lembrança e do esquecimento, inconsciente de suas deformações sucessivas, vulneráveis a todos os usos e manipulações, suscetível de longas latências e de repentinas revitalizações. [...] A memória perdura-se em lugares [...]. (Monastirsky, 2009, p. 326)

O autor inclui a luta pelo direito à memória na luta pelo direito à cidade e considera muito perigosa a ideia de recuperação da memória articulada entre a cultura local e os interesses econômicos e/ou ideológicos, para posteriormente efetivar-se como um instrumento de reconhecimento identitário e educacional para o cidadão. "Se a preservação do patrimônio for realizada em função desses interesses", pode resultar em "uma lembrança favorável, única, compatível e útil apenas para o processo de supervalorização da história e da função comercial do patrimônio" (Monastirsky, 2006, p. 23).

Para Bosi (1991) e Pollak (1992), a memória é uma construção que se configura a partir das experiências no decorrer da vida, em diferentes contextos e espaços, como parte da construção do próprio ser, de sua identidade. É um fenômeno coletivo e social, constituído por acontecimentos vividos, pessoas, personagens e lugares. Além disso, é um ancoradouro na busca de determinados valores, hábitos e tradições que se perpetuam no presente. Os indivíduos têm necessidade de saber, em algum momento da vida, sobre seu passado, a fim de se conhecerem no presente. Por isso a importância de conhecer e preservar o passado, entendendo-se que ele também se modifica, mas que é base para a construção da existência no presente.

A cidade, com seus monumentos concretos, acumula memórias. O patrimônio material ou imaterial, na qualidade de manifestação cultural e de identidade, faz essa relação entre passado e valor afetivo. As manifestações culturais tangíveis e intangíveis possibilitam a construção de memórias e, consequentemente, de lembranças. Segundo Nora (1993, p. 9), a memória é a dialética da lembrança e do esquecimento, se "enraíza no concreto, no espaço, no gesto, na imagem, no objeto". O teórico faz referência à memória enraizada nos lugares, que denomina de **lugares de memória**.

Na visão de Nora (1993), o espaço tem elementos simbólicos que ficam marcados na paisagem, gerando recordações que contam a história não só do lugar, mas também da sociedade. A apropriação simbólica particulariza o lugar, uma vez que, além do material, também há um jogo de sentimentos, pertencimento e valores. Para o teórico, os lugares de memória são, antes de tudo, restos que estão nas paisagens culturais e as compõem.

São lugares com efeito nos três sentidos da palavra, material, simbólico e funcional, simultaneamente, somente em graus diferentes. Mesmo um lugar de aparência puramente material, como um depósito de arquivo, só é lugar de memória se a imaginação o investe de uma aura simbólica. Mesmo um lugar puramente funcional, como um manual de aula, um testamento, uma associação de antigos combatentes, só entra na categoria se for objeto de um ritual. Mesmo um minuto de silêncio, que parece um exemplo extremo de uma significação simbólica, é ao mesmo tempo o recorte material de uma unidade temporal e serve, periodicamente, para uma chamada concentrada da lembrança. Os três aspectos coexistem sempre. (Nora, 1993, p. 21-22)

Para Holzer (2000), a memória e a transmissão parcial das experiências prévias são fundamentais para a compreensão de nossas ações no espaço geográfico. A memória seria uma intermediação entre espaço objetivo e espaço subjetivo. Os lugares são receptáculos da memória e, na experiência do lugar, existe a sensação de familiaridade. O teórico vê o lugar como "um conjunto complexo, enraizado no passado e incrementando-se com a passagem do tempo, com o acúmulo de experiências e de sentimentos. Seria a experiência primitiva do espaço experimentada a partir do corpo" (Holzer, 2000, p. 113). Ainda segundo esse estudioso,

> Relph observa [...] que os lugares devem sua identidade a três componentes inter-relacionados: os traços físicos, as atividades e as funções observáveis. Nora (1993) fala, coincidentemente, em três sentidos para

os lugares de memória, sentidos que funcionam simultaneamente: o material, o simbólico e o funcional. Também para esse autor a existência dos lugares de memória está condicionada a uma interrupção no fluxo do tempo. (Holzer, 2000, p. 119)

Desse modo, entendemos que a memória é subjetiva, presente nas experiências das pessoas, mas também objetiva, quando se perpetua nos lugares. Por isso, a preservação dos patrimônios também é preservação da memória da sociedade e do contexto nos quais estão inseridos. Quando uma sociedade entende sua história, compreende os rumos pelos quais caminha e reflete sobre o que quer para o futuro.

2.4.4 Tradição

A memória possibilita a transmissão de determinadas práticas, de rituais e do saber-fazer pela oralidade. Essa transmissão pode ser compreendida como forma de (re)passar as tradições inseridas em um grupo cultural.

A cultura está em constante processo de renovação, mas as tradições permitem que se perpetuem os elementos significativos que fazem as práticas culturais existirem e resistirem. A transmissão de tradições, no entanto, nem sempre acontece de maneira harmônica, porque envolve lutas e conflitos pela valorização do lugar, uma vez que há um jogo de interesses de diversos atores nesse processo.

Uma questão importante é a necessidade permanente de reflexão sobre as tradições. Isso porque algumas práticas preconceituosas, que desvalorizam determinadas pessoas, que desrespeitam determinados grupos, podem ser legitimadas "em nome da tradição". Portanto, é preciso refletir sobre as tradições nos atuais contextos e questionar se essas práticas ainda têm significado.

Um exemplo disso é a mutilação da genitália feminina observada especialmente em alguns países da África. O procedimento é comumente realizado por uma mulher mais velha, com a utilização de instrumentos tradicionais, podendo ser feito com ou sem anestesia. A mutilação pode envolver a retirada total ou parcial do clitóris da menina e dos pequenos e grandes lábios da vagina. Não são conhecidas as origens históricas do procedimento, mas estudos já realizados em múmias egípcias indicam que ocorre há muitos séculos. As meninas que não executam tal prática podem ser rechaçadas pelas comunidades nas quais estão inseridas, o que pode prejudicar suas famílias e a possibilidade de conseguirem um casamento.

Essa prática, cuja continuidade é defendida por muitos, é considerada tradicional, pois faz parte de um ritual cultural dos grupos envolvidos. Agora, devemos nos perguntar: Podemos defender esse tipo de procedimento, tendo em vista que causa dor e sofrimento a curto, médio e longo prazo às meninas que são submetidas a ele? É legítimo perpetuar uma tradição como essa quando ela oferece risco de vida para as meninas, mantém as desigualdades de gênero, tem consequências psicológicas e associadas à função sexual dessas pessoas? É preciso sempre fazer uma análise crítica e reflexiva de questões como essa ao debater as práticas e manifestações culturais, que podem ser justificadas como parte da tradição.

Um debate importante sobre a tradição é realizado por Hobsbawm (1997). Para o teórico, as tradições podem ser valores e normas de comportamento inculcados pela repetição. Ademais, ele afirma que a **tradição** tem como característica a invariabilidade, pois impõe práticas fixas, geralmente formalizadas, sendo diferente do **costume**, que está aberto às inovações mesmo que presente nas sociedades ditas *tradicionais*.

Na visão do autor, o termo *tradição* pode ser compreendido como um conjunto de práticas, normalmente reguladas por regras implícitas ou abertamente aceitas, que podem ser de natureza ritual ou simbólica; sempre que possível, a tradição estabelece continuidade com um passado histórico apropriado, geralmente de modo bastante artificial (Hobsbawm, 1997).

Muitas "tradições" que parecem ou são consideradas antigas na verdade são bastante recentes, quando não inventadas. "A invenção de tradições é essencialmente um processo de formalização e ritualização, caracterizado por referir-se ao passado, mesmo que apenas pela imposição da repetição" (Hobsbawm, 1997, p. 12). A invenção da tradição pode acontecer por diversos motivos:

> quando uma transformação rápida da sociedade debilita ou destrói os padrões sociais para os quais as "velhas" tradições foram feitas, produzindo novos padrões com os quais essas tradições são incompatíveis; quando as velhas tradições, juntamente com seus promotores e divulgadores institucionais, dão mostras de haver perdido grande parte da capacidade de adaptação e da flexibilidade; ou quando são eliminadas de outras formas. Em suma, inventam-se novas tradições quando ocorrem transformações suficientemente amplas e rápidas tanto do lado da demanda quanto da oferta. (Hobsbawm, 1997, p. 12-13)

Assim, para o autor, as tradições inventadas buscam na repetição um modo de legitimação. Essa repetição pode ocorrer para legitimar uma crença religiosa, por exemplo, baseada na fé, como os milagres dos deuses, as curas de doenças e os rituais religiosos, e para legitimar as construções identitárias, funcionando como elemento de coesão entre os membros de grupos culturais.

Síntese

Vimos, neste capítulo, que o espaço geográfico – conceito-chave da geografia – é a condição para que a cultura possa se manifestar, ao mesmo tempo que é resultado das práticas culturais. Por isso, os espaços são singulares, fazendo parte do cotidiano das pessoas, que os qualificam de acordo com a relação que estabelecem com eles. Apontamos ainda a importância da escala de análise dos fenômenos culturais para a compreensão da relação espacial.

A cultura pode ser tanto material quanto imaterial, e isso também é percebido na questão espacial. Conforme demonstramos, podemos entender a cultura como um patrimônio cultural material, como uma edificação histórica, mas também como uma festa popular, que se materializa no espaço por meio dos elementos que compõem tal manifestação, podendo ter uma duração limitada, mas ainda assim constituir espacialidade significativa para os envolvidos.

Problematizamos também o papel da memória e da tradição na manutenção de práticas culturais, destacando que é necessário analisar tais questões mantendo-se uma visão reflexiva, em especial quando se trata de legitimação de certas tradições que podem ser cruéis, em nome da defesa da cultura. A cultura é uma construção; portanto, está sempre em processo de transformação e deve ser analisada de maneira crítica.

Atividades de autoavaliação

1. No que se refere ao debate sobre a relação entre o espaço geográfico e as manifestações culturais, Claval (2007) afirma que as pessoas dão valor aos lugares e os qualificam. Com relação a esse aspecto, o autor apresenta o conceito de *toponímia*. Assinale a alternativa que indica corretamente o significado desse conceito:
   a) Medo e aversão aos lugares.
   b) Sensação de conforto e bem-estar que as pessoas associam aos lugares.
   c) Batismo dos lugares, uma herança das culturas passadas.
   d) Medição dos lugares por meio do uso de métodos quantitativos.

2. Com relação às espacialidades culturais, Corrêa (2009) afirma que, para compreendê-las, é preciso levar em consideração:
   I. a possibilidade de representá-las cartograficamente, utilizando-se metodologias quantitativas.
   II. o fato de que, além de produto social, elas constituem uma condição para a reprodução social.
   III. as leis e políticas públicas que regem essas espacialidades, tendo em vista seus atributos territoriais.
   IV. a ideia dos significados que reafirmam a diversidade de interpretações atribuídas à existência humana.
   Agora, assinale a alternativa que apresenta apenas as afirmações corretas:
   a) I e II.
   b) III e IV.
   c) I, II e III.
   d) II e IV.

3. Na visão de Pelegrini e Funari (2008), o patrimônio deve ser entendido como um valor de natureza tangível e intangível, pois está imbricado com as identidades sociais. Podemos citar como exemplos de patrimônio cultural intangível:
   I. o saber-fazer (*savoir-faire*), as crenças e os valores.
   II. os monumentos, as edificações e as praças.
   III. os conjuntos arquitetônicos, urbanísticos e paisagísticos.
   IV. as festas populares, a memória e as tradições.

   Agora, assinale a alternativa que apresenta apenas as afirmações corretas:
   a) I e IV.
   b) I, II e III.
   c) II e III.
   d) II e IV.

4. Sobre a relação entre a memória e os lugares, Nora (1993) discute o conceito de lugares de memória, entendendo a memória como aberta e em permanente evolução. O teórico define esses lugares de memória como:
   ( ) os lugares desaparecidos ou destruídos ao longo do tempo.
   ( ) aqueles lugares que são inventados e recriados de maneira artificial.
   ( ) patrimônios culturais, projetados simbolicamente, podendo estar atrelados a um passado vivo, que ainda marca presença e reforça os traços identitários do lugares.
   ( ) lugares em que a questão simbólica ou dos significados não pode ser levada em consideração, tendo em vista que deve ser valorizada estritamente sua dimensão concreta.

Agora, assinale a alternativa que apresenta a sequência correta:
a) V, F, V, F.
b) F, F, F, V.
c) F, F, V, F.
d) V, V, F, F.

5. O debate sobre o conceito de tradição é bastante complexo, como apontamos em nossa análise. Uma das questões envolvidas é o que Hobsbawm (1997) chama de *invenção da tradição*. Podemos afirmar que, na visão do autor:
   I. novas tradições são inventadas quando ocorrem transformações suficientemente amplas e rápidas tanto do lado da demanda quanto do lado da oferta.
   II. uma das causas da invenção das tradições são as transformações lentas nas sociedades atuais.
   III. trata-se de um processo que acontece sem conflitos, porque não debilita ou destrói os padrões sociais para os quais as "velhas" tradições foram feitas.
   IV. a invenção das tradições é essencialmente um processo de formalização e ritualização, caracterizado por referir-se ao passado, mesmo que apenas pela imposição da repetição.

Agora, assinale a alternativa que apresenta apenas as afirmações corretas:
a) I e II.
b) II, III e IV.
c) I e III.
d) I e IV.

Atividades de aprendizagem

Questões para reflexão

1. Em novembro de 2015, ocorreu no Brasil um dos maiores impactos ambientais de todos os tempos em decorrência do rompimento de uma barragem em Minas Gerais, que afetou localidades como Mariana e Bento Rodrigues e estendeu-se para o Estado do Espírito Santo. Além dos problemas ambientais gerados no momento do desastre e de suas consequências a longo prazo, pessoas perderam casas, pertences, familiares e amigos. A perda material foi muito significativa para as famílias, porém, mais que isso, podemos afirmar que essas populações perderam lugares de memória, lugares da infância, de práticas culturais, como a conversa no portão. Esse caso demonstra que nossa vida não diz respeito somente ao nosso patrimônio material, mas às várias práticas cotidianas, que são espacializadas e que constituem quem somos. Mesmo que novas casas sejam construídas em outros lugares para os moradores afetados por esse desastre, as relações que existiam antes serão as mesmas? Como podemos relacionar a perda material com a perda dos laços afetivos com esses lugares? Na cidade onde mora, você já presenciou algum exemplo como esse, relacionado a impactos ambientais ou à desapropriação de pessoas em virtude de projetos urbanos?

2. No Brasil, tem se popularizado entre os jovens um evento chamado *Festa das Cores* ou *Festival das Cores*, que é basicamente uma festa em que há música e as pessoas são motivadas a usar roupas brancas, sendo lançados pós coloridos para colorir

toda a festa. Esse evento é inspirado em um importante festival da Índia, chamado *Holi*, em que as pessoas jogam pós de várias cores umas nas outras, em comemoração à chegada da primavera. A celebração também tem outros elementos importantes, como a questão das fases da Lua, as cantorias tradicionais e os deuses e divindades, como Krishna. Vários são os significados da festa para os indianos, relacionados à religião e a crenças, mitos e valores. Esse exemplo pode ser analisado com base na ideia de apropriação cultural, uma discussão polêmica que envolve justamente a apropriação de elementos de determinada cultura e sua ressignificação para serem praticados em outros lugares. Vimos que as espacialidades culturais estão intimamente atreladas à ideia de significado, ou seja, é preciso refletir criticamente sobre as práticas culturais e suas espacialidades. Você conhece outros exemplos que poderiam ser analisados por esse viés?

Atividade aplicada: prática

1. Visite o *site* do Instituto do Patrimônio Histórico e Artístico Nacional (Iphan). Na seção "Patrimônio Cultural", verifique as informações que constam sobre patrimônio material e patrimônio imaterial. Faça um pequeno resumo sobre a visão que o Iphan tem da questão, apontando alguns exemplos reais desses dois tipos de patrimônio. Em seguida, identifique em sua cidade que lugares e práticas poderiam ser enquadrados na categoria de patrimônio material ou imaterial, de acordo com a perspectiva do Iphan. Explique a relevância desses patrimônios para a história da cidade onde você vive.

    IPHAN – Instituto do Patrimônio Histórico e Artístico Nacional. Disponível em: <http://portal.iphan.gov.br/>. Acesso em: 19 set. 2024.

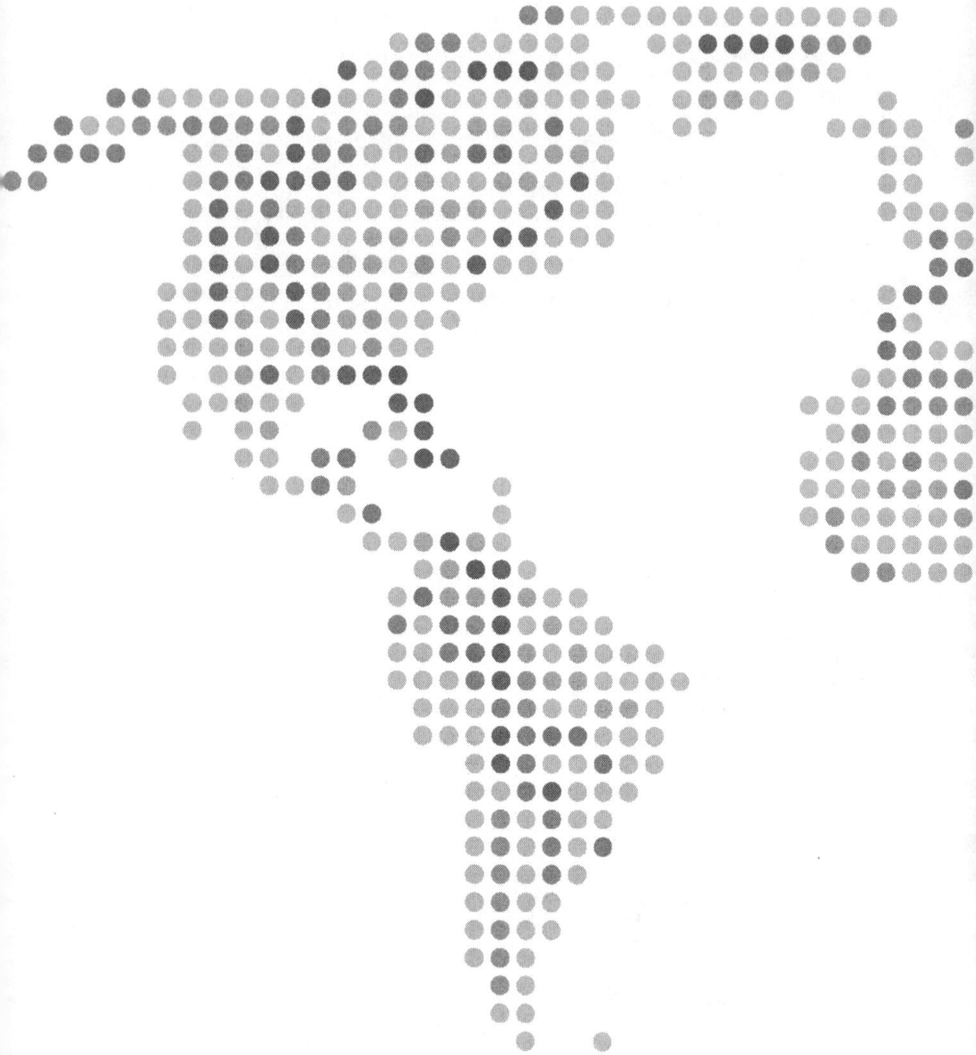

3
Conceitos geográficos e suas relações com a cultura

Neste capítulo, examinaremos algumas das categorias espaciais – região, paisagem, território e lugar – que se constituem como conceitos importantes na geografia, apresentando algumas formas de compreendê-las e mostrando sua relação com o debate referente à cultura.

Não pretendemos discutir exaustivamente esses conceitos, uma vez que há vasta bibliografia disponível sobre isso. A ideia é esclarecer de que maneira eles são utilizados na geografia cultural para compreender alguns dos fenômenos já mencionados, relacionados às manifestações da cultura no espaço.

Também analisaremos como esses conceitos se desdobram em outros, tendo em vista a ação dos sujeitos no tempo e no espaço. Assim, abordaremos como a questão do tempo está intimamente relacionada com o espaço e como as práticas culturais modificam a compreensão das categorias espaciais na geografia.

3.1 Região e cultura

O conceito de região foi um dos pilares da construção da geografia como ciência moderna e da estruturação de outras categorias espaciais. A preocupação dos primeiros estudos regionais estava muito atrelada à descrição da região natural – isto é, do conjunto de elementos naturais (clima, vegetação, solo, entre outros) que caracteriza determinada região –, bem como ao desenvolvimento das sociedades em vários aspectos.

Segundo Lencioni (2005), o avanço dos estudos geográficos acabou separando a geografia em duas frentes: uma dedicada à natureza e outra direcionada às pessoas. Tal cisão comprometeu a particularidade de seu campo de pesquisa, fundada nos aspectos físicos e sociais, além de sua identidade como disciplina.

Os estudos regionais foram fundamentais para solucionar esse problema, tendo em vista que permitiam

> combinar o procedimento metodológico de análise das relações causais e de construções de leis gerais, bastante pertinentes ao estudo dos fenômenos naturais, com a perspectiva que não buscava construir generalizações, bastante presentes na busca da compreensão dos aspectos da vida social e cultural. (Lencioni, 2005, p. 189)

Paul Vidal de La Blache, geógrafo francês do século XIX, teve um papel fundamental na discussão do conceito de região. O debate sobre tal categoria espacial, na visão do teórico, considerava os aspectos naturais e humanos das regiões segundo uma ideia de unidade terrestre que estava relacionada à definição de gêneros de vida.

Frémont (1980, p. 48, tradução nossa) afirma:

> A geografia clássica considera a região, ou qualquer outro espaço, como um objeto, um "em si", um conjunto de paisagens, cidades, aldeias e pessoas que formam um todo "objetivo", absolutamente independente da percepção de quem observa ou vive lá, seja residente, seja geógrafo. No máximo, alguns geógrafos às vezes se referem ao "sentimento de pertença"

que une os homens aos lugares onde vivem por outros vínculos que não os materiais.[i]

Para Gomes (2000), a região é uma organização diferenciada do espaço, tem um sentido de unidade administrativa, está associada a determinado domínio e é produto-síntese do encontro entre as ciências humanas e da natureza. É vista, ainda, como um espaço vivido, que envolve sentimentos de pertencimento e consciência regional. O teórico reitera que o conceito de região tem algumas consequências históricas, estando as principais no campo da discussão política, da dinâmica do Estado, da organização da cultura e do estatuto da diversidade espacial. No caso específico da análise aqui proposta, o que nos interessa é esclarecer o conceito com base em sua dinâmica com a cultura.

Sobre isso, Gomes (2000, p. 62) afirma que "no conceito de região, ou sua manifestação, há o pleno encontro do homem, da cultura com o ambiente, a natureza; a região é a materialidade desta inter-relação, é também a forma localizada das diferentes maneiras pelas quais esta inter-relação se realiza".

Haesbaert (2010), concebendo a região como "arte-fato", aponta algumas propostas para analisar a definição: a região como produto-produtora das dinâmicas concomitantes de globalização e fragmentação; a região como produto-produtora dos processos de diferenciação espacial; e a região construída por meio da atuação de diferentes sujeitos sociais. Com base nessas questões, o autor

---

i. "La géographie classique considère la région, ou tout autre espace, comme un objet, un 'en-soi', un ensemble de paysages, de villes, de villages et de personnes formant un tout 'objectif', absolument indépendants de la perception de celui qui observe ou qui y vit, que celui-ci soit habitant ou géographe. Tout au plus, quelques géographes font-ils parfois allusion au 'sentiment d'appartenance' qui unit les hommes aux lieux où ils vivent par des liens autres que matériels."

propõe uma ideia de regionalidade que, de maneira genérica, seria a propriedade ou qualidade de "ser" regional.

Para Haesbaert (2010, p. 8),

> a regionalidade envolveria a criação concomitante da "realidade" e das representações regionais, sem que elas possam ser dissociadas ou que uma se coloque, a priori, sob o comando da outra – o imaginário e a construção simbólica moldando o vivido regional e a vivência e produção concretas da região, por sua vez, alimentando suas configurações simbólicas.

Essa regionalidade se desdobra na discussão sobre regiões culturais. No caso do Brasil, por exemplo, é visível que algumas questões culturais relacionadas à linguagem (sotaque, gírias), à alimentação, às festas populares, às tradições, às crenças e aos modos de vida são bem demarcadas nas diferentes regiões do país. A divisão administrativa das regiões (Norte, Nordeste, Sudeste, Centro-Oeste e Sul) define essas diferenças culturais e, ao mesmo tempo, é definida em função delas. Essas divisões regionais estão estreitamente ligadas às noções de território e identidade, por exemplo, que abordaremos mais adiante.

Outra análise importante sobre o termo na discussão cultural e humanista da geografia é a de Frémont (1980), que define *região* como uma entidade relativa, dependente dos modos de produção (que determinam as frequências e, consequentemente, os espaços de vida), as estruturas sociais e as ideologias (que condicionam os valores psicológicos associados aos lugares).

O autor identifica três concepções: **região fluida**, exemplificada pela experiência dos assentamentos do Delta do Níger, na África; **região enraizada** (que inclui um forte apego das pessoas aos lugares), relacionada à questão da sociedade camponesa e ao processo de industrialização do século XIX; e **região *éclatée*** (do verbo *éclater*, traduzido literalmente do francês como "explodir"), referente às sociedades sujeitas a novas restrições, padronizações e funcionamentos do espaço operado pela sociedade industrial (Frémont, 1980).

De acordo com Frémont (1980), a região pode ser classificada como um espaço vivido (*espace vécu*), visto que está atrelada à percepção dos indivíduos, bem como a suas experiências e vivências. Essa perspectiva é bem mais realista do que aquelas que consideram a região um simples objeto.

3.2 Paisagens culturais

Uma característica interessante da geografia é que ela é uma **ciência visual**. A noção de paisagem nesse campo do conhecimento está comumente relacionada ao sentido da visão, isto é, *paisagem* é aquilo que se consegue ver. No entanto, na perspectiva da geografia cultural, é importante incorporar os demais sentidos sensoriais da experiência humana – tato, paladar, olfato e audição – para compreender que as paisagens englobam diferentes concepções e podem constituir paisagens culturais distintas. Dessa maneira, podemos pensar as paisagens culturais também como aquelas atreladas aos sons (paisagens sonoras), aos cheiros (paisagens olfativas) e à alimentação (paisagens gustativas).

O espaço da cozinha pode ser um importante elemento de estudo das paisagens culturais. Nela encontramos a materialidade dos utensílios e a imaterialidade do saber-fazer alimentos, conforme as heranças culturais, as diferenças regionais, as relações de gênero, entre outros elementos culturais que fazem parte desses espaços.

Ao se englobarem os sentidos sensoriais, são incluídas perspectivas distintas das paisagens culturais, de acordo com algumas práticas e manifestações de determinadas sociedades que são relevantes para esses grupos e fundamentais para que possam ser (re)conhecidos.

Como exemplos de paisagem cultural relacionada à alimentação, podemos citar o acarajé da Bahia, o baião de dois do Ceará, o churrasco do Rio Grande do Sul, o pato no tucupi do Pará e o queijo de Minas Gerais. Para além da alimentação, esses elementos culturais são parte da paisagem desses lugares, pois as pessoas se relacionam com o mundo em que vivem também por meio da alimentação. Podemos encontrar, por exemplo, alguns elementos materiais que constituem essa paisagem cultural, como as baianas com seus tabuleiros vendendo acarajé ou os gaúchos, em trajes típicos, usando a grelha e o fogo de chão para fazer o churrasco. Tais elementos constituem a paisagem cultural desses lugares.

Figura 3.1 – Representação de uma cozinha em um museu na cidade da Lapa, no Paraná

Marcia Alves Soares da Silva

A paisagem é também algo para reconhecer, perceber, escutar e descrever. Andreotti (2012, p. 8) afirma que a paisagem cultural

> é *logos*, discurso da memória, da história e da cultura, e, como tal, paradigma de valores éticos e estéticos.
>
> A paisagem cultural não é a paisagem *tout court*: esta última é genérica, dada pelos contingentes, é provisória, é ajustada, é cotidiana e objetiva. A paisagem cultural, ao contrário, continua em desenvolvimento: vem da Antiguidade enriquecendo-se a cada século, integrando-se de espírito em espírito, modelando-se segundo as ideias, os sentidos, as expectativas dos povos que a construíram.

Assim, as paisagens culturais são formadas pelos vários elementos que compõem as práticas culturais e que podem ser percebidos pelos sentidos. Trata-se do cheiro das uvas nas parreiras para a produção de vinho no Chile, das cores das edificações históricas em Ouro Preto, dos temperos utilizados na culinária nepalesa, do caminhar pelas trilhas de Cusco.

Kozel (2012, p. 68-69) explica que, no campo da geografia cultural,

> entendemos a paisagem como portadora de elementos visuais, sonoros, odoríferos e tácteis, e dos significados dados a esses elementos pelas pessoas que os vivenciam.
>
> [...]

Cada paisagem é produto e produtora de cultura, e é possuidora de formas e cores, odores, sons e movimentos, que podem ser experienciados por cada pessoa que nela se insira, ou abstraído por aquele que a lê pelos relatos e/ou imagens.

É importante destacar que a ideia de paisagem cultural não está relacionada apenas à questão da paisagem construída, mas a um todo que envolve também a paisagem natural. Confira na Figura 3.2 um exemplo desse diálogo que constitui uma paisagem cultural. A imagem da cidade de Paris a partir do Rio Sena abarca tanto os elementos naturais (como o rio) quanto os construídos (como o principal deles, a Torre Eiffel, ao fundo). É esse diálogo entre natural e construído que forma a paisagem cultural de Paris – a maioria das pessoas que veem imagens como esta já reconhece prontamente a cidade em razão desses elementos.

Figura 3.2 – Paisagem de Paris (França) vista do Rio Sena

A paisagem cultural, portanto, integra também os elementos naturais. Um rio, por exemplo, é um elemento da natureza – isto é, não foi construído pelo ser humano –, mas os significados que esse elemento tem para os grupos inseridos em seu contexto podem ser interpretados do ponto de vista da cultura. Esse rio pode ser fonte de alimento ou servir para as práticas de limpeza, ser local de rituais ou cenário de mitos e lendas.

Essa noção vai ao encontro da ideia de **geopoética das paisagens**, conceito elaborado por Kenneth White (1936-2023) na década de 1990 que prima por abrir espaço ao novo, ao sensível, ao vivenciado. Essa sensibilidade para com os espaços vividos pode nos remeter a lugares específicos de nossa infância e às casas onde moramos. Assim, segundo a geopoética, alguns odores, por exemplo, remetem a lugares específicos, como a casa de nossos avós, a estrada por onde passávamos, a feira que frequentávamos. Esses são registros geopoéticos que dão valor à experiência humana e às singularidades que compõem a vida.

O olhar sobre a geopoética das paisagens ressalta a importância de serem compreendidas com base na integralidade que as compõe, sintetizando-se as forças do corpo e do espírito para entender o mundo com o aporte da cultura. Usando-se todos os sentidos sensoriais, é possível a objetivação do sensível. As questões culturais enriquecem essa análise da paisagem, integrando o corpo ao espaço geográfico (Kozel, 2012).

De acordo com Kozel (2012, p. 66), "refletir o mundo pela geopoética propõe o resgate da sua inteireza por meio de linguagens, expressas de formas diferenciadas e sensíveis como as artes visuais, a música, odores, expressão oral e escrita em combinação e sintonia". Para a teórica,

Compreender a paisagem a partir dos sons da natureza é uma experiência que envolve percepções, valores e significações que não podem ser reduzidas, exclusivamente, a um processo fisiológico. Como foi apontado anteriormente, a cultura é um dos vetores principais a ser considerado, pois quando um determinado espaço é pensado culturalmente, características [...] peculiares e diversas são atribuídas à sua identidade. (Kozel, 2012, p. 71)

Também é possível analisar as paisagens culturais por meio dos **sabores geográficos**. O sabor da comida é um fenômeno que faz parte da essência da experiência geográfica. Nesse sentido, pode revelar a relação dos indivíduos com espaços vividos, lugares, paisagens e territórios, por exemplo, pelas singularidades de alimentos presentes em cada sociedade, pelos modos de preparo da comida, pelas formas de socialização, pela valoração do alimento e pela relação desse alimento com as crenças das comunidades.

Os sabores geográficos, portanto, fazem parte da própria identificação dos lugares. Quando se pensa na comida do Japão, por exemplo, em geral, vem à cabeça o *sushi*; quando se trata de Portugal, lembramo-nos dos famosos pastéis de Belém. No Brasil, as importantes diferenças regionais, que se configuram em diferentes climas, solos, massas de ar e vegetações, repercutem também na variedade de sabores da comida. No Pará, destaca-se o açaí; no Ceará, a tapioca; em Minas Gerais, o pão de queijo; em Goiás, o arroz com pequi; no Paraná, o barreado. Esses são alguns exemplos da vasta culinária brasileira. Assim, as diferenças da experiência geográfica também aparecem na alimentação, nas formas de conceber os pratos e nas formas de se alimentar.

Para Gratão e Marandola Júnior (2011, p. 60, grifo do original), "o paladar se manifesta enquanto fenômeno da experiência geográfica a partir do **sabor**. Ligado ao gosto, à experiência, à memória e aos valores culturalmente construídos, o sabor nos permite incorporar as dimensões da experiência e da cultura da geograficidade". Ainda segundo os teóricos,

> A geografia procura dar sentido ao sabor enquanto dimensão que busca resgatar e dar visibilidade à memória que se desvela no gosto geograficamente vivido, associado a paisagens e lugares. É o que vem sustentar a nossa abordagem: o sabor enquanto sentido e sensação humana de gosto. Sabor e aroma remetem aos costumes e sensações, bases culturais do imaginário das pessoas. (Gratão; Marandola Júnior, 2011, p. 65-66)

Entender as paisagens culturais é refletir sobre a realidade em sua dimensão sensível. É estar atento às cores, aos sabores, aos odores, aos toques que fazem parte das experiências cotidianas e são elementos fundamentais da (re)construção do mundo da cultura, em que a atenção aos sentidos permite compreender como se estabelecem as relações de significado entre as pessoas e as paisagens.

3.3 Territórios e territorialidades culturais

Assim como ocorre com as outras categorias espaciais, não há uma perspectiva única sobre o conceito de território. Vários são os olhares dos autores que o analisam. Entretanto, há um ponto de partida em comum para sua definição: as **relações de poder**.

Nesse sentido, o território pressupõe relações de poder, tanto simbólicas e afetivas quanto político-disciplinares, econômicas, sociais e, no caso específico de nossa discussão, culturais. Assim, abordaremos o território tendo em vista sua relação com os aspectos culturais, analisando, principalmente, as territorialidades culturais.

A noção comum de território está atrelada à ideia de fronteiras, considerando-se uma escala nacional ou disputas geopolíticas internacionais, como as da Faixa de Gaza, do muro que separa o México dos Estados Unidos e da fronteira amazônica. Em outras palavras, está associada ao espaço físico, material. Todavia, o conceito de território abrange conotações distintas e, do ponto de vista cultural, pode ser analisado tomando-se como base as múltiplas práticas culturais que exercemos no dia a dia.

> Desde a origem, o território nasce com uma dupla conotação, material e simbólica, pois etimologicamente aparece tão próximo de *terra-territorium* quanto de *terreo-territor* (terror, aterrorizar), ou seja, tem a ver com dominação (jurídico-política) da terra e com a inspiração do terror, do medo – especialmente para aqueles que, com esta dominação, ficam alijados da terra, ou no "territorium" são impedidos de entrar. (Haesbaert, 2004, p. 1).

Nesse sentido, para o autor,

> O território não deve ser visto apenas na sua natureza material, já que não é algo dado, é uma construção, ou seja, deve-se pensar numa noção de território que abranja seu caráter simbólico, porque senão

fica fadada a apreender apenas uma parte dos complexos meandros do poder. Embora os estudos privilegiem a dimensão política do território, é notável que o simbólico-cultural sempre esteve presente. (Haesbaert, 2001, p. 118)

Analisando-se o contexto de uma área central de uma cidade brasileira, por exemplo, é possível refletir sobre a concepção de território tanto em sua dinâmica espacial quanto na temporal. Nas áreas centrais das cidades brasileiras, diferentes dinâmicas sociais, culturais, econômicas e políticas se desenrolam no decorrer do dia e expressam relações de poder e, consequentemente, disputas territoriais. Pela manhã, uma rua pode ser o espaço da feira de alimentos; à tarde, do comércio informal; à noite, do tráfico de drogas e da prostituição. Perceba que, nesse exemplo, trata-se da mesma rua, do mesmo espaço, porém as dinâmicas se modificam de acordo com o horário do dia (temporal), assim como as formas de apropriação do território, o que incide em distintas territorialidades e disputas de poder, tanto simbólicas quanto materiais.

Importante!

Haesbaert (2007) afirma que todo território corresponde a uma territorialidade, mas nem toda territorialidade implica a existência de um território. O **território** é uma dimensão mais concreta; a **territorialidade**, por sua vez, é uma dimensão mais simbólica, um referencial territorial.

Haesbaert (2007) discorre sobre o conceito de **identidade territorial**, o qual está intimamente relacionado à questão da cultura, uma vez que tal identidade pode ser pensada como apropriação simbólica e estratégia de poder. A identidade territorial pode ser tanto múltipla quanto híbrida, pois permite a identificação com dois ou mais territórios, considerando-se a questão do espaço e das identidades "em movimento".

O conceito de identidade múltipla remete à ideia de que as pessoas podem assumir diferentes identidades, de acordo com sua relação espacial, por exemplo. A classificação das identidades como híbridas, por sua vez, indica que as identidades não são únicas, mas compostas por diferentes elementos, visto que a cultura é uma construção. Por isso, as identidades estão em movimento, nunca são fixas; embora haja uma relação importante com o território, as identidades estão sempre em transformação.

A identidade, portanto, é um processo reflexivo, relacional, de "identificar-se com", inserido em uma relação social. Por isso ela é múltipla, está sempre em movimento, em uma identificação em curso. A identidade plenamente unificada, completa, segura e coerente é uma fantasia (Haesbaert, 1999; Hall, 2005).

Haesbaert (2007) aponta a existência de multiterritorialidades culturais, em que há sobreposição/encaixe de territórios-zona e a articulação de territórios-rede de maneira simultânea ou sucessiva[ii].

> A territorialidade humana é uma das feições que expressa possibilidades da Geografia, não a única. Por nossa compreensão, trata-se de uma possibilidade analítica. Diz respeito ao fazer de um ator social,

---

ii. O território-zona é homogêneo e excluso, ao passo que o território-rede é heterogêneo e múltiplo. Sobre isso, Haesbaert (2013, p. 810-811, grifo do original) indica o seguinte: "as concepções de território-zona, território-rede e aglomerado só podem ser lidas dentro do que denominamos distintas lógicas de construção do espaço: a lógica zonal (onde **predomina** o controle de áreas, como na lógica territorial dominante entre os Estados nações), a lógica reticular (onde **predomina** o controle de redes, como na lógica territorial dominante entre as grandes empresas transnacionais) e a ilógica dos aglomerados – capaz de dar conta dos processos desordenadores e 'descontrolados'".

que pode ser uma instituição, um indivíduo ou uma coletividade. [...] Devemos compreendê-la como uma manifestação própria do humano: como sua expressão em sociedade e cultura. [...] O território é uma feição geográfica, uma expressão da ação e da representação. Tem a ver com a relação entre o ator e espaço, da provocação de um com o outro. A representação se refere ao mundo, ao mesmo tempo em que inventa mundos. (Heidrich, 2013, p. 55-56)

Na visão de Heidrich (2013), a territorialidade de uma sociedade ou comunidade fortalece o sentido de coesão social – marcado por normas, regras e outras questões de convivência –, e os laços culturais podem exercer uma forma de poder nesse processo de coesão. Outra questão levantada é a relação entre nacionalidade e processos migratórios, destacando-se como a convivência entre os envolvidos pode fortalecer o sentimento de pertencimento e, ao mesmo tempo, reforçar o poder das sociedades e os laços com o grupo ao qual pertencem.

A territorialidade também pode estar ligada à incorporação de objetos técnicos, como as tecnologias informacionais, que permitem outros modos de contato entre as pessoas, transformando também os territórios em que estão inseridas. "A territorialidade que alguns vivem pode se diferenciar da territorialidade de outros, pois vai depender do meio a que se tem acesso, se ele é pouco ou muito denso de tecnologia e de bens econômicos" (Heidrich, 2013, p. 59).

Na contemporaneidade, esse processo é bastante complexo, uma vez que, com o avanço das tecnologias da informação e comunicação, a ampliação dos territórios-rede se tornou notória, o que repercute nas práticas culturais e nas identidades territoriais. Ao mesmo tempo que as identidades estão em constante processo de (re)construção, é possível observar a manutenção de identidades neoconservadoras (fechadas). Além disso, há também as identidades múltiplas e híbridas, citadas anteriormente, em escala local e global, além de identidades sem território definido e desterritorializadas (Haesbaert, 2007).

Haesbaert (2001) afirma que toda ação política em determinado território tem um cunho cultural e é produtora de um sentido e de símbolos. Nesse sentido, o processo de desterritorialização pode estar ligado ao processo de exclusão socioespacial, já que pode haver ações políticas que preveem o deslocamento de populações, como no caso de populações ribeirinhas para a construção de barragens. Essa exclusão, portanto, pode estar atrelada a questões jurídico-políticas, econômicas e culturais. Ligada à dinâmica econômica, tal exclusão pode dilacerar os espaços, subordinar poderes políticos e condicionar a reformulação de muitas estratégias identitárias. A desterritorialização também pode estar vinculada ao desenraizamento e enfraquecimento das identidades territoriais, como ocorre nos conflitos com comunidades tradicionais, como os povos indígenas.

Saquet (2013) discute o território como processualidade histórica, relacional-reticular e multidimensional, que envolve redes de circulação e comunicação, a natureza exterior aos indivíduos, as diferenças, as desigualdades e as identidades culturais. "Pensamos numa perspectiva que destaca os processos econômicos, tanto na desterritorialização como na territorialização, sem desconsiderar as características políticas e culturais que estão sempre presentes em cada relação tempo-espaço-território" (Saquet, 2013, p. 43). Ao refletir sobre o conceito de território e suas relações com os estudos de cultura e identidade, o teórico entende que é preciso compreendê-lo em sua pluridimensionalidade, visto que é uma concepção transtemporal e transmultiescalar. Desse modo, para o autor, a análise do conceito, considerando-se ainda as diferentes práticas culturais, deve ser dialógica, compreendendo a práxis e possibilitando, assim, uma discussão que inclua uma análise política e do alcance da justiça social.

No debate sobre a questão do território, outras definições se mostram relevantes, como as de nação, etnia e identidade. Vários são os caminhos possíveis para o entendimento dessas categorias; assim, apresentaremos a seguir algumas reflexões que podem contribuir para aprofundar a compreensão da relação entre cultura e território.

3.3.1 Identidade, nação e etnia: contribuições para os debates culturais

Várias são as possibilidades de definição dos termos *nação*, *etnia* e *identidade*, a depender das diferentes áreas de formação. Do ponto de vista da geografia, esses conceitos podem ser articulados com as categorias espaciais, buscando-se uma reflexão interdisciplinar. Aqui, apresentaremos brevemente alguns olhares que podem contribuir para uma análise geográfica[iii].

Poutignat e Streiff-Fenart (1998) propõem um debate relevante ao articular esses conceitos com base em diferentes autores, no intuito de problematizar uma teoria da etnicidade. Para os autores, "a etnicidade [...] refere-se aos grupos, ou mais exatamente aos povos, que são nações potenciais, situadas em um estágio

---

[iii]. Esses conceitos podem ser aprofundados com outras leituras. Sugerimos a consulta às seguintes obras:
HAESBAERT, R. **Des-territorialização e identidade**: a rede gaúcha no Nordeste. Niterói: Ed. da UFF, 1997; IANNI, O. **Raças e a classes sociais no Brasil**. São Paulo: Brasiliense, 1987; OLIVEIRA, R. C. de. **Identidade, etnia e estrutura social**. São Paulo: Pioneira, 1976; SILVA, T. T. da. **Documentos de identidade**: uma introdução à teoria do currículo. Belo Horizonte: Autêntica, 1999.

preliminar de formação da consciência nacional" (Poutignat; Streiff-Fenart, 1998, p. 45). Segundo eles, a nação constitui uma consciência subjetiva específica de um povo, uma entidade cultural e política.

Na visão de Hall (2005), a nação não é apenas uma entidade política, que pressupõe uma condição de pertencimento, mas algo que produz sentidos – um sistema de representação cultural e/ou simbólica. Para o teórico, todas as nações modernas são híbridos culturais. Ele faz uma importante análise das identidades culturais no processo de globalização, principalmente em relação à cultura nacional e à sua importância para a formação das identidades culturais.

Importante!

As culturas nacionais são compostas de símbolos, representações e instituições culturais que influenciam e organizam as ações dos indivíduos e a concepção que têm de si mesmos. Assim, é produzido um sentido de nação com o qual pode haver identificação a despeito das diferenças existentes entre seus membros, com o objetivo unificá-los em uma identidade cultural, construída mediante um diálogo entre o passado e o futuro.

O conceito de **identidade** está atrelado ao de **nação**. Bauman (2005) afirma que a importância da construção de uma identidade consolidada está vinculada à maturação do Estado moderno, o qual buscava a obediência dos indivíduos que se encontravam no interior de sua soberania territorial, representando-os como a concretização do futuro da nação e a garantia de sua continuidade. A identidade nacional, construída pelo Estado e por suas forças, exige fidelidade, aceitando-se as identidades menores, ou seja, locais, apenas se não colidirem com a identidade nacional – embora existam apelos por parte das culturas locais para que os interesses locais, como a valorização de determinadas práticas culturais populares, se sobreponham aos nacionais, considerados artificiais.

Na visão de Bauman (2005), a identidade não é inerente ao ser humano: ela é construída com o passar do tempo, constituindo-se como uma ficção que precisa de muita coerção e convencimento para se consolidar e se concretizar em determinada realidade. A identificação é um instrumento poderoso de estratificação, pois, na hierarquia global, de um lado estão aqueles que constituem e desarticulam suas identidades, escolhendo-as no leque de opções oferecidas pela escala global, mais ou menos à própria vontade; de outro se situam aqueles a quem foram negados o acesso à escolha da identidade e o direito de manifestar suas preferências, oprimidos por identidades que lhes são aplicadas e impostas por outros indivíduos.

Bauman (2005) entende que, na era líquido-moderna, identidade e pertencimento são renováveis e revogáveis, pois as existências estão fragmentadas e desconectadas. Isso origina um problema de consistência e continuidade na identidade das pessoas com o passar do tempo. Na liquidez da vida moderna, cabe aos indivíduos buscar suas identidades (agora livres) com as próprias ferramentas e recursos.

O conceito de **identidade** relaciona-se também com os conceitos de **etnia** e **etnicidade**. Para Poutignat e Streiff-Fenart (1998), o interesse pela ideia de etnicidade surgiu principalmente a partir da década de 1960, nos estudos de migração, racismo, violência urbana e nacionalismo. O interesse nesse debate incluía "os países em vias de desenvolvimento e as sociedades pós-industriais" e havia "semelhança entre as questões apresentadas pela integração nacional nas sociedades pós-coloniais e as reivindicações étnicas e nacionalidades nas sociedades ocidentais" (Poutignat; Streiff-Fenart, 1998, p. 27). Nessa discussão, há um dilema entre os pesquisadores: por um lado, reavivam ideias antigas, entendendo as etnias como entidades discretas e homogêneas; por outro, problematizam a ideia de que esses grupos estão condenados a desaparecer com o processo de modernização.

O conceito de etnia pode ser relacionado a um sentimento de formação de um povo ou um sentimento de lealdade, um fenômeno essencialmente contemporâneo que está ligado ao sistema internacional de comunicação do mundo moderno e à difusão da universalização dos sentimentos nacionalistas e étnicos. Sobre isso, os autores apontam que a língua e a religião são importantes fatores na formação das comunidades étnicas, pois permitem a "compreensão entre aqueles que compartilham um código linguístico comum ou um mesmo sistema de regulamentação ritual da vida" (Poutignat; Streiff-Fenart, 1998, p. 38).

Para alguns pesquisadores, "a etnicidade é um fenômeno universalmente presente na época moderna, precisamente por tratar-se de um produto do desenvolvimento econômico, da expansão industrial capitalista e da formação e do desenvolvimento dos estados-nações" (Poutignat; Streiff-Fenart, 1998, p. 27).

Do ponto de vista das questões culturais, podemos recorrer à concepção de **etnia** para entender a de **território**. Segundo Bonnemaison (2002), o conceito de etnia deve ser discutido de maneira ampla, e não apenas considerando-se uma origem biológica em comum, que acredita ser um dado secundário. Para o teórico, uma etnia existe pela consciência que tem de si e pela cultura que produz; portanto, para o autor, o conceito está ligado à área cultural.

Sem etnia bem delineada, não pode existir cultura nem visão cultural. A etnia elabora a cultura, e, reciprocamente, a existência da cultura funda a identidade da etnia. Nesse sentido, podemos falar de etnia para todo grupo humano cuja função social, ou a simples existência geográfica, conduza a uma especificidade cultural. (Bonnemaison, 2002, p. 94)

A questão étnica pressupõe ainda uma especificidade de relação com o mundo que se traduz, entre outras coisas, em diferentes territorialidades. Para que os grupos étnicos possam existir, é necessária a construção de um elo cultural com o território. Bonnemaison (2002, p. 97) afirma que "a etnia se cria e se fortalece pela profundidade de sua ancoragem no solo e pelo grau de correspondência mais ou menos elaborada que mantém com um espaço". É o que o autor chama de *espaço-território*, em que a territorialidade emana da etnia.

Por fim, conforme Bonnemaison (2002, p. 96),

O conceito de etnia pode ser concebido como o campo de existência e de cultura, vivido de modo coletivo por um grupo de indivíduos. É preciso entendê-lo não como uma realidade congelada ou biológica, mas como uma realidade dinâmica, determinada pela referência a um ou a diversos modelos culturais, e que só pode ser apreendida numa escala relativamente reduzida: a do grupo vivido.

A questão da existência e do grupo vivido pode ser discutida na geografia com base na discussão da ideia de lugar. Na perspectiva de Holzer (2013), para estudar o território, é preciso, portanto, discutir sobre o lugar, uma vez que há microterritorialidades que são expressas a partir deste. Vamos discorrer sobre isso a seguir.

3.4 Lugar e espaço vivido

Reflita sobre o conceito de lugar considerando sua experiência pessoal. Para isso, pense em um lugar de sua casa (pode ser a sala, o quintal, o quarto ou qualquer outro ambiente) com o qual você tenha uma relação de intimidade, que lhe cause bem-estar, em que você tenha vivido algum tipo de história que tenha tornado esse lugar significativo. É com base nas relações de intimidade, proximidade, sentido e significado que *lugar* é definido na geografia cultural e na geografia humanista.

O termo *lugar* como categoria espacial foi inserido na discussão tradicional da geografia com o significado de localização, isto é, "onde está localizada tal coisa". Na década de 1970, a definição foi revista pelos teóricos que seguiam a perspectiva cultural e humanista, passando a ser relacionada a novas perspectivas propostas por esses autores envolvidos no movimento de renovação da geografia cultural e da geografia humanista. Com as contribuições da fenomenologia e do existencialismo[iv], o conceito de lugar passou a denotar a experiência vivida pelos indivíduos.

O lugar é a segurança, o centro ao qual atribuímos valor, onde satisfazemos nossas necessidades biológicas. À medida que

---

iv. Tendo em vista uma perspectiva geográfica, conforme Relph (1979, p. 1), "A fenomenologia tem a ver com os princípios, com as origens do significado da experiência. É concernente a fenômenos tais como ansiedade, comportamento, religião, lugar e topofilia, que não podem ser compreendidos somente através da observação e da medição". Por sua vez, o existencialismo, fundado no século XIX, busca discutir alguns problemas referentes à questão da existência humana, com contribuições de Søren Kierkegaard, Jean-Paul Sartre, Albert Camus e Gabriel Marcel, por exemplo.

conferimos valor a um espaço e o conhecemos melhor, ele vai se tornando um lugar, isto é, uma pausa no movimento, que é a transformação da própria vida. Essa pausa permite que determinada localidade se torne um centro de reconhecido valor. Assim, o lugar tem história e significado, pois encarna as experiências e aspirações das pessoas. A realidade do lugar deve ser esclarecida e compreendida sob a perspectiva daqueles que lhe dão significado. Nesse sentido, são os indivíduos, com suas vivências, experiências, trocas e comunicações, que dão sentido e visibilidade ao lugar (Tuan; 2012; Holzer, 1999).

Conforme Tuan (2013), desde pequenos, os seres humanos percebem o lugar de diferentes maneiras, mas sempre envolvendo sentimentos e questões sensoriais. A curiosidade pelos lugares é um modo de qualificar as experiências. Por isso, para o autor, qualquer transformação do lugar modifica a relação que as pessoas mantêm com ele. Nessa visão, o lugar é significado. "Quando o espaço nos é inteiramente familiar, torna-se lugar" (Tuan, 2013, p. 83). Desse modo, a relação entre tempo e espaço é fundamental na compreensão desse conceito, uma vez que se leva tempo para sentir afeição pelo lugar. No entanto, a qualidade e a experiência são mais importantes do que a simples duração (Tuan, 2013).

Nessa perspectiva, Tuan (2012) desenvolve a concepção de lugar considerando a ideia de topofilia e topofobia. Basicamente, a noção de **topofilia** está vinculada à sensação de bem-estar, conforto e segurança experimentada nos lugares; já a **topofobia** diz respeito à noção de desconforto, medo e insegurança. Esses conceitos, portanto, estão muito ligados à dimensão emotivo-afetiva da vida, relacionada às experiências espaciais, que abordaremos mais profundamente no Capítulo 6.

Buttimer (2015) afirma que há diferenças na maneira como os indivíduos "de dentro"[v] e os "de fora"[vi] experienciam o lugar. Há, pois, distinções na forma como cada grupo descreve o lugar, considerando-se que os significados referentes a ele para os "de dentro" têm mais a ver com a vida e os afazeres cotidianos do que com o pensamento e vice-versa. É nesse sentido que a teórica problematiza a questão do lar, que podemos analisar como segurança, conforto, afeto e bem-estar.

A identidade cultural e pessoal está bastante vinculada à identidade de lugar, e a perda de um lugar próprio pode resultar em uma crise de identidade (Buttimer, 2015). Quando alguns dos valores relacionados à identidade de lugar são ameaçados, as pessoas tomam consciência de sua relevância na vida cotidiana.

> Existem muitas dimensões de significados atribuídos ao lugar: simbólico, emocional, cultural, político e biológico. As pessoas não têm apenas concepções intelectuais, imaginárias e simbólicas do lugar, mas também associações pessoais e sociais com redes baseadas nos lugares de interação e ligação. (Buttimer, 2015, p. 6)

A concepção de **lugar** se aproxima da ideia de **espaço vivido**, que apresentamos anteriormente ao abordar o conceito de região em Frémont (1980). Em Bollnow (2008), por exemplo, o espaço vivido é chamado de *espaço vivenciado*, que não coincide com o espaço abstrato, matemático, isto é, a noção de espaço que leva em consideração somente as questões quantitativas e mensuráveis.

---

v. Do inglês *insider*, que significa "aquele que 'pertence' ao lugar".
vi. Do inglês *outsider*, que significa "estrangeiro", "migrante".

Cada lugar no espaço vivenciado tem seu significado para as pessoas; trata-se de um espaço concreto, no qual acontece a vida. Por isso, pode ser facilmente tomado no sentido subjetivo. O espaço vivenciado representa um todo, e sua articulação tem um sentido e um significado.

Bollnow (2008) faz uma riquíssima análise desse espaço vivenciado, desde os eixos de orientação espacial a partir do corpo até os elementos que integram uma casa, como a porta, a fechadura, a janela, o fogão e a cama. Além disso, discute outros temas, como a rua, o partir e o regressar, as distâncias, o espaço do dia e da noite, o espaço dotado de humor, as espacialidades da vida humana e os sentimentos. Todos esses elementos integram o espaço vivenciado.

> Uma vez que se relaciona com as coisas no espaço, o homem não é ele próprio algo interior ao espaço, é sua relação com as coisas que é caracterizada pela sua espacialidade. Ou, em outras palavras: o modo como o homem se encontra no espaço não é uma determinação do espaço cósmico que o circunda, mas de um espaço intencional, referido a ele, como sujeito. (Bollnow, 2008, p. 290)

Corroborando essa visão, Relph (1976) afirma que o conhecimento prático cotidiano permite que organizemos nossa experiência de mundo. O significado de *lugar* na experiência humana, portanto, é muito mais profundo que sua análise em termos geográficos. O conhecimento geográfico deve estar ligado diretamente às experiências e consciências que temos do mundo em que vivemos, que é heterogêneo.

> Lugares são fusões de ordem humana e natural e são importantes centros de nossas experiências imediatas do mundo. São definidos menos por locais, paisagens e comunidades únicas e mais pela concentração de experiências e intenções em cenários específicos. Os lugares não são abstrações ou conceitos, mas fenômenos do mundo vivido experimentados em primeira mão e, portanto, cheios de significados, com objetos reais e atividades em curso. São importantes fontes de identidade pessoal e comunitária e, muitas vezes, centros profundos da existência humana com os quais as pessoas têm vigorosos laços emocionais e psicológicos. Na verdade, nossas relações com lugares são tão necessárias, variadas e, às vezes, tão desagradáveis quanto nossos relacionamentos com outras pessoas.[vii] (Relph, 1976, p. 141, tradução nossa)

Os lugares são, pois, fontes de segurança e identidade para indivíduos e grupos de pessoas. Esse espaço existencial ou vivido permite a compreensão fenomenológica do lugar.

A análise fenomenológica de espaços e lugares possibilita compreendê-los em termos orgânicos, perceptuais e existenciais. O **espaço orgânico**, também entendido como **espaço primitivo**, é aquele do comportamento instintivo e da ação inconsciente, em que sempre atuamos e nos movemos sem reflexão. Já o **espaço**

[vii] "Places are fusions of human and natural order and are the significant centres of our immediate experiences of the world. They are defined less by unique locations, landscape, and communities than by the focusing of experiences and intentions onto particular settings. Places are not abstractions or concepts, but are directly experienced phenomena of the lived-world and hence are full with meanings, with real objects, and with ongoing activities. They are important sources of individual and communal identity, and are often profound centres of human existence to which people have deep emotional and psychological ties. Indeed our relationships with places are just as necessary, varied, and sometimes perhaps just as unpleasant, as our relationships with other people."

perceptual se refere à ação centrada em necessidades imediatas e práticas. Constitui-se, ainda, como reino dos encontros emocionais diretos com os espaços da terra, do mar e do céu ou com aqueles construídos e criados. O **espaço existencial** ou **espaço vivido**, por sua vez, é a estrutura espacial que aparece para nós (como membros de um grupo cultural) como uma experiência concreta do mundo, devendo, portanto, ser compreendido em termos de **intersubjetividade** e de conjunto comum de experiências, signos e símbolos (Relph, 1976).

Importante!

Na perspetiva cultural e humanista da geografia, a discussão referente ao conceito de lugar dá enfoque ao ser humano e a suas experiências espaciais cotidianas. Cada um de nós tem uma experiência singular com os lugares que vivenciamos, e essa experiência contém uma importante carga de nossos contextos culturais. Olhamos o mundo através de um filtro, e esse filtro é cultural.

Assim, quando criamos laços de intimidade com os espaços – que se tornam lugares –, tais laços dizem muito sobre nós, sobre nossas concepções e aspirações de mundo. É relevante fazer uma análise sensível dessa relação, que dificilmente será compreendida em sua essência se for examinada enfatizando-se a racionalidade e negligenciando-se as diferentes histórias de vida que se estabelecem nos espaços.

O conceito de lugar é significativo para a geografia na medida em que focaliza as pessoas e dá importância a cada uma delas. Desse modo, é possível afirmar que um olhar sensível sobre a realidade também é um importante caminho para alcançar a justiça social e o respeito às diferenças e às práticas culturais.

Síntese

Neste capítulo, esclarecemos que a cultura é espacializada. Na geografia, são discutidas diferentes categorias espaciais, como região, paisagem, lugar e território, que podem embasar as análises sobre as questões culturais.

Buscamos esmiuçar o debate espacial da geografia por meio da discussão cultural, problematizando de maneira mais aprofundada as categorias geográficas. Nesse debate, privilegiamos várias visões sobre essas categorias espaciais, examinando sua construção histórica na geografia, e abordamos como o debate cultural é discutido com base nessas definições.

Vimos que o conceito de região foi um dos pilares para a construção da geografia como ciência moderna e a estruturação de outras categorias espaciais. Exploramos a pluralidade do termo por meio da análise de vários autores. Na prática, a concepção de região, no caso do contexto brasileiro, pode ser analisada considerando-se as diferentes regionalidades, que, por sua vez, podem ser examinadas tendo em vista os aspectos culturais, como as diferentes manifestações culturais que acontecem no Nordeste e no Sul do Brasil, por exemplo.

Além disso, trabalhamos o conceito de paisagem tomando como base a ideia de paisagens culturais, apontando que é possível perceber nesse elemento as marcas culturais. Tais marcas podem ser analisadas por meio dos sentidos – ou seja, há as paisagens visível, olfativa, gustativa e sonora –, o que chamamos de *geopoética das paisagens*.

O conceito de território, conforme demonstramos, pressupõe relações de poder, que podem ser simbólicas e afetivas, incidindo nas identidades culturais e na formação de territorialidades.

Essas territorialidades podem estar relacionadas com diferentes formas de utilizar o território, que está em constante processo de transformação, algo que nem sempre é visível, mas tem influência sobre as relações de poder.

Para entender alguns dos conceitos discutidos neste capítulo, para além da reflexão teórica, é válido pensar em como eles podem ser compreendidos e projetados espacialmente, isto é, cartografados. Tendo em vista a discussão da geopoética, por exemplo, podemos considerar diferentes cartografias que podem representar diferentes geopoéticas.

Por fim, vimos que as concepções de lugar e espaço vivido são analisadas de modo mais aprofundado pela geografia humanista, pois são interpretadas levando-se em consideração as relações de intimidade, proximidade, sentido e significado. Destacamos, ainda, a importância da fenomenologia nesse processo, cujas questões abordaremos mais detalhadamente no próximo capítulo.

Indicações culturais

LOCALINGUAL. Disponível em: <https://localingual.com/>. Acesso em: 26 set. 2024.

Há diferentes mapas interativos disponíveis na internet que possibilitam refletir sobre os conceitos que trabalhamos. O Localingual é um projeto alimentado com gravações enviadas por voluntários, as quais permitem criar um mapa interativo em que é possível ouvir trechos de falas de pessoas de diferentes lugares do mundo. Desse modo, o usuário pode ouvir não só a língua, mas os sotaques regionais.

CIAT – International Center for Tropical Agriculture. **Where Our Food Crops Come from**. Disponível em: <https://blog.ciat.cgiar.org/origin-of-crops/>. Acesso em: 26 set. 2024.

O mapa criado por cientistas do Centro Internacional de Agricultura Tropical, intitulado Where Our Food Crops Come from, *possibilita a identificação das principais culturas de alimento no mundo, evidenciando que parte de nossa alimentação provém de regiões bem distantes de onde moramos. O mapa interativo mostra a biodiversidade de produção de alimentos em todo o mundo.*

RADIO Aporee. Disponível em: <https://aporee.org/maps/>. Acesso em: 26 set. 2024.

Com investigações desde a década de 1990 no âmbito da chamada geografia afetiva, o engenheiro de som e cartógrafo Udo Noll criou, em 2006, um mapa interativo construído por voluntários que mostra os sons e ruídos de todo o mundo, incluindo elementos da paisagem natural, conversas e sons de trânsito, da cozinha, das feiras, entre outros. Intitulado Radio Aporee, *o mapa permite qualificar os lugares por meio dos sons que os compõem.*

O MAPA da Vida. Disponível em: <http://br.heartoftheamazon.org/omapadavida/>. Acesso em: 26 set. 2024.

Outro projeto que permite entender essa geopoética dos lugares é O Mapa da Vida – Tapajós e Sawre Muybu: a visão do povo Munduruku sobre seu rio e território. *O mapeamento territorial e cultural da terra indígena Sawre Muybu foi criado pelos Munduruku e revela suas histórias, lugares sagrados, rios e aldeias, mostrando vários elementos que fazem parte da vida desse povo.*

Atividades de autoavaliação

1. De acordo com Kozel (2012), poesia, pensamento e ciência podem convergir em reciprocidade na busca pela compreensão do todo. Com base nisso, é possível pensar uma geopoética das paisagens. Sobre o conceito de geopoética, podemos afirmar que:
   a) surgiu na escola possibilista de geografia, no século XIX, identificando-se a poesia como parte importante para entender o possibilismo geográfico.
   b) foi criado por Paul Vidal de La Blache na escola determinista de geografia, com base no gênero de vida e no conceito de região.
   c) foi elaborado por Paul Claval, que propôs discuti-lo com base nas lutas de classes, no movimento da geografia crítica.
   d) foi elaborado por Kenneth White na década de 1990, primando-se por abrir espaço ao novo, ao sensível, ao vivenciado.

2. Haesbaert (2007) defende que, na "ultramodernidade", experimentamos a convivência de diversas territorialidades. Sobre o conceito de territorialidade, podemos afirmar:
   I. O território é uma dimensão mais concreta, ao passo que a territorialidade é uma dimensão mais simbólica, um referencial territorial.
   II. Para existir uma territorialidade, é preciso necessariamente existir um território concreto.
   III. Todo território corresponde a uma territorialidade, mas nem toda territorialidade implica a existência de um território.
   IV. A territorialidade não depende das ações humanas, uma vez que se relaciona com o território natural já existente.

Agora, assinale a alternativa que apresenta apenas as afirmações corretas:
a) I e III.
b) II, III e IV.
c) I e IV.
d) Todas as afirmativas estão corretas.

3. Neste capítulo, analisamos o conceito de lugar relacionado ao de espaço vivido. Na geografia cultural e na geografia humanista, o lugar é discutido por vários autores. Com relação às várias concepções do termo, podemos afirmar:
   a) O lugar é o somatório das dimensões políticas, econômicas, sociais e territoriais.
   b) O conceito de lugar é comumente analisado considerando-se as relações de poder – como alvo de disputas geopolíticas.
   c) Remete aos elementos do cotidiano, no mundo vivido e experimentado, embebido em sentimentos e sensações.
   d) É preciso analisar o conceito de lugar a partir de delimitações quantitativas claras, tendo em vista seus limites e fronteiras.

4. Podendo ser compreendido como horizonte social de toda a experiência, o conceito de espaço vivido (*espace vécu*) e/ou espaço vivenciado é debatido por diferentes autores. Sobre esse conceito, assinale a alternativa correta:
   a) O espaço vivido é necessariamente imutável, pois a dimensão temporal não precisa ser analisada.
   b) As relações de poder são essenciais para entender o espaço vivido.
   c) O espaço só é considerado vivido quando é representado em mapas digitais, utilizando-se programas digitais.

d) O espaço vivenciado representa um todo, e sua articulação tem um sentido e um significado.

5. Frémont (1980), em seu trabalho sobre o Delta do Níger, propõe a análise do conceito de região considerando-se as seguintes divisões:
    a) região topofílica, região topofóbica e região vivida.
    b) região-rede, região-simbólica e "arte-fato".
    c) região fluida, região enraizada e região *éclatée*.
    d) região orgânica, região perceptual e região existencial.

Atividades de aprendizagem

Questões para reflexão

1. Neste capítulo, discutimos o termo *lugar*, que, entre outras definições, significa "segurança", "conforto", "bem-estar". Esse conceito diz respeito às experiências de cada um e tem muito a ver com os lugares que são significativos no decorrer da vida do indivíduo. Você já parou para pensar qual é seu lugar ou quais são seus lugares? Arlindo Cruz (Cruz; Diniz, 2007)[viii], na música *Meu lugar*, afirma o seguinte sobre seu lugar:

> É caminho de Ogum e Iansã
> Lá tem samba até de manhã
> Uma ginga em cada andar
> [...]
> É bem perto de Osvaldo Cruz
> Cascadura, Vaz Lobo e Irajá

viii. Composição de Arlindo Cruz e Mauro Diniz.

Esse lugar é o bairro de Madureira, zona norte da cidade do Rio de Janeiro.

Outro cantor que fala sobre seu lugar é Belchior (1979), que, na música *Conheço o meu lugar*, diz:

> Não! Eu não sou do lugar dos esquecidos!
> Não sou da nação dos condenados!

Pensando nesses trechos e na análise apresentada sobre o conceito de lugar, reflita sobre os lugares que são significativos para você, os motivos pelos quais fazem parte de suas experiências individuais e da relação que você tece com o mundo.

2. Na discussão sobre as categorias espaciais e as questões culturais, abordamos a relação da geografia com os sentidos sensoriais, usando o exemplo do paladar e do sabor dos alimentos. Nessa perspectiva, apontamos alguns exemplos de diferenças regionais de nosso país e o modo como isso repercute na comida, nas formas de preparo do alimento e nas relações que se estabelecem em torno da alimentação. Você já parou para pensar que prato típico é feito em Angola? Ou no Panamá? Ou em Honduras? Ou no Vietnã? É possível entender a geografia dos lugares, tanto no que se refere às questões naturais (clima, vegetação, solo, entre outros aspectos) quanto em termos culturais, considerando-se a comida e as maneiras de se alimentar nesses lugares.

Infelizmente, com as rápidas transformações da vida cotidiana, deixamos de nos conectar com os alimentos e, muitas vezes, não sabemos a procedência do que comemos – quem produz, como é produzido, que ingredientes contém.

A disseminação dos alimentos *fast food*, com inúmeros impactos para a saúde em razão dos altos teores de gordura e sódio, influenciou na criação de um hábito de "comer só por comer". Não temos mais tempo para produzir nosso alimento (mesmo que em uma horta caseira), preparar nossa comida com alimentos frescos e livres de químicos, sentar-nos à mesa e socializar em torno da alimentação. Esse ponto é um dos importantes impactos dos novos tempos em nossa vida, que, entre vários aspectos, incidem também em práticas culturais que, no caso da alimentação, são passadas de geração em geração. Analise a relação estabelecida em seu ambiente familiar com os alimentos.

Atividade aplicada: prática

1. Neste capítulo, discutimos alguns conceitos espaciais relacionados às questões culturais. Para além da análise teórica, é preciso refletir sobre essas definições levando-se em consideração a prática. Escolha alguma localidade de sua cidade e analise-a tendo em vista algumas das categorias espaciais propostas. Com base em que conceito geográfico você acredita que essa localidade pode ser analisada? É possível pensá-la como uma paisagem cultural? É possível dizer que há disputas de poder territoriais e, portanto, diferentes territorialidades? Será que essa localidade é um "lugar" para alguém? Ao determinar sua escolha, faça sua análise espacial, do ponto de vista físico, apontando alguns elementos importantes que constituem essa localidade, além de buscar examiná-la em termos conceituais, com base nas categorias espaciais apresentadas.

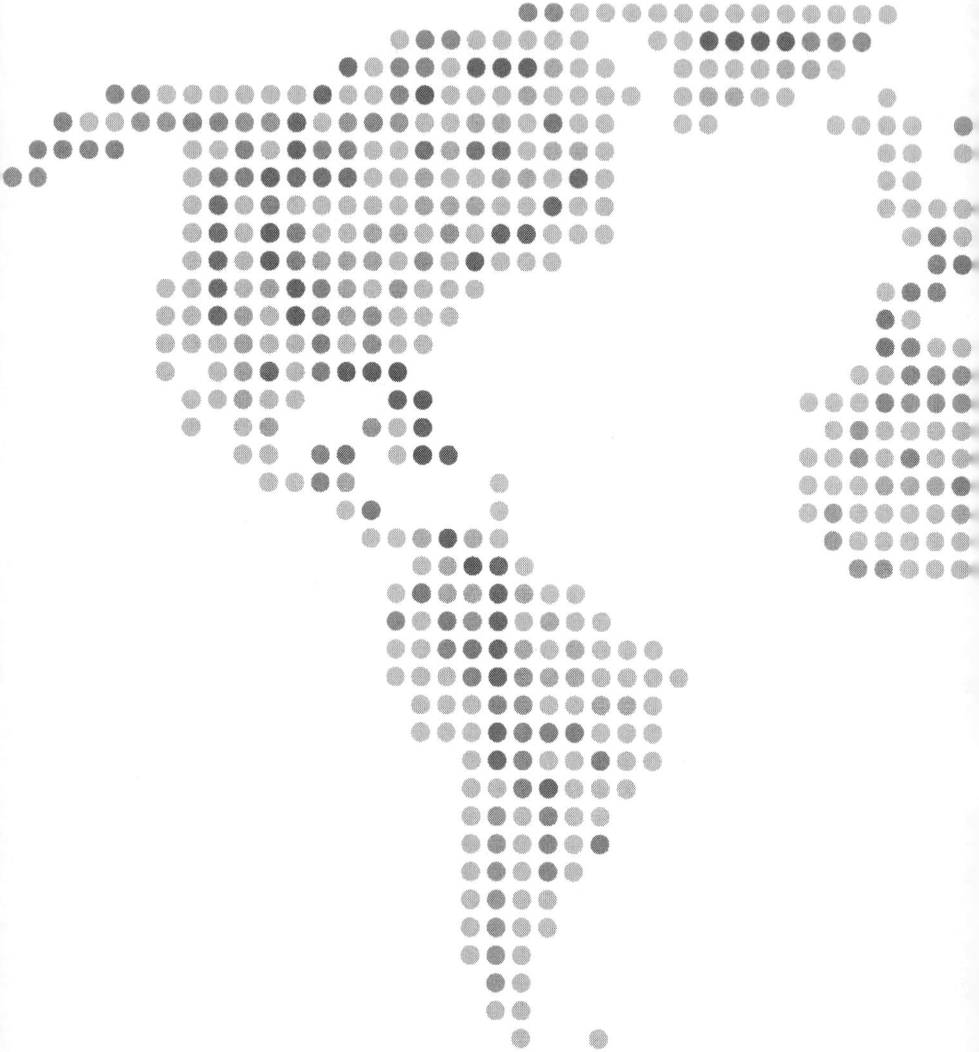

4

Geografia cultural brasileira

Até este ponto, apresentamos vários debates sobre a geografia cultural, em especial os produzidos por teóricos internacionais. Muitos deles foram fundamentais para a estruturação da geografia cultural brasileira, que hoje é um campo importante e consolidado da produção geográfica no país, com vários grupos de pesquisa e frentes de trabalho.

Neste capítulo, analisaremos a trajetória da geografia cultural no Brasil, os grupos de pesquisa e os diálogos realizados com outras áreas da geografia, como a geografia humanista. Nosso intuito é evidenciar qual é a relevância dessa área do pensamento geográfico para a produção nacional e como seu caminho tem sido frutífero, fornecendo à geografia um outro olhar, mais sensível, sobre o espaço geográfico e as demais categorias espaciais.

4.1 História da geografia cultural no Brasil

A geografia brasileira, de maneira geral, teve grande influência da escola francesa de geografia[i], principalmente na implantação dos cursos de Geografia em universidades de São Paulo e do Rio de Janeiro na década de 1930. Alguns dos teóricos que permaneceram

---

i. De acordo com Moreira (2011), a influência da geografia francesa na geografia brasileira se deu especialmente com os trabalhos de Paul Vidal de La Blache, Pierre Deffontaines e Pierre George. Vidal de La Blache, criador da geografia regional e da civilização, elaborou a teoria dos gêneros de vida (referente à importância da técnica na mediação entre os indivíduos e o meio) e afirmava que o *habitat* (disposição da cidade, da aldeia, das casas) é um elemento descritivo essencial da relação com o meio geográfico. Pierre Deffontaines discutiu a relação entre o homem e o meio e sua conexão com o meio natural; em 1939, publicou o livro *Geografia humana do Brasil*. Pierre George analisou o espaço organizado e não organizado e o pensamento social; foi um dos criadores da geografia social.

uma temporada no Brasil e se destacaram nesse período são Pierre George (1909-2006) e Pierre Deffontaines (1894-1978), da escola francesa, e Leo Waibel (1888-1951), da escola alemã. Vale ressaltar que esses geógrafos trouxeram para o Brasil suas discussões teóricas e conceituais acerca da geografia, tentando entender nossas diferenças e complexidades culturais conforme uma perspectiva europeia. Assim, é necessário manter um olhar crítico sobre esses primeiros estudos, porque é importante que as pesquisas geográficas no Brasil sejam desenvolvidas com base em metodologias próprias para a análise de nossas questões culturais, por meio, inclusive, do debate interdisciplinar.

Segundo Claval (1999a), o Instituto Brasileiro de Geografia e Estatística (IBGE) – criado na década de 1930 –, os trabalhos de estudiosos brasileiros no exterior e as discussões de teóricos europeus, em especial sobre o Estado e a geopolítica, marcaram a geografia brasileira nessa década.

No caso da geografia cultural, essas influências também foram fundamentais. No entanto, de acordo com Corrêa e Rosendahl (2008), a área teve um desenvolvimento tardio no Brasil, em virtude da combinação de uma influência excessiva da corrente vidaliana de geografia (geografia regional) com a apropriação precária dessa mesma corrente por parte dos geógrafos brasileiros.

Cabe salientar que a corrente do materialismo histórico-dialético ganhou espaço a partir da renovação da geografia na década de 1970, sendo discutida principalmente pela geografia crítica, privilegiando-se os estudos econômicos em detrimento de debates de cunho cultural. Tal corrente, desde aquela época, dominou a geografia brasileira, e é possível perceber que até hoje grande parte das discussões geográficas segue essa vertente.

Isso quer dizer que as abordagens culturais vão desaparecer completamente entre 1950 e o fim dos anos 1980? Não, mas sua situação permanece marginal. Na América do Norte e na Europa, a renovação da abordagem cultural é marcada, no início dos anos 1970, pela corrente humanista, que se interroga sobre o sentido dos lugares, a região como espaço vivido ou as territorialidades. Estas abordagens não encontram eco imediato em um Brasil que copia a nova Geografia anglo-saxã ou que reage contra ela através da Geografia de cunho radical. A virada cultural vai, entretanto, se desenhando, graças às orientações originalmente advindas da nova Geografia: debruça-se agora sobre a percepção do espaço e os vieses que ela introduz na disciplina, sobre os mapas mentais e as representações. (Claval, 2012, p. 14)

Entre os estudos culturais que influenciaram a geografia brasileira, podemos destacar a escola francesa, com o *approche* cultural de Paul Claval, a escola anglo-saxã, liderada por Carl Sauer, da Escola de Berkeley, e a nova geografia cultural da década de 1970 (Corrêa; Rosendahl, 2008).

Entre os anos 1970 e 1980, a abordagem cultural se mostrou minoritária, e houve uma crítica por parte dos geógrafos brasileiros a respeito do caráter repetitivo das produções francesas. O interesse desses geógrafos estava voltado para os estudos econômicos e os debates do momento, o que favoreceu as abordagens quantitativas e os procedimentos pragmáticos advindos da influência dos estudos norte-americanos, em um período em que a ditadura militar estava no poder no país e buscava se desvincular dos debates europeus (Claval, 2012).

Até o final da década de 1980, a geografia cultural foi negligenciada na produção brasileira. A discussão, que até então aparecia de maneira tímida, geralmente nas discussões regionais, começou a ganhar foco a partir da década de 1990, quando o interesse pela discussão foi motivado especialmente pela necessidade de um olhar geográfico sobre a heterogeneidade cultural brasileira[ii]. Revelou-se ainda a importância do debate interdisciplinar sobre o tema, em particular com áreas já avançadas no tocante às discussões culturais, como a antropologia e a sociologia.

A estruturação da discussão cultural no Brasil teve grande participação dos grupos de pesquisa, destacando-se o Núcleo de Estudos e Pesquisas sobre Espaço e Cultura (Nepec), da Universidade do Estado do Rio de Janeiro (UERJ), criado no início dos anos 1990. A possibilidade de expansão dos estudos culturais na geografia ocorreu também pela tradução para o português de importantes obras internacionais, como as discussões de Carl Sauer, Marvin Mikesell, Denis Cosgrove, James Duncan, Peter Jackson, Paul Claval, Max Sorre e Jean Gallais, as quais foram publicadas no periódico *Espaço e Cultura* e na coleção de livros *Geografia Cultural*, ambos da EdUERJ.

Com crescimento significativo a partir da década de 1990, a geografia cultural brasileira tem produzido análises sobre temas como paisagem cultural, percepção e significados, religião como

---

ii. "A diversidade étnica do país, com grupos desigualmente integrados à nação brasileira, desigualmente ricos, desigualmente poderosos, oferece um campo inesgotável de pesquisas: povos indígenas; quilombos; massas pobres da região Nordeste, seja de negros fortemente mestiços do litoral, seja de índios mestiços do interior semiárido ou da Amazônia, região para a qual muitos nordestinos migraram durante o ciclo da borracha; modos de vida rurais do sertão, em Minas Gerais ou na região Centro-Oeste; agricultores "gaúchos" do Rio Grande do Sul e de Santa Catarina (frequentemente luteranos de origem alemã) que migraram e colonizaram os cerrados brasileiros em meio século, onde propagam a cultura da soja e a criação de gado; multidões 'abrasileiradas' que não perderam completamente o sentimento em relação às suas origens nas regiões fortemente urbanizadas das regiões Sul e Sudeste" (Claval, 2012, p. 17).

uma construção cultural, espaço geográfico e literatura, cinema e espaço de festas populares – tanto o carnaval do Rio de Janeiro quanto festas de origem rural –, território, imaginário e identidade (Corrêa; Rosendahl, 2005).

> A pouca clareza em relação à geografia cultural decorre, em grande parte, do fato dela estar, em sua trajetória no Brasil, em um terceiro momento. O primeiro momento, que pode ser visto [...] do começo da década de 1990 até o seu final, caracterizou-se pela não aceitação do subcampo que, percebido como novo, foi visto, como qualquer subcampo novo, como capaz de abalar as estruturas do poder acadêmico. O segundo momento, entre 2001 e 2005 aproximadamente, caracterizou-se por uma relativa aceitação do subcampo, incluindo aqueles que no primeiro momento foram os seus críticos. A geografia cultural passa a ser vista progressivamente como uma novidade interessante. O terceiro momento é o de sua vulgarização, no qual a antiga "novidade" é adotada, via de regra apressadamente, sem reflexões ou críticas consistentes, tendendo a cultura a ser tratada segundo noções do senso comum e por procedimentos usuais, positivistas em muitos casos. (Corrêa, 2009, p. 1)

Na visão de Claval (1999a), os geógrafos brasileiros devem responder às preocupações da sociedade brasileira. Por isso, alguns temas de interesse para os estudos culturais na geografia têm sido desenvolvidos com base em nosso contexto e podem contribuir para um outro olhar sobre o Brasil. Entre esses temas estão: a diversidade dos componentes étnicos, das tradições religiosas e dos modos de vida; as mestiçagens e os sincretismos; os grupos indígenas; a distribuição das populações de origem africana e da rede de quilombos pelo Brasil; o sertão e suas identidades; as culturas rurais; as populações ribeirinhas; os processos de migração; as formas de segregação das cidades brasileiras – suas favelas e seus condomínios fechados; os problemas que assolam as cidades, como a prostituição, a criminalidade e o tráfico de drogas; as manifestações da cultura popular; os espaços públicos; os espaços sagrados e as diferentes matrizes religiosas; e o uso da literatura ou do cinema.

Para Claval (2012, p. 18), na atualidade,

> A abordagem cultural vai ser útil também para desvelar o peso da diversidade herdada, da unidade construída progressivamente em torno do catolicismo e da modernidade, assim como para elaborar novas leituras sobre a nostalgia das origens, a retomada dos valores e a conscientização dos povos indígenas, a nova consciência negro-africana e o impacto da globalização.

É importante destacar que os estudos culturais podem ser inseridos em diferentes discussões da geografia, como as referentes às questões econômica, política, ambiental e agrária. A disciplina de Geografia Cultural não está presente em todos os cursos de Geografia do Brasil, o que mostra a necessidade de refletirmos sobre a importância dos estudos culturais para compreender a complexidade e heterogeneidade de nossas diferenças regionais e os processos históricos de transformação do espaço geográfico, entendendo-se a cultura como construção humana e como parte da mediação de nossa relação com o mundo.

4.2 Diálogos com a geografia humanista

Comentamos anteriormente alguns dos temas de interesse que envolvem a geografia cultural. Mencionamos, ainda, a relação com a geografia humanista e o fato de que ambos os campos se fortaleceram ao elencarem temas em comum relacionados à questão cultural.

O diálogo estabelecido entre a geografia cultural e a geografia humanista se configura especialmente pelo foco de interesse: as pessoas. Partindo-se do sujeito, de suas práticas culturais e de suas experiências no mundo, ambas as discussões sinalizam a necessidade de uma análise focada nos indivíduos, os quais não são passivos na produção do espaço geográfico, pois são sujeitos fundamentais e centrais nesse processo.

A geografia cultural da Escola de Berkeley surgiu na década de 1920. Durante a renovação do pensamento geográfico nos anos 1970, a geografia cultural igualmente se renovou, passando a ser chamada de **nova geografia cultural**. Na década de 1970, também surgiu a geografia humanista, que incorporou a base cultural dos estudos anteriores, mas inserindo outras preocupações epistemológicas e ontológicas em virtude da influência de algumas correntes filosóficas, como o **existencialismo**, a **fenomenologia** e a **hermenêutica**.

A renovação da geografia cultural e o surgimento da geografia humanista na década de 1970 ocorreram em função de importantes acontecimentos históricos, que mexeram com a ciência de maneira geral. Podemos apontar, por exemplo, a Revolução de Maio de 1968, na França, as guerras civis e a preocupação com o humanismo, que fizeram com que pesquisadores da geografia humana atentassem para essas questões, mostrando a relevância de uma apreciação crítica sobre o que estava acontecendo na sociedade.

A geografia humanista, sob a influência das correntes filosóficas citadas anteriormente, elencou os conceitos de **lugar** e **espaço** (que aqui se torna **espaço vivido**) como centrais para seu debate, dando relevância às experiências individuais dos sujeitos. A nova geografia cultural, por sua vez, apontou os conceitos de **paisagem** e **região** para estruturar suas discussões e renovações no pensamento geográfico, colocando como pauta a valorização de práticas culturais coletivas, ligadas à memória e às paisagens culturais, por exemplo.

Na visão de Marandola Jr. (2005), tanto a geografia cultural quanto a geografia humanista se ocupam do cotidiano, o que significa colocar o foco nas pessoas, em compreendê-las e valorizá-las. Para o teórico, é difícil separar a abordagem cultural do humanismo na geografia, porque, embora seja comum acreditar que o humanismo[iii] se restringe à geografia humanista, na verdade ele deve ser visto como uma postura que pode contribuir em outra orientação teórico-metodológica para a geografia como um todo.

> Desta forma, estas duas correntes mostram-se intimamente ligadas, em vários sentidos: (1) na crítica ao cientificismo e ao positivismo; (2) na orientação filosófica (fenomenológico-existencialista); (3) no seu projeto para a Geografia (explorar e ampliar a

---

iii. "A subjetividade está na pauta do humanismo, como traz o enfoque **fenomenológico**. Este resgata o mundo vivido como escala e categoria de análise, permitindo a compreensão mais orgânica da relação homem-meio, através do conceito de lugar e [d]o estudo da memória, dos símbolos e da identidade. Estes tornam esta relação mais viva e humana. Desloca-se o foco das macrofunções e macroestruturas para os sentimentos e as relações, sem, contudo, ignorar tais macroprocessos. Não se trata de negar outras posturas metodológicas, e sim de enriquecer o estudo geográfico, adicionando a ele outras dimensões" (Marandola Jr., 2005, p. 409, grifo do original).

experiência e a consciência humana); e (4) no desejo de trazer uma contribuição à ciência geográfica, no sentido de, independente dos métodos, desenvolver uma postura que penetre em todas as análises geográficas (humanismo e a abordagem cultural). (Marandola Jr., 2005, p. 411-412)

Aqui, vamos explorar duas das principais aproximações entre a geografia cultural e a geografia humanista: a crítica ao positivismo e ao cientificismo e a aproximação da questão fenomenológica e existencial.

A grande crítica dos geógrafos da linha cultural e humanista da geografia às bases da geografia tradicional refere-se ao uso do método positivista. No intuito de se consolidar como ciência, a geografia teria introduzido metodologias de análise da relação das pessoas com o espaço geográfico com base em teorias oriundas das ciências naturais, da física e da matemática. De acordo com Moreira (2011, p. 17), "teme-se que sem o parâmetro matemático uma ciência rigorosa por fim não se sustente. E deseja-se que a ciência do homem dentro ou fora dela também encontre o parâmetro do rigor que não a violente".

Nesse sentido, o positivismo incorporado na geografia acabava por tentar encaixar a realidade em determinados moldes científicos, que só aceitavam dados que poderiam ser quantificados e mensurados. No entanto, nem toda realidade cabe nessas regras científicas, porque a experiência humana no espaço geográfico é muito ampla. Sobre isso, abordamos anteriormente o amplo entendimento do conceito de cultura e as diferentes práticas culturais que repercutiram em maneiras distintas de viver a vida e de criar espacialidades, por exemplo.

A vida é constituída de elementos que nem sempre são visíveis, mas ainda assim são importantes para as pessoas, como a crença religiosa, que faz parte do conjunto de manifestações de interesse da geografia cultural. Temos frisado em nossa discussão a questão dos significados, tão importante na mediação de nossa experiência com o mundo.

Como possibilidade de refletir sobre a questão do método e da metodologia na geografia, as contribuições da fenomenologia se estabeleceram sobretudo como suporte para a crítica ao extremo positivismo que se configurava em algumas discussões geográficas, como os debates da geografia quantitativa, protagonistas na década de 1950. Desse modo, o movimento da geografia humanista se estruturou com base na crítica às tendências quantitativas da geografia, que, ao racionalizar ao extremo o modo de compreender o espaço, construiu uma geografia sem pessoas.

Na crítica a esse percurso da geografia, os geógrafos humanistas se organizaram na década de 1970 para repensar as bases epistemológicas da geografia. No intuito de renovar alguns conceitos espaciais, assumiram a problemática fenomenológica para buscar compreender a relação entre as pessoas e o espaço geográfico, levando em consideração a experiência. Sobre isso, Anne Buttimer (1976, p. 282, tradução nossa), umas das principais precursoras da geografia humanista, afirma que

> Os positivistas argumentaram que noções científicas de espaço são fundamentadas, em última instância, na experiência. [...] A maioria dos procedimentos geográficos convencionais pressupõe um conceito de espaço newtoniano, ou seja, um espaço receptáculo no qual os objetos físicos e os eventos ocupam um lugar determinado. Esse espaço representacional constitui-se em uma tentativa de descrever e analisar a experiência do espaço por meio de categorias científicas, lógicas e matemáticas. [...] Logo, a experiência vivida é objetivada. Do ponto de vista fenomenológico, no entanto, o espaço é um contínuo dinâmico no qual o experimentador vive e se move e procura por significados. [...] Descrever o espaço meramente em termos de sua geometria é uma abordagem inadequada para a compreensão da experiência humana.[iv]

A introdução da fenomenologia na geografia, em especial nos estudos humanistas e culturais, configurou-se, por um lado, como uma crítica ao cientificismo e ao positivismo e, por outro, como meio para ampliar a visão holística sobre o mundo e a relação das pessoas com a natureza, com ênfase na experiência humana.

A fenomenologia estaria vinculada às origens do significado e da experiência. As experiências têm imagem e forma; assim,

---

iv. "Positivists have argued that scientific notions of space are ultimately grounded in experience. [...] Most conventional geographic procedures assume a Newtonian concept of space as a container in which physical objects and events are assigned a place. This representational space is an attempt to describe and analyze the experience of space through scientific, logical, and mathematical categories. [...] Thus, lived experience is objectified. In the phenomenological view, however, space is a dynamic continuum in which the experiencer lives and moves and searches for meaning. [...] Describing space merely in terms of its geometry is an inadequate approach to the understanding of human experience."

devem ser procuradas consistências e estruturas nos significados do fenômeno. O espaço onde estamos tem suas qualidades e significações alteradas conforme nossa percepção, isto é, torna-se espaço vivido. "As experiências variadas e mesmo contraditórias que nós temos de espaços, paisagens e lugares combinam as qualidades e aparências destes com os nossos modos e atitudes, e [...] essas experiências são fundidas em 'geograficidade', a base pré-consciente e pré-conceitual da Geografia" (Relph, 1979, p. 2).

Com alguns conceitos advindos da discussão filosófica, foram introduzidas na geografia humana, via debate humanista, as questões da intencionalidade, do mundo vivido (*lebenwelt*), do ser-no-mundo (*dasein*) e do habitar (*dwelling*), que contribuem para refletirmos sobre os conceitos espaciais de espaço vivido (*espace vécu*) e lugar. Essas discussões, de cunho fenomenológico, foram elaboradas segundo diferentes perspectivas, embora o foco central sempre tenha sido o sujeito e a forma como ele se relaciona com o espaço geográfico, conforme suas percepções de mundo, vivências, experiências, crenças e valores, construídos com base nas relações culturais tecidas no decorrer da vida.

Há temas de discussão que se configuraram como centrais nas pesquisas humanistas na geografia em razão da necessidade análise. Amorim Filho (1999) construiu um quadro-síntese desses temas, os quais ainda se mostram pertinentes, ao lado de outros debates recentes, em função das transformações contemporâneas das sociedades.

Principais temas presentes em textos de geógrafos humanistas entre os anos de 1970 e 1999

- Atitudes e valores em relação ao meio ambiente
- Biografias de lugar e de paisagens
- Comportamentos espaciais e ambientais
- Educação ambiental
- Espaços vividos e lugares
- "Geografias" de grupos humanos particulares
- Imagens geográficas
- Legislações sobre meio ambiente e paisagens
- Literaturas regionais urbanas
- Lugares sagrados e míticos
- Topofilia, topofobia e topocídio
- Mapas mentais
- Mundos vividos
- Paisagens
- Patrimônios culturais
- Percepção e cognição ambientais
- Reconstruções históricas de paisagens
- Riscos ambientais e suas avaliações
- Sentidos de lugares e paisagens
- Tempos e espaços experienciais

Fonte: Amorim Filho, 1999, p. 77.

De acordo com Marandola Jr. (2013), a discussão fenomenológica permitiu a renovação da geografia humanista; porém, não houve uma dedicação específica para o aprofundamento epistemológico. Alguns teóricos do movimento humanista, como Nicholas Entrikin (1947-), Anne Buttimer (1938-2017) e Yi-Fu Tuan, perceberam que a fenomenologia era mais útil como orientação e postura, pois teria limites muito claros, particularmente para a operacionalização de pesquisas empíricas.

O projeto de uma "geografia fenomenológica", contudo, não foi claramente esboçado. Quem mais se aproximou dessa possibilidade provavelmente foi Eric Dardel, com a discussão da geograficidade.

Dardel (2015) compreende o espaço geográfico para além do que se vê. O autor entende a geografia como produto da própria existência das pessoas, de suas imaginações e sensibilidades, considerando que a realidade geográfica se anima a partir da experiência humana. O espaço geográfico, para o teórico, é o espaço material, o espaço telúrico, o espaço aquático, o espaço aéreo, o espaço construído. Esses espaços compõem nossas geograficidades, que são autenticamente acessíveis a partir do nível da experiência vivida.

> A realidade geográfica é, para o homem, então, o lugar onde ele está, os lugares de sua infância, o ambiente que atrai sua presença. Terras que ele pisa ou onde ele trabalha, o horizonte do seu vale, ou a sua rua, o seu bairro, seus deslocamentos cotidianos através da cidade. [...] A realidade geográfica exige uma adesão total do sujeito, através de sua vida afetiva, de seu corpo, de seus hábitos, que ele chega a esquecê-los, como pode esquecer sua própria vida orgânica. (Dardel, 2015, p. 34)

Além das contribuições do ponto de vista teórico e conceitual para a geografia, as discussões fenomenológicas também possibilitaram uma reflexão sobre as metodologias aplicadas na pesquisa científica, mostrando a relevância da incorporação de metodologias qualitativas que pudessem ter como foco o ser humano e suas experiências. Entre as utilizadas nos estudos culturais e humanistas, podemos citar os mapas mentais, as entrevistas narrativas, a história oral e o uso de fotografias, por exemplo.

Nos últimos anos, aumentou o reconhecimento da abordagem fenomenológica da geografia como um campo consolidado e ativo da geografia feita no Brasil, com o desenvolvimento de metodologias de trabalho de campo e o esforço de teóricos brasileiros em constituir uma geografia eminentemente fenomenológica. Marandola Jr. (2013) fala em *pós-fenomenologia*, em que a ideia de *pós* está atrelada à necessidade de pensar a fenomenologia no contexto atual, nas transformações sociais e nas novas formas de sociabilidade contemporânea, suas angústias e crises, que são diferentes do que se observou nos contextos dos primeiros fenomenólogos e geógrafos humanistas. Assim, é urgente e possível "compreender as transformações na intimidade, na corporeidade e nas relações espaciais e sociais, bem como nas novas possibilidades de experiências espaciais que se descortinam diariamente" (Marandola Jr., 2013, p. 59).

Nesse sentido, como já ressaltamos, os estudos humanistas e culturais na geografia possibilitam um olhar sensível sobre a realidade, incorporando elementos que, por vezes, são desconsiderados no âmbito científico, uma vez que não podem ser generalizados e tomados como verdades universais. Isso inclui as experiências das pessoas com os lugares da vida, as relações intersubjetivas, a imaginação, os sonhos e os desejos, que podem ser traduzidos em termos geográficos e entendidos com base nas espacialidades. Isso porque cada indivíduo percebe o mundo de uma maneira e, embora não possamos generalizar essas experiências, é possível, na prática, refletir sobre a produção do espaço geográfico considerando-se outros moldes que não só as questões econômicas e políticas, por exemplo.

Vamos imaginar uma situação específica, algo bastante comum na lógica da produção das cidades brasileiras, que tem um discurso pautado no desenvolvimento e no progresso do país. A situação é esta: uma senhora mora há mais de 60 anos na mesma casa, que herdou de seus pais. Ali nasceu, passou sua infância, fez suas primeiras descobertas. Foram vários momentos: os aniversários da família, os almoços de domingo, as conversas no portão, o cuidado com o jardim, a morte dos familiares. As paredes da casa contam muitas histórias, que são únicas, cada uma com sua importância. Depois de tantos anos nesse lugar, em virtude do desenvolvimento de um projeto urbanístico, querem tirar essa senhora de sua casa, mediante uma indenização, para que possa ser construída uma via de circulação. Várias são as justificativas para a saída dessa senhora da casa: a necessidade de ruas para desafogar o trânsito de carros, a construção de comércio para a geração de empregos, o deslocamento das pessoas, enfim, a possibilidade de fazer a cidade crescer e se desenvolver. Porém, fica o questionamento: Será que há indenização suficiente que pague todas as histórias vividas e testemunhadas pelas paredes daquela casa? Pelo cheiro do corredor? Pelas fotos espalhadas nos cômodos? Pelo jardim?

O intuito da geografia humanista é centrar em histórias como essas, pautadas nas diferentes experiências de vida das pessoas, relacionadas às suas práticas culturais. Colocar em foco tal discussão resgata ainda a importância dos significados para a vida cotidiana, visto que cada lugar de nossa vida tem uma singularidade e constitui parte de nós como seres do mundo e seres construtores de cultura.

A esse respeito, observe a imagem da Figura 4.1. A fotografia foi tirada na cidade de Ponta Grossa, no Paraná. A fachada, que pode ser vista na parte inferior da imagem (à direita), é parte da antiga Escola Ferroviária Tibúrcio Cavalcanti, que iniciou suas atividades na década de 1940, oferecendo ensino profissionalizante. Podemos considerá-la um patrimônio arquitetônico da cidade, em razão da relevância da atividade ferroviária na região. O prédio que se sobrepõe à fachada é uma obra em execução desde 2013, uma das maiores obras verticais da cidade, em uma área nobre, com investimento de mais de 60 milhões de reais. Um dos objetivos da construção foi restaurar e preservar a fachada do antigo prédio.

Figura 4.1 – Megaprojeto urbano na cidade de Ponta Grossa (Paraná) em contraste com a fachada de um prédio histórico

Marcia Alves Soares da Silva

Essa imagem ilustra como prédios históricos, com importante papel na memória das cidades e, mais ainda, na memória das pessoas, por vezes são (res)significados, quando não derrubados, para dar lugar a megaprojetos de infraestrutura.

4.3 Autores, núcleos e grupos de pesquisa

Nos últimos anos, surgiram várias pesquisas e grupos de trabalhos que se dedicam ao estudo da geografia cultural. Desde a década de 1980, o debate sobre a geografia cultural inquieta alguns pesquisadores brasileiros. Nos anos 1990, alguns grupos de pesquisa começaram a se formar, consolidando e afirmando a necessidade de se compreender o espaço geográfico segundo outras perspectivas que não somente a econômica, a política ou a social. O esforço desses teóricos foi fundamental para a consolidação da área no Brasil, em que se privilegiaram a complexidade cultural do país e a compreensão das diferenças regionais para entender essa complexidade.

Três grupos foram essenciais para a consolidação dos estudos culturais no Brasil, mantendo até hoje suas atividades e produção científica. São eles: o Núcleo de Estudos e Pesquisas sobre Espaço e Cultura (Nepec), vinculado ao Departamento de Geografia da Universidade do Estado do Rio de Janeiro (UERJ); o Núcleo de Estudos em Espaço e Representações (Neer), composto de vários pesquisadores de diferentes universidades do país; e o Grupo de Pesquisa Geografia Humanista Cultural, também constituído de pesquisadores de diferentes universidades.

A importância desses pesquisadores e grupos de pesquisa naquele momento inicial se deveu especialmente à introdução de diversas obras e autores internacionais no debate sobre a cultura – por meio de livros, artigos e entrevistas –, em um diálogo constante com pesquisadores da vertente cultural de outros países. Foi colocada em pauta, ainda, a discussão sobre a cultura no Brasil, mostrando-se a relevância que o debate já tinha em nível internacional, com a tradução de obras de Carl Sauer, Yi-Fu Tuan, Paul Claval, Denis Cosgrove, entre outros.

Surgido em 1993 sob a coordenação da Profª Drª Zeny Rosendahl (UERJ) e com grande contribuição e participação do Prof. Dr. Roberto Lobato Corrêa (Universidade Federal do Rio de Janeiro – UFRJ), o Nepec teve como objetivo inicial o resgate da discussão sobre a cultura em dimensão ampla, colocando em evidência as pesquisas que a relacionavam ao espaço, de modo a evidenciar a relevância da dimensão espacial da cultura e de todas as manifestações que envolvem as práticas culturais. O núcleo apresenta três linhas principais de investigação: espaço e religião; espaço e cultura popular; e espaço e simbolismo. Nessas linhas são produzidas teses, dissertações, artigos, iniciações científicas e disciplinas, tendo em vista o objetivo de divulgar a relação entre espaço e cultura.

Além do grupo de pesquisa, o Nepec foi responsável pela criação do periódico científico *Espaço e Cultura*, também vinculado à UERJ e em funcionamento desde 1995. O objetivo do periódico é a ampliação dos estudos da geografia humana vinculada às questões culturais, com a publicação de artigos, entrevistas, traduções, notas de pesquisa e referências atuais nos formatos *on-line* e impresso. As paisagens, a geografia da religião, o imaginário, o território, os problemas de identidade, a cultura e a cidade, a literatura, a música, o cinema e a economia são alguns dos temas abordados (Claval, 2012). O periódico foi responsável pela publicação de alguns artigos clássicos da geografia cultural: "Geografia cultural", de Carl Sauer (1931); "A dimensão cultural do espaço: alguns temas", de Roberto Lobato Corrêa (1995); "A paisagem geográfica e sua investigação", de Carl Troll (1997); "Alguns aspectos do espaço vivido nas civilizações do mundo tropical", de Jean Gallais (1998); "Não existe aquilo que chamamos de cultura: para uma reconceitualização da ideia de cultura em geografia", de Don Mitchell (2003); "Ideias e cultura: uma resposta a Don Mitchell", de Denis Cosgrove (2008); "Sobre a geografia como uma disciplina visual", de Felix Driver (2013); entre outros. A publicação desses artigos foi fundamental para a consolidação da revista e ofereceu embasamentos importantes para a estruturação da geografia cultural brasileira.

Outra publicação relevante do grupo e que hoje corresponde a uma das principais referências para os estudos culturais na geografia é a coleção de livros *Geografia Cultural* (EdUERJ), que iniciou suas publicações em 1996. Os livros contam com a colaboração de diferentes autores em temas diversificados, incluindo: matrizes da geografia cultural; cinema, música e espaço; economia e cultura; geografia da religião, sagrado e urbano; paisagem e literatura; e manifestações da cultura no espaço. Foram publicados, ainda, os dois volumes da obra *Geografia cultural: uma antologia*, que resgatam parte das discussões publicadas anteriormente.

Outra importante contribuição do grupo é a organização dos simpósios sobre espaço e cultura, iniciada em 1998, com realização a cada dois anos. Os simpósios, que já contaram com a participação de pesquisadores internacionais, são um importante ponto de encontro para os debates sobre a questão da cultura e a atualização de novos temas pertinentes à área, além de ser local de encontro de pesquisadores de todo o Brasil e de outros países, constituindo-se como referência nos debates ibero-americanos.

O segundo grupo que mencionamos, o Neer, foi importante na consolidação dos estudos culturais e humanistas na geografia. Fundado em 2004, o núcleo conta com a atuação de pesquisadores de 20 universidades brasileiras: Universidade Federal do Rio Grande do Sul (UFRGS), Universidade Federal da Santa Maria (UFSM), Universidade Federal do Rio Grande (Furg), Universidade

Luterana do Brasil (Ulbra), Pontifícia Universidade Católica de Minas Gerais (PUC Minas), Universidade Federal de Uberlândia (UFU), Universidade Federal do Amazonas (Ufam), Universidade Federal da Bahia (UFBA), Universidade Estadual da Bahia (Uneb), Universidade Estadual do Rio de Janeiro (UERJ), Universidade Federal Fluminense (UFF), Universidade Federal de Mato Grosso do Sul (UFMS), Universidade Federal de Goiás (UFG), Universidade Federal do Paraná (UFPR), Universidade Estadual de Ponta Grossa (UEPG-PR), Universidade Federal de Rondônia (Unir), Universidade Federal da Paraíba (UFPB), Universidade Federal de Mato Grosso (UFMT), Universidade Federal do Ceará (UFC) e Universidade Federal do Tocantins (UFT).

Com o intuito de ampliar a abordagem e aprofundar os estudos culturais na geografia, o Neer se concentra nos estudos sobre o espaço e suas representações. Alguns temas de interesse são: percepção e cognição em geografia; geografia das representações; geografia social; geografia da religião; geografia escolar: representações e ensino; e teoria e método na geografia cultural e social.

O núcleo engloba diferentes grupos de pesquisa, como: Núcleo de Documentação da Cultura Afro-Brasileira (Atabaque); Laboratório Território, Cultura e Representação (Latecre); Grupo de Estudos e Pesquisas sobre Modos de Vida e Culturas Amazônicas (Gepcultura); e Laboratório do Espaço Social (Labes).

Com contribuições desses vários grupos de pesquisa de interesses diversos integrados ao Neer, foram publicados trabalhos em quatro livros: *Da percepção e cognição à representação: reconstruções teóricas da geografia cultural e humanista* (2007); *Espaço culturais: vivências, imaginações e representações* (2008); *Expedição amazônica: desvendando espaço e representações dos festejos em comunidades amazônicas: a Festa do Boi-Bumbá – um ato de fé* (2009); e *Maneiras de ler geografia e cultura* (2013).

O núcleo organiza também colóquios bianuais desde 2006, um evento itinerante, com o propósito de reunir pesquisadores interessados pelos temas dos debates, além de atualizar algumas discussões e propor diferentes frentes de trabalho.

Finalmente, destacamos a importante contribuição do Grupo de Pesquisa Geografia Humanista Cultural, fundado em 2008 e coordenado por professores da UFF e da Universidade Estadual Paulista (Unesp). Alguns temas desenvolvidos pelos pesquisadores do grupo são: os papéis e o dimensionamento geográfico do vivido; escrita, linguagem e pensamento na questão fenomenológica; ecologia; geograficidade; abordagem humanista no espaço rural; fenomenologia e arquitetura; geopoética; metodologias de pesquisa e ensino ligadas à fenomenologia; experiência e imaginação; e uso de fotografias. Os trabalhos são bastante heterogêneos e têm como objetivo a sistematização dos temas e a promoção de uma reflexão epistemológica sobre o debate. O grupo organiza diferentes seminários e é responsável, ainda, pela publicação do periódico científico *Geograficidade*, com publicações contínuas sobre os temas citados.

Outro trabalho fundamental do grupo foi a tradução de importantes livros de geógrafos humanistas, como *Espaço e lugar* (2013, publicado anteriormente em 1983) e *Topofilia* (2012, publicado anteriormente em 1980), de Yi-Fu Tuan, e *O homem e a terra* (2011), de Eric Dardel. Há também publicações originais, como: *Geografia e literatura: ensaios sobre geograficidade, poética e imaginação* (2010); *Caminhos de morte e de vida: o geográfico e o telúrico no Rio Severino de João Cabral de Melo Neto* (2011); *Qual o espaço do lugar? Geografia, epistemologia, fenomenologia* (2012); *Na beleza do lugar, o Rio das Contas indo... ao mar* (2014); *A geografia humanista: sua trajetória 1950-1990* (2016); *Percepção do meio ambiente e geografia: estudos humanistas do espaço, da paisagem e do lugar* (2017).

A produção brasileira a respeito das abordagens culturais e humanistas é bastante ampla e possibilita um leque importante de discussões, em especial para entender o contexto do Brasil e nossa diversidade cultural. Por meio de debates interdisciplinares, com atenção à intersubjetividade e à dimensão simbólica do espaço geográfico, esses grupos promovem debates ricos e frutíferos para a geografia, contribuindo para a ampliação dessa área do conhecimento e propondo sair das zonas de conforto ao privilegiar discussões pouco exploradas e marginalizadas nas pesquisas geográficas, mas extremamente relevantes para a compreensão da complexidade da vida segundo a questão cultural.

Síntese

Neste capítulo, examinamos a produção da geografia brasileira no âmbito das questões culturais. Apresentamos as influências de outras escolas da geografia nos debates dos grupos de pesquisa do Brasil, como a francesa e a alemã. A década de 1970 foi fundamental para os debates culturais na geografia; nas décadas seguintes, tais temas foram consolidados com a criação de núcleos e grupos de pesquisa, a produção de revistas especializadas, a realização de encontros e seminários, a publicação de artigos e livros e a tradução de importantes textos internacionais.

Conforme indicamos, os debates culturais na geografia se mostraram relevantes a partir da década de 1970, em função das transformações dos contextos sociais, políticos e econômicos, e os pesquisadores se voltaram para os problemas internos do Brasil a fim de compreender nossas questões culturais. A problemática ambiental também se apresenta como um tema de importância, apontando a necessidade de um olhar crítico e reflexivo sobre as questões culturais em um debate interdisciplinar.

Enfocamos, ainda, o diálogo entre a geografia cultural e a geografia humanista, os interesses em comum, as perspectivas de análise, a influência de correntes filosóficas e os conceitos-chave que figuram nesses dois campos. Vimos que tais áreas contemplam problemáticas semelhantes, mas a geografia humanista tem influência mais significativa da fenomenologia e do existencialismo, com ênfase nas questões subjetivas da relação com os lugares.

Por fim, apresentamos alguns dos mais importantes grupos de pesquisa sobre a temática cultural e humanista na geografia, os históricos de criação, os temas de debate, as principais obras produzidas e a relevância desses grupos para a geografia brasileira.

Atividades de autoavaliação

1. A abordagem geográfica de base fenomenológica encontrada na obra *O homem e a Terra: natureza da realidade geográfica* (publicada em 1952), de Eric Dardel, é uma das mais significativas nas discussões culturais e humanistas da geografia. O teórico discorre sobre a concepção de geograficidade. Sobre esse conceito, assinale a alternativa correta:

    a) A geograficidade se relaciona com a discussão de territorialidade, pois engloba a dimensão material do espaço geográfico.

    b) A discussão sobre geograficidade foi apropriada pela geografia crítica para discutir as lutas de classe com base na fenomenologia.

    c) O conceito está relacionado à ideia de lugar e é acessível por meio da experiência vivida.

    d) Ao propor a ideia de geograficidade, o autor deu ênfase às relações de poder que se desenrolam no espaço geográfico.

2. Marandola Jr. (2005) aponta algumas aproximações entre as discussões da geografia cultural e as da geografia humanista. A esse respeito, assinale a alternativa correta:
   a) Uma importante aproximação é o interesse em uma análise positivista sobre o cotidiano.
   b) Essas áreas da geografia voltam o olhar para o cotidiano, o que significa colocar o foco nas pessoas, em compreendê-las e valorizá-las.
   c) Ambas as discussões priorizam metodologias quantitativas para entender as questões culturais e humanistas na relação com o espaço.
   d) O foco é entender as abordagens culturais e humanistas com base no materialismo histórico-dialético.

3. Nas abordagens culturais e humanistas na geografia, observa-se a influência de algumas correntes filosóficas, como a fenomenologia. Assinale a alternativa correta sobre a inserção da visão fenomenológica na perspectiva geográfica:
   a) A proposta da fenomenologia é refletir sobre a realidade em uma abordagem estruturalista.
   b) A ênfase nos objetos é o foco central da discussão fenomenológica, que influencia também a geografia e as análises das questões materiais.
   c) A análise da realidade é feita segundo uma metodologia objetiva, buscando-se criar teorias que possam ser generalizadas.
   d) A problemática fenomenológica foi inserida para possibilitar a compreensão da relação entre as pessoas e o espaço geográfico, considerando-se a experiência.

4. O interesse pela geografia cultural no contexto brasileiro é recente, se comparado com o de outros países. A respeito das abordagens culturais na geografia brasileira, é correto afirmar:
   a) Desde a década de 1980, o debate sobre geografia cultural passou a inquietar alguns pesquisadores brasileiros; na década seguinte, alguns grupos de pesquisa começaram a se formar.
   b) Os primeiros grupos de pesquisa sobre geografia cultural foram estruturados a partir dos anos 2000, idealizados por Eric Dardel e Denis Cosgrove.
   c) O debate sobre geografia cultural no Brasil data da década de 1920, com as discussões de Carl Sauer no Núcleo de Estudos em Espaço e Representações (Neer).
   d) Os grupos de pesquisa na área se estruturaram a partir dos anos 1970, com a renovação da geografia cultural, tornando-se responsáveis pela publicação de livros e periódicos e pela organização de eventos, como no caso do Núcleo de Estudos e Pesquisas sobre Espaço e Cultura (Nepec).

5. Amorim Filho (1999) faz uma análise da produção da geografia humanista desde a década de 1970. Entre os principais temas abordados entre 1970 e 1999 estavam:
   a) luta de classes, estudos urbanos e processos econômicos.
   b) mapas mentais, lugares e espaços míticos e percepção e cognição ambiental.
   c) questões rurais, conflito campo-cidade e impactos da urbanização.
   d) estudos cartográficos, climáticos e de biomas naturais.

Atividades de aprendizagem

Questões para reflexão

1. Neste capítulo, comentamos sobre a inserção da geografia cultural no contexto brasileiro, incluindo seus temas de interesse, perspectivas e diálogos com outras frentes, como a geografia humanista. Reiteramos o foco primordial dessas discussões: colocar a centralidade nas pessoas, olhando com sensibilidade para os espaços vividos. Essa perspectiva pode ser aplicada para pensar a lógica de produção das cidades. Você já pensou sobre a possibilidade de um olhar mais sensível sobre a realidade? Como acredita que isso poderia ser pensado, por exemplo, para um planejamento de cidade mais justo e democrático no lugar onde você mora? Como a geografia cultural pode contribuir nesse debate?

2. O processo migratório pode ser bastante doloroso para alguns grupos, visto que pode envolver guerras, perseguições políticas, falta de emprego e violências de vários tipos. Essa questão é bastante complexa na contemporaneidade, uma vez que o número de migrantes aumenta cada vez mais, e muitos são hostilizados e mal-recebidos nos países aos quais pedem asilo político. A geografia cultural pode possibilitar a reflexão sobre essa realidade, pautando a questão das diferenças culturais e problematizando-as em termos espaciais. A questão migratória faz parte de sua experiência de vida, de sua família ou de seus amigos? Reflita sobre o tema e procure conhecer experiências de pessoas que podem estar nessa condição para entender como funciona esse processo e como esse contexto pode contribuir para as reflexões culturais na geografia brasileira.

Neste capítulo, comentamos que um dos temas de interesse da geografia cultural e da geografia humanista é o uso de mapas mentais como ferramentas qualitativas para analisar a experiência com o espaço geográfico. Os mapas mentais são desenhos que não exigem o emprego de ferramentas sofisticadas nem técnicas comuns da cartografia convencional, porque o interesse é a representação do espaço vivido das pessoas, tomando-se como base suas experiências.

Faça um mapa mental do lugar onde você mora. Represente seu espaço vivido com base em sua experiência nele. Você pode utilizar qualquer ferramenta para essa representação (folhas em branco, lápis de cor, canetinhas ou qualquer outro material). A ideia é que você faça esse mapa mental de acordo com sua percepção individual. Mãos à obra!

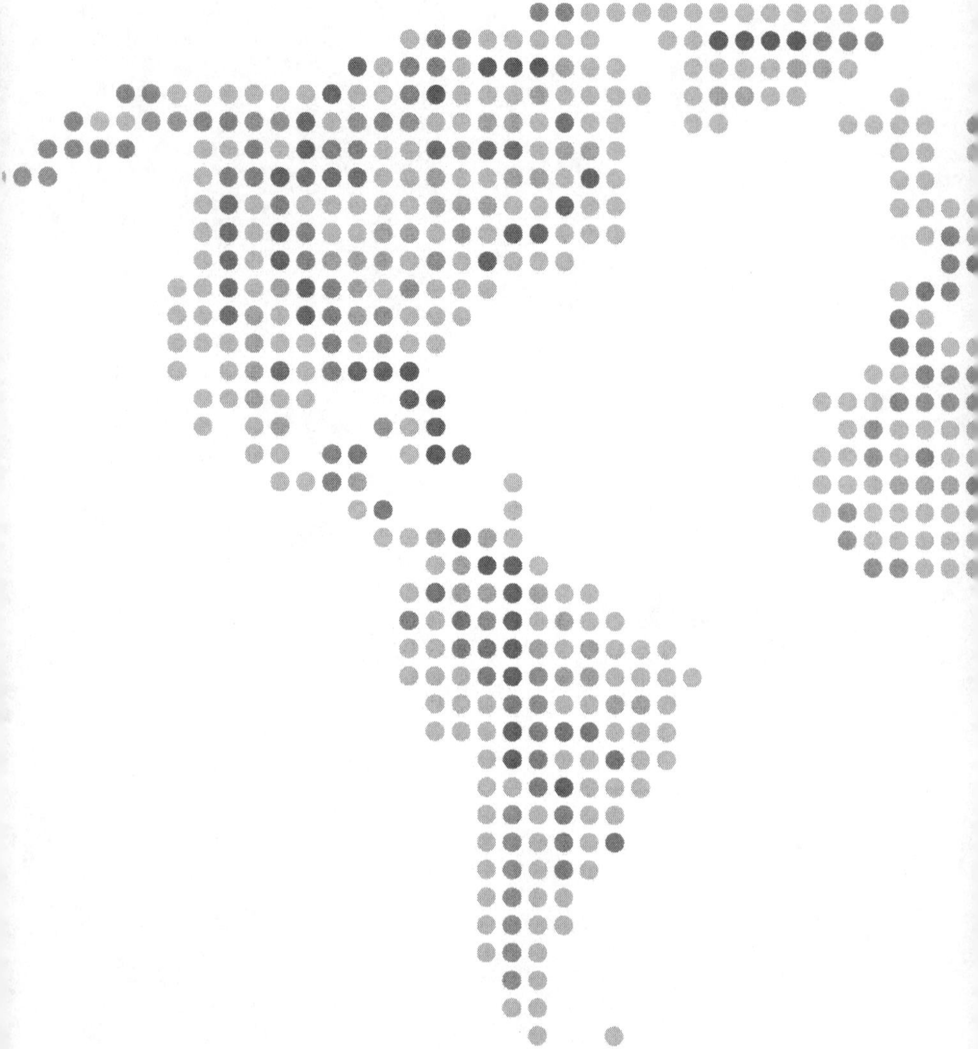

5
Desafios da cultura na contemporaneidade

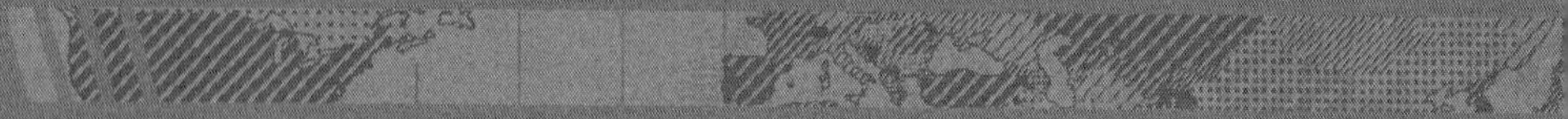

Nos capítulos anteriores, discutimos diferentes elementos que constituem a cultura e que são de interesse da geografia por construírem várias espacialidades, com sentido e significado culturais. O debate sobre a cultura tem ganhado visibilidade nos últimos tempos. Um dos motivos é que a questão cultural tem sido associada à ideia de mercantilização da cultura, em especial com o avanço do turismo e de outras formas de consumo cultural que acabam definindo o debate sobre as práticas e manifestações culturais em termos econômicos e de "desenvolvimento".

Neste capítulo, examinaremos alguns conceitos relacionados à cultura em alguns contextos, como o mercado, a tecnologia e o turismo, e os impactos que causam na concepção de cultura e nas práticas consideradas "tradicionais". A ideia é analisar como alguns elementos tão relevantes para a vida das pessoas e suas práticas culturais acabam entrando em uma lógica mercadológica que, por vezes, não leva em consideração a relevância dessas práticas, sua construção histórica e a luta para que se mantenham vivas para a própria sobrevivência cultural das comunidades. Tal lógica está marcada por uma homogeneização da vida, que inclui também a homogeneização dos espaços, uma vez que há uma tendência em construir espaços fisicamente iguais para que as cidades se encaixem nessa lógica, negligenciando-se as culturas e as diferenças dos lugares.

Trabalharemos, ainda, com a lógica da produção do espaço urbano e o consumo da cidade, que inserem as questões culturais nesse rol mercadológico das cidades-mercadorias.

5.1 Mercantilização da cultura

Como já mencionamos, a cultura tem uma dimensão material e outra imaterial. A material está atrelada ao patrimônio cultural edificado; a imaterial, ao chamado *saber-fazer*. Também esclarecemos que a cultura é um importante elemento para a construção identitária dos grupos e que depende de socialização, comunicação e pertencimento. Além disso, não podemos desconsiderar o passado histórico, as lutas e os conflitos para que essas manifestações culturais possam continuar existindo.

Na contemporaneidade, observamos uma situação que vem sendo intensificada e não pode deixar de ser discutida: a mercantilização da cultura, ou seja, a transformação das manifestações e práticas culturais em bens comercializáveis, de modo a serem inseridas na lógica de venda de qualquer outro produto. No entanto, a cultura não deve ser vista dessa maneira, porque, como já afirmamos, é uma construção histórica e envolve diversos atores, a vida dos indivíduos, suas crenças, valores e significados, que não são objetos para serem vendidos.

A mercantilização da cultura está vinculada ao avanço da indústria do turismo nos últimos anos. De modo complementar, as novas ferramentas de comunicação permitem que as manifestações culturais sejam inseridas rapidamente em uma lógica de consumo. Atualmente, as possibilidades de consumo cultural têm motivado ainda mais as viagens turísticas, e os pacotes culturais vendidos incluem desde visitas a locais históricos até a experiência de ficar na casa de moradores locais, comer da mesma comida e participar de eventos tradicionais.

Um exemplo interessante disso é o crescimento das lojas de suvenires, as famosas "lembranças" que podemos levar dos lugares que visitamos. Muitos lugares costumam vender o artesanato local, produzido pelas comunidades que estão inseridas nos circuitos turísticos, geralmente associados a elementos da cultura local, com o uso de matéria-prima da região, entre outros aspectos. De certa maneira, isso possibilita a geração de renda, embora siga uma lógica de comercialização de bens culturais. Entretanto, em alguns lugares turísticos, como Paris, Barcelona e Roma, muitos desses suvenires nem são produzidos nesses locais e é comum encontrar nesses produtos uma etiqueta que informa *Made in China*, mostrando que a produção está muito longe dali (veja a Figura 5.1). Faz sentido levar a lembrança de um lugar em forma de suvenir, mesmo que ele nem tenha sido produzido no local? Qual é o real significado cultural desses elementos?

Figura 5.1 – Suvenir comprado na cidade de Paris, na França

Marcia Alves Soares da Silva

De acordo com Bauman (2013), em tempos líquido-modernos, a cultura tem servido a um mercado de consumo orientado para a rotatividade, que compete pela atenção, buscando clientes para seduzir e transformando as pessoas em consumidores. A esse respeito, o autor afirma que

> A função da cultura não é satisfazer necessidades existentes, mas criar outra – ao mesmo tempo que mantém as necessidades já entranhadas ou permanentemente irrealizadas. Sua principal preocupação é evitar o sentimento de satisfação em seus antigos objetos e encargos, agora transformados em clientes.
> (Bauman, 2013, p. 21)

É importante destacar que a cultura não é uma entidade supraorgânica (termo que já vimos com Carl Sauer) que funciona sozinha, como se tivesse vida própria. São as ações das pessoas que fazem com que a cultura seja dinâmica. Nesse sentido, tendo em vista a afirmação de Bauman (2013), podemos apontar que, como vimos anteriormente, a cultura é muito maior do que pode fazer parecer sua inserção em uma lógica de mercado, pois engloba nossa existência como produtores de cultura.

Chaui (2006) entende a cultura como criação, por isso foge da perspectiva estatal de adoção da lógica da indústria e do mercado cultural. Essa criação é imaginação, sensibilidade e inteligência, que se exprimem de diferentes maneiras.

> Esse campo cultural específico não pode ser definido pelo prisma do mercado, não só porque este opera com o consumo, a moda e a consagração do consagrado, mas também porque reduz essa forma da cultura à condição de entretenimento e passatempo, avesso ao significado criador e crítico das obras culturais. Não que a cultura não tenha um lado lúdico e de lazer que lhe é essencial e constitutivo, mas uma coisa é perceber o lúdico e o lazer no interior da

cultura, e outra é instrumentalizá-la para que se reduza a isso, supérflua, uma sobremesa, um luxo em um país onde os direitos básicos não são atendidos. (Chaui, 2006, p. 135)

Hall (2005) argumenta que, no contexto da efemeridade, os fluxos culturais e o consumismo global criam a possibilidade de "identidades partilhadas", uma vez que são criados consumidores, clientes e público para os mesmos bens, serviços, mensagens e imagens. A exposição das culturas nacionais a influências externas dificulta a conservação das identidades culturais, além de enfraquecê-las pelo bombardeamento e pela infiltração cultural.

> Quanto mais a vida social se torna mediada pelo mercado global de estilos, lugares e imagens, pelas viagens internacionais, pelas imagens da mídia e pelos sistemas de comunicação globalmente interligados, mais as **identidades** se tornam desvinculadas – desalojadas – de tempos, lugares, histórias e tradições específicos e parecem "flutuar livremente". [...] No interior do discurso do consumismo global, as diferenças e as distinções culturais, que até então definiam a **identidade**, ficam reduzidas a uma espécie de **língua franca** internacional ou de moeda global, em termos das quais todas as tradições específicas e todas as diferentes identidades podem ser traduzidas. Este fenômeno é conhecido como "homogeneização cultural".
> (Hall, 2005, p. 75-76, grifo do original)

A **lógica de venda da cultura** muito se relaciona com a **lógica de produção do espaço**, em especial o espaço urbano, tendo em vista que essa produção não diz respeito somente às formas materiais, mas também à lógica da urbanização, que igualmente incide no modo de vida dos indivíduos e em suas relações intersubjetivas.

Importante!

Intensificou-se, nos últimos anos, uma lógica de venda da cidade, transformando-se o valor de uso do espaço – isto é, sua verdadeira utilidade e sua função social – em valor de troca; negocia-se o espaço em termos econômicos, desconsiderando-se as práticas culturais, os modos de vida, as relações históricas, as memórias e as vivências das pessoas.

De acordo com Monastirsky (2009), a cultura e o patrimônio cultural apresentam-se como relevantes na análise do espaço, uma vez que a constituição deste pode ser entendida, para além de seu contexto histórico, com base na funcionalidade e nos significados que se revelam desde sua origem até a contemporaneidade. Para o autor, relacionar espaço, patrimônio cultural e memória social é uma forma de analisar a organização do espaço urbano, visto que tais elementos são representativos para a sociedade no que se refere à ocupação, à permanência significativa e às políticas públicas. A título de reflexão, apresentamos, na Figura 5.2, um exemplo de intervenção urbana identificada em Lisboa, Portugal. Ressaltamos que a capital portuguesa tem vivenciado um *boom* turístico nos últimos anos, o que não tem agradado parte da população lisboeta.

Figura 5.2 – Intervenção urbana encontrada em muros da cidade de Lisboa, Portugal

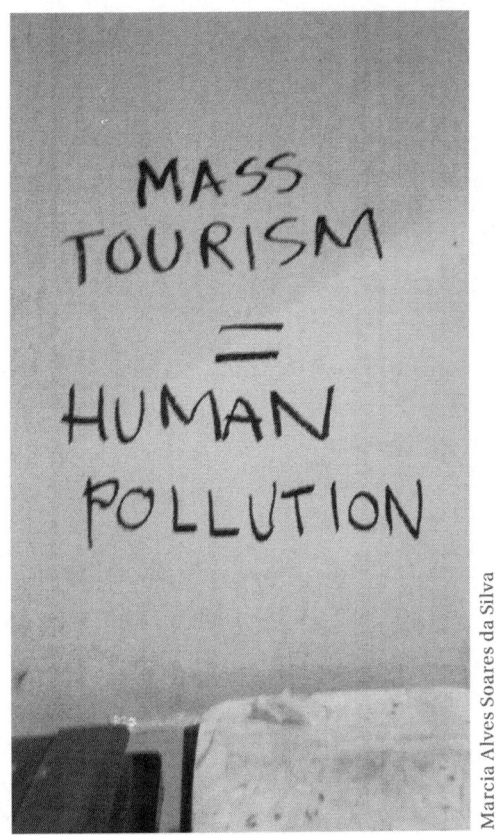

> MASS TOURISM = HUMAN POLLUTION

Marcia Alves Soares da Silva

    Não podemos desvincular, portanto, a lógica de mercantilização da cultura da lógica de produção do espaço, segundo a qual são criados lugares específicos para a (re)produção de práticas culturais, por vezes descontextualizadas, uma vez que é possível reproduzi-las em locais diferentes daqueles onde foram inicialmente idealizadas. Além disso, a construção de balneários, *resorts* e condomínios fechados em locais com amenidades naturais resulta, para além da transformação espacial, no impacto nos modos de vida, tendo em vista que é comum a expulsão de antigos moradores para que esses projetos urbanos possam ser construídos. Vamos discutir mais profundamente esse tópico na próxima seção.

5.2 A lógica de produção do espaço e os impactos nas culturas tradicionais

Sinalizamos anteriormente a relação da mercantilização da cultura com a lógica de produção do espaço, trazendo como exemplo a produção do espaço urbano e a inserção de diferentes modos de se relacionar com esses espaços de acordo com uma lógica de mercado que altera as relações intersubjetivas.

A análise do urbano pode ser realizada em várias dimensões, inclusive na cultural. A discussão acerca da cultura e do patrimônio cultural é importante, uma vez que esses elementos são representativos para a sociedade. Ademais, por intermédio da cultura, é possível compreender a sociedade em termos econômicos, sociais e políticos, tornando-se inteligíveis as espacialidades e as temporalidades expressas na cidade, na rede urbana e no processo de urbanização. Dessa maneira, a cidade pode ser compreendida como um texto, justamente por essas representações nela imbricadas, e sua identidade pode ser reconhecida interna ou externamente, causando, muitas vezes, confronto, em razão dos novos significados incorporados ao lugar (Corrêa; Rosendahl, 2003; Monastirsky, 2009).

No contexto capitalista em que vivemos, a lógica da produção do espaço está pautada na lógica econômica. Os atores sociais que produzem o espaço, em particular o Estado, os proprietários de terra e os promotores imobiliários, buscam estruturar suas ações de modo que o espaço seja valorizado e gere maior rentabilidade. Para isso, ao mesmo tempo que se investe em infraestrutura em determinados espaços de interesse, outros são negligenciados, perpetuando-se a segregação espacial, a marginalização social, a fragmentação do espaço, entre outros processos sociais e espaciais. Tal lógica de transformação do espaço tem impacto nas práticas culturais das pessoas envolvidas nesse processo, visto que o espaço é condição fundamental para a existência e para as manifestações culturais.

Essa lógica de produção do espaço acontece em virtude de alguns interesses mercadológicos. Entre eles, destacamos aqui o **turismo**, que tem uma relação direta com a questão da cultura não só no Brasil, mas no mundo todo.

O avanço do turismo nos últimos anos, propiciado pelo avanço da tecnologia de mobilidade, pelo investimento em infraestrutura urbana e pela maior oferta de hotéis e outros locais de acomodação, tem um papel duplo na questão da cultura: ao mesmo tempo que serve como fonte de renda para os envolvidos, impõe uma lógica mercantil, por vezes modificando as práticas culturais e, consequentemente, a essência dessas práticas, bem como as relações de identidade, significado, memória e tradição dos envolvidos.

A própria transformação física do espaço estabelece uma homogeneidade. Diversas cidades litorâneas, por exemplo, onde o turismo é massivo no Brasil, apresentam paisagens muito semelhantes em suas orlas, o que pode descaracterizar certas diferenças regionais. Observe, por exemplo, as imagens da Figura 5.3. Você consegue identificar qual mostra uma orla litorânea do Brasil e qual mostra uma orla litorânea do Uruguai?

Figura 5.3 - Orlas de duas cidades da América Latina

Marcia Alves Soares da Silva

Marcia Alves Soares da Silva

A imagem A é da orla litorânea da cidade de Fortaleza, no Ceará. Já a imagem B é da orla litorânea de Montevidéu (as famosas *ramblas*), no Uruguai. Perceba que a paisagem urbana construída é a mesma, com um denso processo de verticalização voltado para o mar. O fato de poder abrir a janela e ver todos os dias o mar condiciona uma intensa especulação imobiliária, com a supervalorização dos imóveis e a segregação socioespacial.

Considerando-se essa perspectiva, na instauração do cotidiano como elemento constitutivo da reprodução na metrópole, a "vida cotidiana implode através do conflito entre a imposição de novos modelos culturais e comportamentais, invadidos agora pelo mundo mercadoria, estabelecida no plano do mundial, e as especificidades da vida no lugar apoiada em antigas relações de sociabilidade" (Carlos, 2007, p. 26). A pauta são as ameaças ao lugar, ao espaço cotidiano, intensificadas pelos projetos urbanos, pela indústria do turismo e também pela mídia. É justamente nesses espaços de vivência que as manifestações culturais acontecem de forma mais intensa e genuína. Daí a necessidade de preservar as tradições, a cultura, as crenças, os valores, ou seja, as manifestações culturais e sociais.

Em um estudo sobre os modos de vida, a identidade e a urbanização na cidade de Florianópolis, em Santa Catarina, um dos principais destinos turísticos litorâneos do Brasil, Lago (1996) aponta que as feições culturais da cidade foram se modificando com a introdução da urbanização. Nos lugares em que havia uma forte vida comunitária, a lógica da urbanização substituiu os modos tradicionais de trabalho e causou segregação residencial, em virtude da procura das praias e da valorização dos terrenos, resultado da atividade turística e do poder do capital, que se ajustam à medida que os empreendimentos turísticos são facilitados por operações de empréstimos financeiros. Essa lógica se estende para outros espaços litorâneos do Brasil, em especial pelo intenso papel da atividade turística.

> Com relação à cultura tradicional das populações que habitam originariamente as regiões onde se desenvolve o turismo, a complexidade do problema se avoluma. A questão envolve outros aspectos, extravasando o da simples preservação de um recurso não renovável, no interesse da continuidade da própria atividade econômica. Dizer que os usos, hábitos, costumes, rituais, artefatos, valores culturais, enfim, devam ser preservados como recursos turísticos, é argumento que só pode ser elaborado por interlocutores com visão apenas economicista e desenvolvimentista dos processos sociais. O problema transcende o fato econômico e tem dimensões éticas, filosóficas, sociais, psíquicas, jurídicas etc. O direito à sobrevivência cultural é objeto nuclear e formador da própria antropologia. É tão fundamental como o direito à vida, à sobrevivência individual e das espécies. É estranho que ele precise ser afirmado, demonstrado, ou possa ser questionado. (Lago, 1996, p. 65-66)

Conforme Luchiari (1998), há uma articulação entre novas e velhas paisagens, usos, formas e funções que caracteriza a urbanização contemporânea, principalmente em cidades turísticas. Há um movimento que impulsiona a relação do lugar com o mundo, (re)criando a identidade do lugar e um espaço social híbrido, que produz uma nova organização socioespacial, isto é, uma nova dinâmica. Isso está relacionado com o debate que já realizamos sobre as reinvenções das tradições.

Para Luchiari (1998), esse movimento invisibiliza e marginaliza sujeitos sociais, redefine e redesenha o espaço urbano, substitui antigos usos e elege paisagens que passam a ser valorizadas, em um processo acelerado de **urbanização turística**. "A criação destrutiva da urbanização turística desafia a todo instante a sobrevivência de antigas paisagens e a resistência do lugar" (Luchiari, 1998, p. 18). A teórica faz uma crítica ao afirmar que há valorização mais da técnica de reprodução do que da autenticidade. "O turismo pode reproduzir a natureza, a cultura e a autenticidade de práticas sociais. Mas o que dá sentido ao consumo desses simulacros é a subjetividade do indivíduo e dos grupos sociais que passam a valorizar a própria reprodução" (Luchiari, 1998, p. 3). Nesse sentido, a autora observa que

> O fenômeno contemporâneo do turismo coloca-se como um vetor de transformação contraditório e emblemático: acentua a produção de lugares de consumo e o consumo dos lugares. Mas não pode ser tomado apenas do ponto de vista negativo, como um desarticulador voraz de antigas formas e funções sociais que, num processo linear, destrói o velho substituindo-o pelo novo. A mediação entre o global e o local empreendida pelo turismo possibilita tomarmos o lugar e o mundo em sua unidade. Permite também trazermos à luz novas formas de sociabilidade, articuladas em função do processo contemporâneo de revalorização das paisagens para o lazer. Este movimento, ao invés de contrapor o tradicional ao moderno, o lugar ao mundo, o natural ao artificial, impulsiona a reestruturação das relações do lugar com o mundo e a formação de organizações socioespaciais cada vez mais híbridas, cujas formas e lógicas antigas associadas às novas originam uma nova composição. (Luchiari, 1998, p. 8-9)

Nessa dinâmica, a cultura é transformada em mercadoria, aliciada pela indústria cultural e do turismo, que se apropriam das singularidades e particularidades locais, quando não forjam elementos culturais para serem mercantilizados.

Importante!

Muitas cidades têm como principal fonte de arrecadação o turismo, e o turista pode ser mais "bem servido" do que a própria população. Muitas ações em nome do turismo desconsideram as necessidades dos cidadãos (ou consumidores?), com a transformação radical do espaço por meio da expulsão e da desapropriação, estimulando a especulação imobiliária e a segregação socioespacial.

Devemos ressaltar que a discussão sobre turismo e cultura é muito mais ampla do que a contemplada aqui. Várias são as perspectivas sobre a relação entre os conceitos, porém buscamos nos concentrar na questão da urbanização turística e nos impactos desse processo para as práticas e manifestações culturais tendo em vista a importância de lançar um olhar crítico sobre ele, considerando-o um desafio para as discussões sobre a cultura na contemporaneidade[i].

Aqui, problematizamos a questão do turismo como parte de uma lógica de consumo dos lugares. Nesse sentido, Rosendahl

---

i. Sugerimos leituras complementares sobre o assunto, que apresentam diferentes perspectivas acerca do debate sobre turismo e cultura:
BARRETTO, M. **Cultura e turismo**: discussões contemporâneas. Campinas: Papirus, 2007; COSTA, F. **Turismo e patrimônio cultural**. São Paulo: Senac, 2009; FUNARI, P. P. A.; PINSKY, J. (Org.). **Turismo e patrimônio cultural**. 6. ed. São Paulo: Contexto, 2001; MENEZES, J. N. C. **História e turismo cultural**. Belo Horizonte: Autêntica, 2006; MURTA, S. M.; ALBANO, C. (Org.). **Interpretar o patrimônio**: um exercício do olhar. Belo Horizonte: Ed. da UFMG; Território Brasilis, 2002; PAES M. T. D.; SOTRATTI, M. A. (Org.). **Geografia, turismo e patrimônio**. São Paulo: Annablume, 2017.

(2007) acredita que existam lugares adequados e inadequados para determinadas atividades e/ou comportamentos.

> Dentre os lugares adequados destacam-se os criados como recursos culturais e como sítios de consumo, isto é, o consumo de lugares e outras culturas como parte da atividade de turismo. O turista, de acordo com alguns autores, é um espectador, um consumista no lugar. Ele consome outros lugares, outras culturas. Reforça a noção do outro cultural. (Rosendahl, 2007, p. 248)

Para a autora, motivado pelo prazer, o turista busca lugares que lhe despertem interesse de acordo com suas experiências culturais e história de vida. Assim, por vezes, há o conflito no uso dos lugares, em virtude das diferenças entre o comportamento do turista e o do morador local. O conflito se estabelece na relação entre a essência e a aparência do lugar, que tem um significado distinto para os diferentes atores. Há uma tendência na cultura de consumo dos lugares que faz com que o sentido destes para os indivíduos que os experienciam cotidianamente seja ressignificado diante de uma nova lógica de uso e apropriação, em função da atividade turística, por exemplo.

5.3 Homogeneização cultural

Para entrar nos circuitos mundiais, a cidade-mercadoria busca homogeneizar os gostos, os anseios e os interesses para serem vendidos, ou seja, acontece a mercadificação das formas culturais. Na atual conjuntura, geralmente não há o intuito de preservar a identidade e a memória coletiva a não ser para gerar lucro. A ideia de preservação da singularidade em um mundo globalizado que tende à homogeneização de gostos e interesses, muitas vezes, parte da premissa da cultura como mercadoria e não como um patrimônio relevante.

Uma questão importante que envolve o debate sobre cultura e homogeneização é a ideia de **identidade**[ii]. Ao discutir a identidade cultural no contexto da pós-modernidade, Hall (2005) faz uma importante análise, principalmente para o debate sobre a cultura nacional e sua relevância para a formação das identidades culturais. Em sua visão, as identidades modernas estão sendo descentralizadas. Assim, para o teórico, os indivíduos assumem diferentes identidades em diferentes contextos. Na pós-modernidade, a fragmentação do sujeito moderno abala sua estrutura estável, causando o deslocamento ou descentralização do sujeito.

Hall (2005, p. 77) acredita que

> A homogeneização cultural é o grito angustiado daqueles/as que estão convencidos/as de que a globalização ameaça solapar as identidades e a "unidade" das culturas nacionais. Entretanto, como visão do futuro das identidades num mundo pós-moderno, este quadro, da forma como é colocado, é muito simplista, exagerado e unilateral.

---

ii. Hall (2005) sugere três concepções de identidade: sujeito do Iluminismo (central, individualista); sujeito sociológico (considerando-se a interação entre o eu e a sociedade, seu núcleo se expande para as relações sociais – esse sujeito tem um eu real, interior, que reage com os mundos culturais exteriores); e sujeito pré-moderno (condicionado a não ter uma identidade fixa, essencial ou permanente).

Para o autor, "parece improvável que a globalização vá simplesmente destruir as identidades nacionais. É mais provável que ela vá produzir, simultaneamente, novas identificações 'globais' e novas identificações 'locais'" (Hall, 2005, p. 77-78). Nesse contexto, de acordo com o autor, é possível pensar em três consequências para as identidades culturais: desintegração (homogeneização cultural); reforço pela resistência à globalização (identidades nacionais ou locais); declínio, com novas identidades (híbridas) tomando seu lugar.

Em um mundo de intensa mobilidade, em crise de valores e de sentido, a discussão sobre a identidade é bastante pertinente. Isso porque as velhas identidades, que por muito tempo estabilizaram o mundo social, estão em declínio. Assim, surgem novas identidades, e o indivíduo moderno se fragmenta. Esse processo é consequência de uma "crise de identidade", que desloca as estruturas e os processos centrais das sociedades modernas, abalando os quadros de referência que davam ancoragem estável aos indivíduos no mundo social (Haesbaert, 1999; Hall, 2005).

Segundo Hall (2005), o ser humano, que antes tinha apenas uma identidade unificada e estável, está se tornando fragmentado, sem uma identidade fixa, essencial, permanente. Com efeito, essa identidade é uma "celebração móvel", formada e transformada continuamente, dependendo ainda dos sistemas culturais que envolvem o sujeito, pois todas as identidades estão localizadas no tempo e no espaço simbólico. As pessoas assumem diferentes identidades em contextos diversos, em função também das rápidas e constantes transformações das sociedades modernas, que provocam rupturas, além da descentralização e da fragmentação do sujeito (Hall, 2005).

> O próprio processo de identificação, através do qual nos projetamos em nossas identidades culturais, tornou-se mais provisório, variável e problemático.
>
> Esse processo produz o sujeito pós-moderno, conceitualizado como não tendo uma identidade fixa, essencial ou permanente. A identidade torna-se uma "celebração móvel": formada e transformada continuamente em relação às formas pelas quais somos representados ou interpelados nos sistemas culturais que nos rodeiam. (Hall, 2005, p. 12-13)

A mudança estrutural que estamos vivendo tem culminado na perda de um "sentido em si", além do deslocamento e da descentralização do sujeito, tanto de seu lugar no mundo social e cultural quanto de si mesmo, constituindo-se em uma crise. Tal debate é relevante não só pela defesa do direito à diferença, mas pela resistência ao sem-sentido de uma sociedade globalmente mercantilizada, na qual tudo é passível de se transformar em lucro, com relações e valores sociais vinculados à acumulação de capital. Com o advento do processo de globalização, há certa angústia referente à incorporação de novos fluxos culturais e uma possível homogeneização da cultura (Haesbaert, 1999; Hall, 2005).

Warnier (2000) acredita que essa fragmentação e essa dispersão das referências culturais são o verdadeiro problema das sociedades contemporâneas, mais do que a homogeneização dessas referências. O autor discute a mundialização da cultura, que uns defendem como a democratização das informações, em contraponto aos que defendem a permanência de peculiaridades regionais. Para o teórico, as culturas antigas são transmitidas pela tradição, ao passo que a cultura industrial, fruto do desenvolvimento industrial, se intromete nas culturas-tradições, transformando-as e, às vezes, destruindo-as em prol da inovação.

A indústria cultural tem uma potência na difusão. Trabalha para o mercado, uma vez que se fundamenta no modo de produção capitalista; mercantiliza a cultura, transformando o criador em trabalhador e a cultura em produtos culturais. Além disso, por serem fabricados em série, os produtos industrializados têm um custo de produção e de mão de obra muito mais barato. Assim, a competição entre as indústrias e a produção local torna-se desigual, tendo em vista que, na produção local, o que conta é a tradição, os ritos (Warnier, 2000).

Canclini (2010) problematiza a discussão em termos de consumidores e cidadãos. Para ele, a função das indústrias culturais não é só a de homogeneizar as diferenças. Em tempos de comunicações eletrônicas, as migrações e a globalização dos mercados complicam como nunca a coexistência entre os povos.

Síntese

Neste capítulo, vimos que o interesse sobre as questões culturais não fica restrito ao debate intelectual. A cultura faz parte de várias instâncias da vida cotidiana e, justamente por isso, compreendê-la na contemporaneidade é um desafio, em especial por estar associada às intensas e rápidas transformações sociais.

O consumo cultural e a mercantilização da cultura estão intimamente relacionados com a produção dos espaços, que segue uma lógica econômica, com impacto direto no modo de vida das pessoas, transformando suas práticas culturais, as formas de sociabilidade e a preservação das manifestações culturais. Conforme indicamos, o turismo desempenha um papel relevante na transformação e no consumo dos lugares, processo no qual a cultura se insere segundo os interesses de diferentes atores.

Considerando-se os aspectos mencionados, alguns veem que está em curso um processo de homogeneização cultural. O debate sobre o conceito de identidade contribui para o entendimento desse processo, bem como a concepção de reinvenção das tradições. Assim, neste capítulo, buscamos problematizar as questões teóricas e conceituais discutidas até este ponto tendo em vista a práxis, isto é, aquilo que vemos em nosso cotidiano.

Atividades de autoavaliação

1. Para Hall (2005), as consequências do processo de homogeneização sobre as identidades culturais são:
   a) desintegração, reforço pela resistência à globalização e declínio, com novas identidades (híbridas) tomando seu lugar.
   b) desfragmentação cultural, mudanças de hábitos comportamentais e invasões territoriais.
   c) identidade unificada, mundialização da cultura e industrialização de bens culturais.
   d) heterogeneização cultural, segregação socioespacial e novas identificações.

2. O turismo é uma questão importante para entender a cultura e seus desafios na contemporaneidade. Considerando esse contexto, Luchiari (1998) discute a urbanização turística. Com relação a esse conceito, podemos afirmar que, na visão da autora:
   a) a urbanização turística oferece, por um lado, a democratização das informações e, por outro, a permanência de peculiaridades regionais.
   b) a criação destrutiva da urbanização turística desafia a todo instante a sobrevivência de antigas paisagens e a resistência do lugar.

c) a urbanização turística oferece quadros de referência que dão ancoragem estável aos indivíduos no mundo social.

d) pautada na integração das culturais locais, a urbanização turística tem como foco a preservação das práticas tradicionais, sem motivações econômicas.

3. Neste capítulo, discutimos a relação entre cultura e identidade na contemporaneidade. De acordo com Bauman (2013), em tempos líquido-modernos, a cultura tem servido para um mercado de consumo orientado para a rotatividade. A esse respeito, podemos afirmar que:

a) a fragmentação e a dispersão das referências culturais não são o verdadeiro problema das sociedades contemporâneas, uma vez que o mercado de consumo estimula a permanência de peculiaridades regionais.

b) o desenvolvimento industrial incentiva as culturas-tradições e o interesse não é sua transformação nem a geração de renda em prol da inovação.

c) o mercado compete pela atenção, buscando clientes para seduzir e transformando as pessoas em consumidores.

d) a comercialização de bens culturais tem um papel importante na economia, mas as tradições, as identidades, as manifestações culturais e outras práticas culturais não são transformadas em função do mercado de consumo.

4. Com relação à discussão da cultura na contemporaneidade, Warnier (2000) utiliza um termo para problematizar, por um lado, a democratização das informações e, por outro, a permanência de peculiaridades regionais. Qual é o termo utilizado pelo autor?

a) Territorialidade cultural.

b) Indústria cultural.

c) Mundialização da cultura.
d) Urbanização turística.

5. Neste capítulo, destacamos a relevância da compreensão da produção do espaço, dando como exemplo o espaço urbano, a fim de demonstrar como as questões culturais estão envolvidas nesse processo. Considerando a lógica da produção do espaço e sua relação com a cultura, assinale a alternativa correta:

   a) Ao mesmo tempo que se investe em infraestrutura em determinados espaços de interesse, outros são negligenciados, perpetuando-se a lógica de segregação espacial, marginalização social e fragmentação do espaço, entre outros processos sociais e espaciais.

   b) A produção do espaço material não tem influência nas questões culturais, uma vez que a cultura diz respeito somente à condição imaterial, ao saber-fazer.

   c) A urbanização se restringe à infraestrutura urbana e não incide na vida cotidiana, nas formas de sociabilidade, nas relações de vizinhança, nos hábitos e nos interesses.

   d) A análise do urbano pode ser realizada em várias dimensões, embora a questão cultural não seja relevante, pois a cultura e o patrimônio cultural não são elementos representativos para a sociedade.

Atividades de aprendizagem

Questões para reflexão

1. Nos últimos tempos, em um cenário de acesso à internet e às redes sociais, tem se ampliado a discussão a respeito do chamado *algoritmo*, que nada mais é que a ampliação da inteligência artificial. Com base no uso cotidiano das redes sociais,

o algoritmo cria um círculo de interesses direcionados a você, de acordo com o conteúdo que você compartilha, curte, comenta, isto é, de acordo com sua interação. Assim, nos denominados *feeds*, aparece aquilo que mais tem a ver com o que o algoritmo acredita que seja de seu gosto, o que inclui notícias diárias, posição política, plataformas de *streaming*, entre outros conteúdos. O que se discute é que esse algoritmo está relacionado também ao consumo cultural e poderia "fechar o cerco" de nossos gostos e interesses, empobrecendo nosso acesso a outros círculos culturais diferentes daqueles que consumimos normalmente, além de incidir em nossas diferenciações sociais. Você já parou para pensar que talvez esteja vivendo em uma "bolha" cultural, conhecendo, consumindo, lendo e interagindo somente no mesmo círculo cultural, de acordo com os *likes* que você dá? Reflita sobre quais são seus círculos culturais nas redes sociais e sobre que informações recorrentes chegam até esses círculos.

2. O que é a cidade? O que é viver a cidade? Temos uma cultura urbana? Como essa cultura se expressa? Esses são alguns questionamentos que podemos propor para refletir sobre a urbanização e seus impactos nas práticas culturais. Você já pensou, por exemplo, que a arte de rua – o grafite, o pixo, os músicos de rua, entre outras manifestações – faz parte da cultura da cidade? No entanto, são vários os conflitos que envolvem essas práticas culturais e as resistências para que essas manifestações possam continuar existindo, o que reforça a discussão feita sobre elas.
Para refletir sobre a questão, assista ao documentário *A causa é legítima* (2016), que problematiza a Batalha da Alfândega – duelo de rimas que ocorre todas as quintas-feiras, às 19h,

no Largo da Alfândega, no Centro de Florianópolis – e a ocupação dos espaços públicos por grupos culturais de "resistência". O documentário propõe a discussão sobre o direito à cidade e a ocupação dos espaços públicos como uma das muitas formas de pertencimento e permanência das pessoas na cidade.

A CAUSA é legítima: a Batalha da Alfândega é o direito à cidade. Direção: Ricardo Pessetti. Florianópolis, 2016. 41 min. Disponível em: <https://libreflix.org/i/a-causa-e-legitima>. Acesso em: 6 nov. 2024.

Atividade aplicada: prática

1. Pesquise sobre os projetos urbanos e turísticos da cidade onde você mora. É possível encontrar essas informações nas prefeituras municipais, por exemplo. Investigue o processo de urbanização da cidade e o modo como a questão turística foi inserida nesse processo. Procure saber, por exemplo, se algum projeto turístico teve impactos ambientais ou se foi necessária a desapropriação de moradores para que ele fosse executado. Verifique, ainda, quais práticas culturais mencionadas neste livro, como os patrimônios material ou imaterial, aparecem em propagandas turísticas da cidade onde você reside. Essas informações costumam ser divulgadas em fôlderes ou agências de turismo. Faça essa pesquisa exploratória e correlacione as informações com os conteúdos que discutimos até aqui.

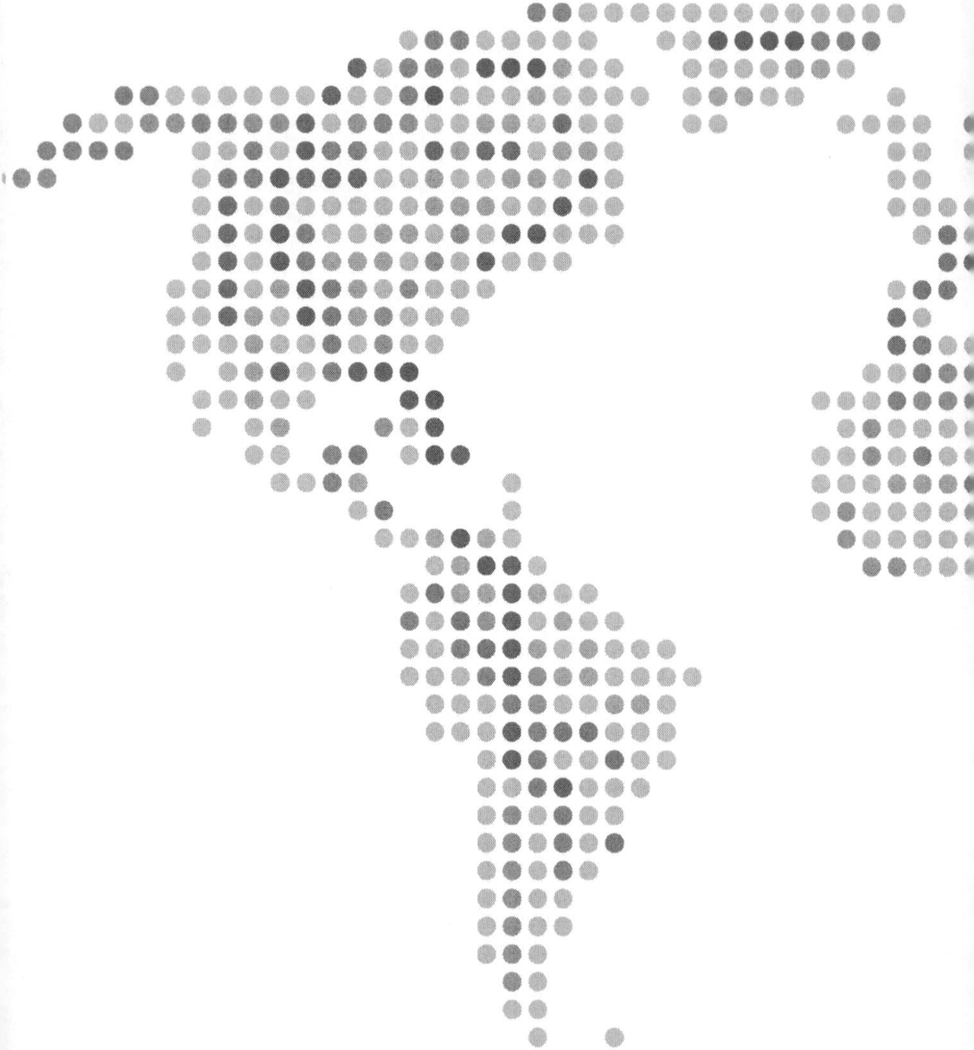

6

Outras geografias: novas perspectivas para os estudos culturais

Neste capítulo, o objetivo é apresentar algumas perspectivas que podem ser consideradas novas na geografia e que, às vezes, são negligenciadas, porque abordam temas desafiadores, mas ao mesmo tempo necessários para o entendimento de nossa relação com os espaços e com as outras pessoas.

Esses temas são considerados marginais na geografia, principalmente porque incluem um debate subjetivo e metodologias qualitativas. Entre eles, destacamos a questão de gênero e os papéis sociais que são construídos em função dela; a relação das emoções com nossas experiências espaciais e a construção de nossas geografias emocionais; o debate sobre as diferentes formas de arte (pintura, música, grafite, literatura, entre outras) e a maneira como tais práticas artísticas podem ser compreendidas em termos espaciais; a relação entre a religião e os espaços sagrados e as manifestações espaciais que envolvem peregrinações, romarias e festas de cunho religioso; e, por fim, a discussão mais recente sobre as teorias mais-que-representacionais e as geografias mais-que-humanas, tendo em vista conceitos como atmosferas afetivas, ritmos e movimentos.

O intuito é apresentar alguns temas do debate contemporâneo, considerando-se como tais temas têm sido discutidos segundo um olhar geográfico, especialmente com os aportes da geografia cultural examinados anteriormente. Vimos até aqui diferentes temas de interesse dessa área da geografia; agora, analisaremos algumas discussões que provocam uma repensar epistemológico e metodológico na geografia, necessárias para compreender os desafios da contemporaneidade e para ampliar o escopo dos debates culturais na área.

6

6.1 Geografias marginais

Algumas pessoas podem achar que os estudos geográficos se limitam a rios, mapas e climas. Essa visão é muito comum, mas você já parou para pensar na diversidade da vida e das práticas cotidianas, bem como no fato de que muitos temas podem ser compreendidos considerando-se a questão espacial?

Em todo debate científico, há determinadas questões que acabam ganhando mais campo para discussão, em razão das inquietações e desafios aos quais estão associadas, do contexto em que se desenvolvem ou da importância que a sociedade como um todo lhes confere. Na contemporaneidade, podemos citar, por exemplo, os debates relacionados às questões ambientais (mudanças climáticas, poluição das águas, desmatamentos, extinção de fauna e flora, produção de gases poluentes, entre outras) e às questões econômicas (industrialização, geração de empregos, produção de bens etc.).

Alguns temas, no entanto, são tratados como tabu não só pela sociedade, mas também nas esferas acadêmica e científica. Esses temas, por vezes, são vistos como menos importantes ou, o que é pior, são abordados com preconceito, porque, além de levantarem discussões polêmicas, demandam metodologias de análise que não condizem com as metodologias mais tradicionais empregadas pela ciência. Tais debates são considerados marginais, isto é, ficam na periferia da produção científica, o que não significa que sejam menos importantes, mas sim que são negligenciados.

Na geografia isso também ocorre. Alguns autores concordam que existem as chamadas *geografias marginais*, que são temas de grande relevância para a ciência e para a sociedade, mas que, na visão tradicional da geografia, não poderiam ser discutidos em termos geográficos, cabendo a outros campos do conhecimento, como algumas áreas das ciências humanas e sociais (antropologia e sociologia, por exemplo). Os geógrafos que inserem esses temas no debate geográfico buscam compreender a discussão em termos espaciais, isto é, compreender de que maneira tais assuntos também fazem parte de nossas experiências espaciais cotidianas. Alguns desses assuntos incluem os debates sobre gênero, religião, artes visuais, emoções, alimentação, sons, cheiros, entre outros. Trata-se de temas que comumente são discutidos na geografia cultural e na geografia humanista.

Kozel (2013), ao traçar um panorama sobre as geografias marginais no Brasil, aponta que o aporte teórico e metodológico dessas pesquisas vem da hermenêutica, da fenomenologia e do existencialismo e que elas buscam fazer análises espaciais provenientes das subjetividades relacionadas às percepções e representações sociais e culturais. Geralmente, tais trabalhos são enquadrados na categoria *outros* em alguns órgãos de pesquisa e fomento da produção científica brasileira, o que revela a marginalidade do debate. Conforme a autora, com o foco no corpo/sujeito e no diálogo entre as pessoas e o meio, chamado de *intersubjetividade*, alguns temas de interesse dessas geografias marginais versam sobre o estudo e a percepção da paisagem, a paisagem cultural e a busca dos significados do lugar. O foco está no ser humano e nas múltiplas experiências cotidianas que se desenrolam em diferentes espacialidades construídas.

Sobre isso, Kozel (2012) cita como exemplo a geografia dos odores, entendendo que a percepção do espaço geográfico não se limita ao sentido da visão. A geografia dos odores contribui, por exemplo, para o entendimento da relação entre o cheiro dos lugares e a localização das atividades humanas agrícolas e industriais, isto é, o papel que os odores desempenham na diferenciação dos territórios, permitindo entender a relação que se estabelece com os odores ao se analisar determinado espaço. Para a teórica, o "odor pode estar relacionado com o ambiente físico, com o psicológico, com aspectos culturais, enfim na interface da fisiologia, psicologia, cultura e linguística, assim pode-se dizer que o cheiro tem a sua geografia" (Kozel, 2012, p. 70).

A seguir, apresentaremos alguns desses debates que são considerados marginais na geografia. Como já ressaltamos, embora sejam marginalizados, tais assuntos não são menos relevantes, muito pelo contrário, mas infelizmente, em virtude do percurso histórico da ciência e mais especificamente da geografia, foram negligenciados. Felizmente, alguns teóricos no Brasil e no mundo estão se preocupando com essas questões e mostrando a possibilidade de serem discutidas segundo as categorias geográficas que trabalhamos anteriormente.

6.2 Geografia e gênero

O debate sobre a questão de gênero é bastante complexo e tem despertado interesse nos últimos tempos. Na geografia, várias são as frentes de discussão sobre o assunto, as quais são divididas em **geografia e gênero** e **geografia e sexualidade**. Nessa perspectiva, são abordados temas como a construção de papéis sociais relacionados ao gênero – como o papel das mulheres e dos homens na sociedade –, os movimentos sociais de lésbicas, *gays*, travestis e transexuais, a teoria *queer*, entre outros. Os estudos sobre esses temas mostram a importância de compreender como nossa sociedade é estruturada em termos de gênero e sexualidade e como são constituídas as diferentes espacialidades presentes em nosso cotidiano em função dessa estrutura.

A visão comum entre os pesquisadores que discutem esses temas é a de que nossa sociedade é masculina, heteronormativa e branca, estabelecendo-se uma imposição sobre os corpos de acordo com esse padrão determinado como "normal". Assim, as pessoas que não se enquadram nessa estrutura e não se identificam com ela sofrem intenso preconceito, sendo, por vezes, consideradas doentes ou fora do padrão imposto. De maneira geral, o sexo é entendido como gênero, de modo que se enquadra a sociedade (ocidental) em uma única divisão: a divisão binária entre masculino e feminino, homem e mulher, macho e fêmea, de acordo com sua anatomia.

> Determinados corpos são marcados identitariamente como sendo diferentes ou marginais, e estando associados a espaços particulares, enquanto outros são considerados normais e muitas vezes colocando-se como neutros no discurso dominante. Isto tem se mostrado a partir da justaposição entre sexualidade, gênero e espaço, na simultânea associação entre sexualidade/corpo e seu monitoramento. O corpo tem se colocado como um espaço social e político, indo além de um espaço biológico. (Ornat, 2008, p. 318-319)

Um debate importante sobre o tema é a **discussão feminista**, que questiona o papel da mulher na sociedade. Na geografia, a questão tem sido discutida desde a década de 1970 no contexto da geografia feminista, em especial no âmbito do debate anglo-saxão. Tal perspectiva, entretanto, já estava na pauta de muitos movimentos antes disso, como na discussão sobre a questão do voto e as condições de trabalho das mulheres nas fábricas, nas lavouras e em outros espaços, com a organização de vários movimentos que denunciavam a opressão às mulheres, primando pela igualdade com relação aos homens no século XIX.

Você já parou para pensar que tipo de espaço é comumente designado às mulheres? Trata-se do espaço doméstico, considerado um espaço privado, no qual as mulheres são responsabilizadas pelo cuidado dos filhos, da casa, da alimentação (incluindo compras no supermercado), das roupas e da saúde da família. Por outro lado, o papel que o homem tem no espaço público permite, por exemplo, que ele se vista com qualquer tipo de roupa, sem se preocupar em ser assediado.

Você acredita que esses papéis desempenhados em função do gênero são naturais? Que, por exemplo, todas as mulheres têm instinto maternal e todos os homens são naturalmente mais agressivos? O fato é que esses papéis são construções culturais e sociais, por isso homens e mulheres desempenham distintas espacialidades e temporalidades em virtude da imposição dos papéis de gênero. Se esses papéis são construções sociais e culturais, eles também podem ser desconstruídos e analisados de maneira mais crítica e reflexiva, porque naturalizá-los perpetua certos estigmas que causam preconceitos, violência e desigualdades.

A abordagem geográfica se caracteriza por uma invisibilidade das mulheres na organização do espaço, seja em razão de seu papel na sociedade como um todo, seja em razão do espaço que ocupam na produção do conhecimento científico. De acordo com Silva (2003), a geografia é hegemonicamente masculina, sendo os homens os que mais têm produzido e se beneficiado do avanço da ciência, configurando-se um contexto de androcentrismo na produção do conhecimento, em que as mulheres são invisibilizadas na produção do espaço.

Com a renovação da geografia cultural, em especial a partir da década de 1970, alguns temas deixados de lado até então foram incorporados por alguns teóricos que buscavam compreender a produção do espaço em outros termos que não somente econômicos e/ou políticos. A geografia feminista destacou que as relações de poder construídas na sociedade dizem respeito às questões espaciais e às hierarquias sociais em função da condição de gênero[i]. Sobre isso, de acordo com Silva (2003, p. 36), não há uma forma específica para fazer geografia feminista, mas

> o ponto central dos estudos geográficos através desta perspectiva é o argumento de que mulheres e homens têm se posicionado diferentemente no mundo e, sendo assim, suas relações com os lugares são diferentes também. Além disso, essas diferenças são resultado de um conjunto de elementos reveladores da opressão das mulheres pelos homens em diferentes lugares e em diferentes tempos. A visão da construção social da feminilidade e da masculinidade posicionou os estudos geográficos para além da busca pela objetividade científica e, assim, o conjunto de relações socioespaciais, os significados dos lugares e a explanação sobre eles, são múltiplos, mutáveis e multidimensionais.

Embora, muitas vezes, o foco recaia sobre a questão da mulher, é importante salientar que o papel do homem e da **masculinidade** também é uma construção social e cultural, um papel decisivo na questão da opressão das mulheres. O documentário *The Mask You Live in* (2015), dirigido por Jennifer Siebel Newsom,

---

i. O debate está tão atual que podemos citar alguns movimentos que ganharam força nos últimos tempos, como #MeToo, #MeuPrimeiroAssedio e Time's Up.

debate a imposição de um modelo de masculinidade a ser seguido pelos homens, desde crianças, que inclui a ideia de "macho-alfa" e atitudes violentas.

No documentário, frases como "Não aja como mulherzinha", "Engula o choro", "Sentimento é coisa de mulher", "Isso é coisa de viado", "Controle suas emoções" são colocadas como parte do universo de construção da masculinidade, em que os meninos, desde crianças, são condicionados a viver em um mundo de violência (muitos brinquedos direcionados a esse público são relacionados a isso), de opressão da mulher e de omissão daquilo que sentem (porque demonstrar sentimentos é coisa de "menininha"). Isso revela o estereótipo que estamos construindo e legitimando para os meninos, o qual leva a uma sociedade violenta, em que muitos desses meninos não conseguem resolver problemas pessoais pelo simples fato de não poderem manifestar o que sentem.

Os papéis de gênero fazem parte de uma construção estrutural a que nossa sociedade está condicionada, que reforça o papel do homem como aquele que inferioriza e objetifica as mulheres, as quais são condicionadas em todos os aspectos da vida a servi-los.

Os espaços construídos também refletem esses estereótipos de **lugares femininos e masculinos** (salão de beleza é para mulher, bar é para homem).

Segundo Ornat e Silva (2007, p. 181), os papéis de gênero são

> predefinidos socialmente para os sujeitos diferenciados espaço/temporalmente, ditando normas de comportamento do corpo feminino e masculino. Esta construção cultural dos papéis de gênero é constantemente tensionada, pois é através das ações que tais papéis são ressignificados cotidianamente, estruturados em relações de antagonismos e complementaridades.

Os autores problematizam a acessibilidade diferencial de homens e mulheres ao espaço urbano, contribuindo para a análise da fragmentação, da segregação e dos conflitos no acesso ao espaço da cidade. Nessa análise da questão de gênero, é preciso levar em consideração uma rede multidimensional de sociabilidades, que tem as próprias espacialidades, tendo em vista que a diferença entre os deslocamentos femininos e masculinos não está apenas associada aos níveis de renda, mas também aos papéis de gênero.

> Homens e mulheres desenvolvem espacialidades urbanas diferenciadas. Admite-se esta diferenciação relacional como uma construção cultural, concebida internamente a cada grupo social, onde os deslocamentos de pessoas no urbano são atravessados pelas construções de gênero. A desigualdade substantiva existente entre homens e mulheres é fomentada pela instituição diferencial dos papéis de gênero. (Ornat; Silva, 2007, p. 180)

No estudo realizado por Ornat e Silva (2007) na cidade de Ponta Grossa, no Paraná, foi confirmado que o deslocamento de moradores de dois bairros da cidade, além das questões econômicas, envolve questões de gênero. No caso das mulheres, esse deslocamento está ligado à reprodução familiar, como fazer compras, pagar contas e levar filhos à escola e ao médico; já no caso dos homens, os deslocamentos estão atrelados à reprodução econômica do lar e ao trabalho. Para os autores,

> Os destinos que se buscam com os deslocamentos, além de se relacionar com a questão do acesso ao que é produzido no espaço urbano, estão ligados à

construção cultural dos papéis de gênero nos respectivos grupos sociais. Mulheres e homens possuem destinos específicos de deslocamento referenciados nestes papéis [...]. (Ornat; Silva, 2007, p. 183)

Na discussão sobre gênero, é comum levar em conta o sexo relacionado à questão biológica do corpo, isto é, aos aparelhos reprodutores do macho e da fêmea, que acabam determinando a visão de gênero e os papéis sociais desempenhados por esses corpos, bem como a noção de desejo que os envolve. Tal noção binária não leva em consideração a complexidade da vida e o fato de que nem todas as pessoas se reconhecem nessa divisão ou nos papéis que a elas são atribuídos – como o de mãe, no caso das mulheres, e o de alguém que não pode demonstrar sentimentos, no caso dos homens.

O debate sobre gênero e sexualidade na geografia inclui ainda outros temas, como o território, a prostituição, a violência e a vivência de travestis; a vivência *gay* no espaço urbano; os espaços de masculinidade; gênero e racismo; o cotidiano escolar e a questão de gênero; a construção do conhecimento e os discursos masculinos e heteronormativos. Aqui a intenção é dar visibilidade ao assunto e instigar o aprofundamento desse debate, o qual tem se mostrado bastante fértil em discussões de cunho cultural na geografia.

6.3 Geografia das emoções: experiências emocionais e espaciais

Pense em seu cotidiano, em seus percursos diários, nos locais onde você já morou, nas cidades que já visitou e em outros lugares que fazem ou fizeram parte de seu mundo vivenciado. Algum desses lugares já lhe despertou algum tipo de sensação difícil de explicar? Por exemplo, em determinada cidade que visitou, você teve um sentimento de bem-estar, de já ter vivido naquele lugar, de familiaridade ou intimidade? Ou, em determinado trecho de seu percurso diário, já sentiu medo, angústia, ansiedade por ter presenciado algum evento ou algum caso de violência? Essas questões são parte do interesse da geografia das emoções[ii], que busca compreender a relação emocional que as pessoas têm com os espaços.

Como as emoções podem ser compreendidas em termos espaciais? Elas fazem parte da construção de nossas espacialidades? De que maneira é possível introduzir a dimensão subjetiva na geografia? Como compreender o espaço geográfico com base nas vivências e experiências mais íntimas das pessoas? Essas são algumas das indagações dos pesquisadores que se interessam pela discussão da geografia das emoções.

Nós criamos laços emocionais com as pessoas e com os lugares que fazem parte de nosso cotidiano, porque não somos passivos nessa relação; compreendemos o mundo com base em nossas percepções, que integram também nossos contextos culturais. Assim, construímos um olhar sobre esse mundo, que é mediado por nossas experiências emocionais; como condição para essa

---

[ii]. Também conhecida como *geografias emocionais*.

experiência, temos nosso corpo, que, ao mesmo tempo, é afetado pela relação com os espaços.

É importante salientar que o debate sobre a questão emotiva e afetiva não é novo na geografia. Os primeiros relatos de viajantes, por exemplo, que serviram como base, entre outros fins, para as análises espaciais da geografia, estão repletos de interpretações, percepções e descrições emotivas sobre as paisagens vislumbradas[iii].

A discussão sobre as emoções é tema de interesse de diferentes áreas do conhecimento, como a filosofia, a antropologia, a sociologia, a neurociência, a psicologia e a história. Assim, é difícil usar apenas uma definição para as emoções, visto que cada uma dessas áreas analisa o conceito segundo determinados pontos de partida e diferentes perspectivas. A geografia utiliza algumas dessas definições para promover o debate da geografia das emoções, sempre tendo em vista a questão espacial que envolve as emoções. O foco, portanto, é entender como as emoções possibilitam a construção de diferentes espacialidades, isto é, de distintas formas de nos relacionarmos com o mundo em termos espaciais.

O debate interdisciplinar revela-se pertinente para a geografia das emoções, levando-se em consideração esse desafio de conceituar as emoções. É justamente esse desafio que faz com que algumas áreas mais "tradicionais" da geografia, advindas de uma

---

iii. "Convém ressaltar aqui que no século XVIII, de onde surgirá a primeira geografia científica, existe uma geografia sentimental e emotiva que, amplificada pela imaginação, tende para a expressão literária. A geografia como experiência afetiva e desfrute estético torna-se uma expressão do homem com Bernadin de Saint-Pierre, com Rousseau, precedendo Chateaubriand. Ferido pela sociedade, decepcionado com a condescendência moral do século, o homem se volta para a natureza, para o exotismo, para encontrar uma resposta a suas inquietações, um complemento para sua incompletude. Porém essa natureza exterior, próxima ou distante, ele a procura e a vê através da afetividade: prazer da solidão, sentimento de melancolia e de mistério, religiosidade à flor da pele. Nesse sentido, a geografia como 'oxigênio da alma' é uma das formas de humanismo" (Dardel, 2015, p. 82).

visão mais positivista sobre a disciplina, questionem a inserção de um tema pouco "palpável" e visível, uma vez que é difícil discutir as emoções em termos quantitativos.

Alguns pesquisadores perceberam a necessidade de compreender a dimensão emocional de nossas experiências espaciais, propondo-se a debater o que são as emoções, como fazem parte da mediação de nossa relação com o mundo e de que maneira experimentamos diferentes emoções, em diferentes contextos e espaços geográficos.

A geografia das emoções é um campo recente que tem se destacado principalmente nas duas últimas décadas. Trata-se de uma subárea que retoma alguns temas já propostos pela geografia, em especial a geografia humanista, mas contemplando de maneira mais contundente a questão das emoções. Algumas perspectivas do debate caminham na geografia feminista, na geografia não representacional (ou mais-que-representacional, conforme demonstraremos mais adiante) e na geografia humanista, tendo como contribuições distintas bases filosóficas, como a fenomenologia, o existencialismo e a hermenêutica. Do ponto de vista metodológico, é possível compreender as emoções por meio de metodologias de pesquisa qualitativa, como entrevistas, grupo focal, história oral e uso de fotografias – abordaremos esse tema de maneira mais aprofundada no último capítulo.

Conforme Gregory et al. (2009, p. 188, tradução nossa)[iv], a geografia emocional é "o estudo da relação dinâmica e recursiva entre emoções e lugar ou espaço. A geografia emocional inclui diversas maneiras de entender as várias topologias e topografias da emoção".

---

iv. "The study of the dynamic, recursive relation between emotions and place or space. Emotional geography includes diverse ways of understanding the differential topologies and topographies of emotion."

De acordo com Bondi, Davidson e Smith (2007), as geografias emocionais de nossa vida são dinâmicas, pois afetam nossas diferentes fases temporais e expandem nossos horizontes; portanto, fazem parte de nossas interpretações e compreensões de mundo, em termos de espacialidades e temporalidades. Para os autores, grande parte da importância simbólica dos lugares deriva de associações emocionais e sentimentos que inspiram admiração, pavor, preocupação, perda ou amor.

Estudar as emoções é um desafio, porque elas não são fáceis de serem observadas e mapeadas, o que revela a importância de ultrapassar as fronteiras disciplinares e investir em diferentes metodologias para discutir o assunto.

> Em determinados tempos e em determinados lugares, há momentos em que as vidas são tão explicitamente vivenciadas pela dor, pelo luto, pela euforia, pela raiva, pelo amor e assim por diante, que o poder das relações emocionais não pode ser ignorado (e pode ser facilmente reconhecido). A tentativa de habitar esses espaços explicitamente emocionais contrasta com modelos mais convencionais de pesquisa social cujos cenários são selecionados para iluminar o comportamento político, a racionalidade econômica, as relações de classe e assim por diante – áreas da vida pública cujo conteúdo emocional é geralmente (deliberadamente) minimizado.[v] (Anderson; Smith, 2001, p. 3, tradução nossa)

---

[v] "At particular times and in particular places, there are moments where lives are so explicitly lived through pain, bereavement, elation, anger, love and so on that the power of emotional relations cannot be ignored (and can readily be appreciated). Attempting to inhabit these explicitly emotional spaces contrasts with more conventional models of social research whose settings are selected to cast light on political behavior, economic rationality, class relations and so on – areas of public life whose emotional content is usually (deliberately) played down."

Como explica Silva (2018, p. 76),

> A Geografia das Emoções é "uma geografia do espírito, dos sentimentos, mas também dos sentidos, dedicada às modalidades sensoriais que integram a nossa experiência no mundo" (Andreotti, 2013, p. 101). A teórica considera que tal perspectiva favorece atenção às emoções, aos sentimentos e às sensações como fontes de conhecimentos e representações do espaço geográfico para além da racionalidade científica. Valoriza a diversidade dos sentimentos e sentidos, acentuando tonalidades, espaços e tempos, portanto, privilegia a polifonia que anima a vida.

Alguns dos temas de interesse são o mundo vivido, os espaços do cotidiano, os lugares de memória e os significados atribuídos aos lugares. Nesse sentido, são valorizados temas que não podem ser debatidos segundo um racionalismo lógico, mas de acordo com a experiência de mundo das pessoas, em suas relações com os lugares e com outras pessoas.

Nogué (2009, p. 22, tradução nossa) acredita que

> experimentamos emoções específicas em distintos contextos geográficos e vivemos emocionalmente as paisagens porque estas não são só materialmente tangíveis, mas também construções sociais e culturais impregnadas de um denso conteúdo intangível, frequentemente só acessíveis através do universo das emoções.[vi]

[vi] "Experimentamos emociones específicas en distintos contextos geográficos y vivimos emocionalmente los paisajes porque estos no son sólo materialidades tangibles, sino también construcciones sociales y culturales impregnadas de un denso contenido intangible, a menudo solamente accesible a través del universo de las emociones."

Na visão do teórico, os cantos da cidade, bem como outros cantos, podem se tornar lugares cheios de significado que incorporam a experiência e as aspirações das pessoas, evocam memórias e expressam pensamentos, ideias e emoções diferentes, uma vez que, antes de qualquer coisa, são espaços existenciais, por meio dos quais damos sentido ao mundo e agimos no mundo. Os lugares são como raízes, essenciais para nossa estabilidade emocional, porque nos ligamos a eles e nos sentimos parte deles. São, pois, ponto de contato e interação do eu com o mundo, fazendo parte de nossas experiências individuais e coletivas.

A geografia das emoções pode despertar a percepção da importância da **dimensão sensível** na compreensão dos espaços, dimensão fundamental para compreender nossas **relações intersubjetivas**. Mostra-se como um desafio metodológico, o que revela a necessidade de reflexão sobre nossas práticas de construção do conhecimento e a urgência do diálogo com outras áreas, cuja prática foi deixada de lado em virtude da hiperespecialização do conhecimento científico.

É possível inserir diferentes debates no campo das emoções, como a questão do medo das mulheres na vida cotidiana em virtude da questão de gênero; o medo de pessoas marginalizadas, como a comunidade LGBTQIA+, negros e moradores de periferia; as transformações vivenciadas pelos idosos no acesso ao espaço da cidade; a relação emocional que os indivíduos podem ter com determinada praça da cidade, comumente um espaço público de importante sociabilidade; a relação que as pessoas têm com a própria casa, vista como lar, lugar de abrigo, de muitas memórias e vivências cotidianas.

Para Luna e Valverde (2009), a indagação sobre as emoções contribui para o entendimento da relação das pessoas com o mundo segundo outra perspectiva, porque projetamos emoções sobre as paisagens, ao mesmo tempo que as paisagens nos comovem e despertam em nós respostas emocionais.

> Tristeza, alegria, nostalgia, medo e surpresa fazem parte da teia de emoções em que se desdobra nossa vida cotidiana. Elas aparecem sem uma causa direta que as provoque: elas simplesmente são, nós as reconhecemos e as assimilamos. Às vezes são emoções que se referem a memórias de um passado mais ou menos remoto, e podemos reproduzir odores, sons e sensações do passado. Em outras ocasiões, inversamente, a simples visão de uma fotografia, o som de uma canção, o gosto do vinho ou o cheiro da chuva nos lembram daquele momento e da alegria, nostalgia ou qualquer outra emoção que temos associada a essa memória.[vii] (Luna; Valverde, 2009, p. 6, tradução nossa)

Conforme os autores, nós nos deixamos invadir pelas emoções ao observar uma paisagem real ou imaginária, na contemplação de lugares e também de suas representações por meio da pintura, da literatura, da fotografia ou do cinema.

---

vii. "Tristeza, alegría, nostalgia, miedo, sorpresa, son parte de la trama de emociones sobre la que se despliega nuestra vida diaria. Aparecen sin que exista una causa directa que las provoque: simplemente están, las reconocemos y las asimilamos. A veces son emociones que remiten a recuerdos de un pasado más o menos remoto, y podemos reproducir olores, sonidos y sensaciones de antaño. En otras ocasiones, a la inversa, la simple visión de una fotografía, el sonido de una canción, el sabor del vino o el olor de la lluvia nos hacen rememorar a la par ese momento y la alegría, la nostalgia o cualquier otra emoción que tenemos asociada a ese recuerdo."

6.4 Geografia e(é) arte

A discussão sobre a arte na geografia não é nova. Os mapas, por exemplo, em diferentes contextos históricos, além de representarem os espaços conhecidos e os que estavam sendo descobertos, como importantes fontes primárias de conhecimento, também eram verdadeiras obras de arte em que se utilizavam diferentes técnicas e ferramentas para representar esses lugares.

A relação da geografia com a arte é permeada por questões emocionais. A arte é movimento. Quando pensamos do ponto de vista geográfico, a arte é mais do que representação: é um modo de experienciar o espaço. Produzimos arte quando nos deslocamos, vemos cenários, usamos a imaginação, apreciamos as paisagens. A ideia de arte aqui considerada vai além das concepções clássicas, que a associam à questão estética e a determinadas regras e normas. Arte é sentir.

A geografia se caracteriza como uma ciência visual. No entanto, com o avanço de outras dimensões nos campos da geografia cultural e da geografia humanista, outros elementos são colocados como necessários para compreender nossa relação com o espaço. Entre eles estão os cheiros, os gostos e os sons, que constituem uma verdadeira geopoética das paisagens, inserindo-se no que chamamos de *geografias marginais* – a relação entre geografia e arte se enquadra nesse contexto.

Essa relação não se estabelece apenas com as artes visuais, pois inclui todas as dimensões dos sentidos que podem contribuir para a compreensão do espaço geográfico, das paisagens, dos lugares, dos territórios e das regiões, envolvendo a arte em suas múltiplas dimensões: na música, no grafite, na alimentação, no cheiro da natureza. Kozel (2013, p. 68) afirma que pensar a paisagem nessa perspectiva não é vê-la, por exemplo, como "o retrato fotográfico nem uma tela pintada de um espaço geográfico qualquer – existem inúmeras maneiras de representá-la, uma vez que também são inúmeras as percepções, valores e as significações de quem vive e capta essa paisagem".

Outro exemplo disso são as paisagens sonoras, compostas não só de elementos naturais (como os sons da natureza), mas também daqueles criados pelas pessoas no mundo da cultura, como a música. Segundo Torres (2009, p. 50),

> A paisagem sonora é cultural, pois reflete a identidade de um lugar e de seus habitantes. Os sons dos animais e dos fenômenos da natureza não se repetem em todos os lugares da mesma forma. Os sons do trânsito possuem, além dos sons dos motores, códigos que são específicos em cada grupo social. As buzinas podem ser sons agressivos em uma localidade, enquanto em outra é encarado [sic] de maneira natural. Sons da construção civil podem ser tolerados até tarde da noite em algumas localidades, enquanto em outras são estabelecidas leis ou critérios para que não ultrapassem os horários comerciais. Uma festa pode durar uma noite inteira em certos lugares, ao som de músicas em alto volume, conversas e risadas, enquanto em outros existem limites de decibéis e/ou horários estabelecidos para que as festas aconteçam. Assim, cada lugar apresenta especificidades na paisagem sonora.

Também é possível entender a alimentação sob uma perspectiva artística. De acordo com Gratão e Marandola Júnior (2011, p. 60, grifo do original), "o paladar se manifesta enquanto fenômeno da experiência geográfica a partir do **sabor**. Ligado ao gosto, à experiência, à memória e aos valores culturalmente construídos, o sabor nos permite incorporar as dimensões da experiência e da cultura da geograficidade".

Para os autores, o sabor está intimamente ligado à paisagem e ao lugar, constituindo parte da essência dessas categorias espaciais. A valoração da paisagem, portanto, pode ser associada a diferentes manifestações da arte, como o sabor, o gosto, porque remetem aos costumes e às sensações, bem como às bases culturais do imaginário das pessoas. Observe um exemplo na Figura 6.1, que retrata um prato típico de Portugal, à base de porco preto. Essa raça nativa da área do Mediterrâneo é muito utilizada na culinária alentejana, tal como as migas, uma espécie de bolo feito de pão refogado com azeite de oliva ou banha.

Figura 6.1 – Porco preto, com batatas e migas, acompanhado de vinho português – prato típico da região do Alentejo, Portugal

Marquez (2006) resgata o entendimento da geografia como uma ciência à procura de significado. Sugere olhar o mundo pelas frestas, pelas margens. Para a autora, as várias abordagens da arte ampliam a noção do espaço concebido, percebido e vivido.

A arte sempre fez parte da geografia, desde quando as artes pictóricas e literárias eram a representação do espaço geográfico nos relatos de viajantes. Agora, contudo, "em vez de uma cartografia de caminhos e paisagens, a arte pretende cartografar processos e margens, trasladando da contemplação para a ação humana junto às paisagens que ela constantemente conforma" (Marquez, 2006, p. 20).

A ciência geográfica é também uma **geografia do corpo**: o corpo produz conhecimento espacial, insere-se nos lugares, esquadrinha os territórios, compara paisagens, tece a realidade vivida. A análise geográfica é contaminada pelo estar-no-mundo (Marquez, 2006).

> Muito do poder da arte atual encontra-se nessa temporalidade da intervenção, que estabelece uma ruptura momentânea em estruturas estabelecidas, readequando-as a novas molduras de interpretação crítica. Arte como ciência e ciência como arte constituem movimentos necessários de expansão dos experimentos de mundo. (Marquez, 2006, p. 22)

Para Cassirer (2012), não podemos entender a obra de arte submetendo-a a regras lógicas, uma vez que se trata de uma linguagem simbólica, do mundo das representações, na qual o prazer relaciona-se com a intensificação de todas as nossas energias e tem um poder construtivo na estruturação de nosso universo.

Para o filósofo, a arte permite formar uma visão objetiva das coisas e da vida humana, constituindo um **universo de discurso**.

> Mas uma representação por meio de formas sensuais difere em muito de uma representação verbal ou conceitual. A descrição de uma paisagem por um pintor ou poeta e a de um geógrafo ou geólogo têm pouquíssimas coisas em comum. Tanto o modo de descrição quanto o motivo são diferentes na obra de um cientista e na de um artista. Um geógrafo pode retratar uma paisagem de maneira plástica, pode até pintá-la em cores vivas e ricas. Mas o que ele deseja transmitir não é uma visão da paisagem, e sim o seu conceito empírico. Para tal, ele deve comparar a forma da paisagem com outras formas; deve descobrir, por observação e indução, seus traços característicos. (Cassirer, 2012, p. 275)

De acordo com Cassirer (2012), é somente concebendo a arte como uma direção especial, uma nova orientação de nossos pensamentos e sentimentos que poderemos entender sua função e seu significado verdadeiros.

Assim, entender a arte na perspectiva geográfica é incorporar um olhar sensível sobre o espaço, compreendendo que a arte se manifesta de diferentes maneiras, qualifica os espaços e é impregnada de significados, não só para o artista, mas também para o observador. A arte funciona como parte de nossa representação de mundo, podendo ser expressa por meio do despertar de nossos diferentes sentidos sensoriais.

6.5 Geografia e religião: sobre os espaços sagrados

Os espaços sagrados sempre fizeram parte da história da humanidade, nem sempre em termos religiosos, mas em termos de sacralidade, isto é, um lugar que tem determinado significado para determinadas sociedades, que é parte da própria explicação da existência das pessoas e do mundo.

Como vimos anteriormente, a cultura diz respeito também à questão simbólica, ao intangível, ao imaterial. Nesse sentido, as manifestações sagradas são relevantes para a geografia cultural porque também expressam distintas espacialidades e construções de significados.

As religiões são diversas, com diferentes deuses, crenças, valores, práticas, manifestações e espaços sagrados. No entanto, elas têm algo em comum: a origem mítica. Os mitos[viii] foram fundamentais para a construção do pensamento religioso porque foi com base neles e em suas explicações sobre o mundo e a vida que surgiram as diferentes ramificações que originaram as religiões que conhecemos hoje.

No Brasil, é mais comum encontrarmos religiões de origem cristã (católicas, protestantes), frutos do processo histórico de formação do país. Mas você já parou para pensar na infinidade de religiões presentes no Brasil e no mundo?

---

viii. Oliveira (2015), ao tratar dos lugares míticos, afirma que são plurais e representam a valoração de múltiplos lugares. Os mitos são criações humanas, compostas de histórias, geografias e culturas, e encerram significações de seres animados e inanimados – animais, vegetais, minerais e até seres humanos. Assim, o lugar tem espírito e personalidade. Portanto, a lógica do mito é uma lógica subjetiva, simbólica, em que as emoções e os sentimentos expressos mediante os símbolos colorem todas as fisionomias do mito com amor, ódio, medo, esperança etc.

Entre as religiões praticadas no Brasil, podemos citar a umbanda e o candomblé (ambas de matriz africana), o espiritismo (que tem como base os ensinamentos de Allan Kardec), a fé *bahá'í* (religião fundada no século XIX na Pérsia), o budismo, o islamismo, o judaísmo, o neopaganismo, o hinduísmo, o santo-daime, as religiões ameríndias, entre outras.

Com interesse nas questões que envolvem religião e espaço, a geografia da religião apresenta um dilema epistemológico, com várias frentes de análise, especialmente a partir do envolvimento das ciências sociais. Sua refundação no Brasil aconteceu na década de 1990, com apropriação majoritária de perspectivas dos estudos da geografia anglófona e minoritariamente teutófona e francófona (Gil Filho, 2012a). De acordo com o autor, "há um certo consenso nas ciências humanas de que o fenômeno religioso emerge enquanto expressão própria da cultura e de que a interpretação dessa última resolve o problema do seu entendimento" (Gil Filho, 2016, p. 65).

> A Geografia do Sagrado não é a consideração pura e simples das espacialidades dos objetos e fenômenos sagrados e por conseguinte de seu aspecto funcional e locacional; mas sim, sua matriz relacional. A Geografia do Sagrado está muito mais afeta à rede de relações em torno da experiência do sagrado do que propriamente às molduras perenes de um espaço sagrado coisificado. (Gil Filho, 2001, p. 76)

O autor considera que o mundo da cultura é impregnado pelas **dimensões simbólicas**, e a religião seria uma dessas dimensões, funcionando como mediadora na compreensão do mundo. O mundo da religião perpassa os níveis do mítico, das representações e do logos e, por conseguinte, possibilita a construção de diferentes espacialidades religiosas, que podem funcionar como um ponto de partida, um sistema espiritual de referência.

Tais espacialidades são a essência do fenômeno religioso, que tem espacialidades físicas e espacialidades não materiais, além das espacialidades em movimento (romarias, peregrinações, jornadas espirituais), em que as manifestações do fenômeno religioso seriam mais propriamente expressões do sagrado. Tal fenômeno, assim com as dimensões espaciais, ocorre no campo sensitivo e visual dos seres humanos. Nessa perspectiva, a religião teria como função fundir o visível e o invisível, o mundo dos sentidos e o mundo da imaginação. "Assim, as dimensões espaciais do fenômeno religioso de alguma maneira sempre acabam por indicar não somente os extratos físicos materiais da experiência humana, mas também, e, sobretudo, patamares altamente simbólicos" (Pereira; Torres, 2016, p. 97).

O que interessa, portanto, para a geografia é compreender a questão espacial que envolve o fenômeno religioso, que, como mencionamos, pode ser um espaço concreto, como uma igreja, uma mesquita, um terreiro, mas também um espaço sagrado em movimento, o que mostra que a espacialidade religiosa está intimamente relacionada à própria questão da fé que envolve as pessoas devotas.

> O espaço e as espacialidades dos fenômenos humanos de diferentes formas configuram a realidade. O espaço, entendido como aparato cognitivo, lança as bases para a apreensão dos fenômenos. Com isso, a dimensão espacial da realidade humana está posta. Mais que isso, cada fenômeno dentro de tal realidade se apresenta a partir de uma espacialidade

característica. Esta se expressa nas mais distintas dimensões, como na materialidade, ou na discursividade, ou ainda nas intuições e sensações. O processo de construção da realidade humana é em muitos sentidos dependente da dimensão espacial; o que fica bem evidente quando refletimos sobre alguns fenômenos específicos – como o religioso. (Pereira; Torres, 2016, p. 102)

Como exemplo, considere a Capela dos Ossos, em Évora, Portugal, retratada na Figura 6.2. Construída na primeira metade do século XVII como um prolongamento da Capela de São Francisco, o lugar convida a uma reflexão a respeito da transitoriedade da condição humana (vida e morte), com a seguinte inscrição no portal de entrada: "Nós ossos que aqui estamos pelos vossos esperamos". Além dos ossos, há símbolos, alegorias e citações da Bíblia que estruturam esse espaço sagrado.

Figura 6.2 – Capela dos Ossos em Évora, Portugal

Marcia Alves Soares da Silva

Outra possibilidade de análise envolve a contraposição do espaço sagrado ao espaço profano. Rosendahl (1995) afirma que a experiência do espaço sagrado se opõe à experiência do espaço profano para as pessoas religiosas porque encerra um valor existencial, ou seja, é um referencial. Ambos fazem parte de um espaço social, porém é o sagrado que delimita e possibilita o profano.

Como explica Rosendahl (1995, p. 98, grifo do original),

> A manifestação do sagrado é indicada pelo termo hierofania que etimologicamente significa algo de sagrado que se revela. O sagrado manifesta-se sempre como uma realidade de ordem inteiramente diferente das realidades do cotidiano. São inúmeras as hierofanias. A manifestação do sagrado se dá num objeto qualquer, uma árvore, uma pedra ou uma pessoa, por exemplo. A hierofania revela este ponto fixo denominado centro e que contém o simbolismo de **fundação de Cosmos**, isto é, o **centro do mundo**. O ponto fixo é determinado pela materialização do sagrado. O entorno possui os elementos necessários que compõem as formas espaciais. A hierarquia do sagrado no espaço é subjetiva, isto é, é dada pela sensibilidade do crente.

Para a autora, o estudo do espaço por meio do sagrado possibilita desvendar sua ligação com a paisagem e com a linguagem codificada pelo devoto em sua vivência no espaço e compreender a percepção e consciência do sagrado no lugar ao qual é atribuído esse valor. Assim, alguns dos temas que podem abranger a relação entre geografia e religião são as experiências de fé no tempo e no espaço, os centros de convergência religiosa, os movimentos e deslocamentos religiosos e as territorialidades que envolvem os espaços sagrados e os simbolismos.

6.6 Teorias mais-que--representacionais

Diferentes perspectivas epistemológicas têm ganhado espaço na geografia, especialmente por meio de diálogos interdisciplinares que abordam preocupações e urgências contemporâneas. Isso tem pautado a questão do corpo e do espaço e suas múltiplas relações, refletindo aspectos culturais, sociais e humanistas na geografia. As possibilidades são vastas; por isso, trazem desafios metodológicos e revelam potencialidades para a pesquisa geográfica e sua renovação.

Um desses caminhos tem sido problematizado desde meados da década de 1990: as teorias não representacionais. Mais recentemente, alguns pesquisadores passaram a questionar esse termo, propondo o uso do termo *teorias mais-que-representacionais*, como uma forma de evitar equívocos sobre uma possível "rejeição" da representação, o que não é o caso. Ambas as correntes pautam os mesmos temas e provocações. Silva e Costa (2023) afirmam que as teorias mais-que-representacionais visam ir além das representações, não considerando que estas esgotam a informação/comunicação.

Essas teorias têm implicações éticas e políticas, pois desafiam a ideia de extrair representações estáveis do mundo, optando por adicionar complexidade a ele. Conceitos-chave como *teoria ator-rede, performance, performatividade, corpo, emoções, cotidiano, multiplicidade* e *virtualidade* contribuem para essa renovação, porque permitem analisar como esses elementos da vida cotidiana são arenas significativas do "político" (Cadman, 2009; MacPherson, 2010).

Nayak e Jeffrey (2011) observam que a geografia humana demonstra uma preocupação significativa com a política da representação, buscando fixar, estabilizar e capturar o significado da vida social. Essa tendência, muitas vezes, inclina-se para a lógica, a linearidade e aquilo que eles denominam de *representação plana*. De acordo com os autores, a incapacidade de expressar, na escrita geográfica, o simples impulso da vida frequentemente nos restringe a um relato parcimonioso.

Nesse contexto, as teorias não representacionais surgem como um enfoque eclético por meio do qual os pesquisadores desafiam a ortodoxia representacional ao destacarem como o espaço e o tempo emergem mediante a prática corporificada (MacPherson, 2010).

As teorias não representacionais têm se mostrado profícuas no campo da geografia, especialmente nas áreas que abordam aspectos sociais, culturais e afetivos. Essa perspectiva teve seu início na década de 1990, com o trabalho de Nigel Thrift (1996), e avançou significativamente no contexto da geografia anglófona. Esse debate emerge principalmente do construtivismo social da geografia humana das décadas de 1980 e 1990, influenciado também pelas geografias estruturalistas e pela linhagem hermenêutica das geografias humanistas dos anos 1970 (Paiva, 2017).

Thrift (2008) traz à tona a discussão da "geografia do que acontece" e a dimensão emocional como parte intrínseca dos eventos geográficos cotidianos, apresentando as teorias não representacionais como uma abordagem política da e para a vida cotidiana. Essa perspectiva questiona as noções de percepção, representação e prática, visando valorizar as práticas que emergem à margem do familiar. O autor argumenta que as teorias não representacionais contemplam todos os sentidos, não se limitando apenas ao visual, e que seus procedimentos não se restringem unicamente à observação (Thrift, 1996).

Convém ressaltar que essas reflexões não rejeitam as representações, mas indicam que elas "não são o retrato da realidade e se portam como um dos veículos do afeto que ajudam a compreender a agência daqueles que são afetados pelas redes de relação" (Silva, 2022, p. 76).

De acordo com Silva (2023, p. 4), ao darmos enfoque às múltiplas formas de experiências emocionais no espaço geográfico, no contexto de tais teorias, passamos a compreender "a representação como ferramenta afetiva que certamente interfere nas formas as quais são empregadas a agência humana, mas não como uma variável estável imune ao tempo, espaço e à experiência individual"; portanto, estamos falando da transcendência da representação e não de sua negação.

Paiva (2017) examina como essas teorias questionam a divisão tradicional entre o mundo e os significados atribuídos a ele, desafiando a dualidade cartesiana entre corpo e mente. Ao destacarem a experiência e a prática da vida cotidiana, essas teorias ampliam a compreensão da ação humana, indo além do que é conscientemente percebido.

As teorias não representacionais se interessam em explorar como as pessoas emergem e interagem com o mundo, enfocando a experiência performativa. É importante esclarecer que o termo *não representacional* não implica uma negação completa da representação, e sim reconhece que a representação não é uma imitação mimética, mas uma forma de apresentação (MacPherson, 2010).

Sobre isso, Thrift (2008, p. 2, tradução nossa) aponta a relevância dos encontros, destacando que os contornos e conteúdos "do que acontece" estão em constante mudança: "por exemplo, não há experiência 'humana' estável porque o sensório-humano está sendo constantemente reinventado à medida que o corpo continuamente adiciona partes a si mesmo; portanto, como e o que é experimentado como experiência é, em si, variável"[ix].

> Neste sentido, a produção de conhecimento passa a preocupar-se não apenas com as representações mentais da realidade (e.g. significados, sentimentos, discursos, estruturas), mas também com o modo como essas representações são produzidas e praticadas corporeamente no decorrer das ações e interações de que o mundo é constituído (incluindo práticas, hábitos, afetos). A performance torna-se assim uma palavra-chave. (Paiva, 2017, p. 161)

As teorias não representacionais são claras ao enfatizarem o papel do pesquisador na ação social e os afetos que permeiam esses encontros (Paiva, 2017). Vannini (2015) ressalta a concentração dessas teorias na ação, nas relações, nas práticas e nas ressonâncias afetivas. Os pesquisadores não representacionais examinam o afeto como duas capacidades: a capacidade do corpo de ser movido e afetado e a capacidade do corpo de se mover e afetar outras pessoas ou coisas.

É preciso considerar o mundo como um composto de encontros, trocas e composições afetivas entre corpos heterogêneos, os quais, de modo persistente, modificam as capacidades de agir um do outro, implicando diferentes dinamismos afetivos, tanto do ponto de vista das experiências subjetivas quanto da perspectiva

---

ix. "for example, there is no stable 'human' experience because the human sensorium is constantly being re-invented as the body continually adds parts in to itself; therefore how and what is experienced as experience is itself variable."

da afetação dos corpos (Hutta, 2020). Assim, para o autor, os sujeitos que entram em espaços estão implicados em um dinamismo afetivo, construindo espaços afetivos que moldam suas capacidades de percepção, pensamento e ação (Hutta, 2020).

As teorias não representacionais fornecem um importante embasamento teórico e conceitual para essa provocação, pois, mediante um emaranhado de ideias de diferentes áreas do conhecimento, essas teorias, partindo das propostas de Thrift (2008), têm como intuito delinear potencialidades de um novo gênero experimental: um gênero híbrido para um mundo híbrido. Nesse sentido, o foco está no movimento: a vida é movimento – cinese geográfica e existencial (Vannini, 2015).

Portanto, as teorias não representacionais se revelam como uma proposta teórica e metodológica ao enfatizarem a *performance*, a arte e a ação como instrumentos de sensação, brincadeira e imaginação e como uma força vital que alimenta os excessos e os rituais da vida cotidiana (Vannini, 2015). "Ao compreender o potencial lúdico das teorias não representacionais, os pesquisadores podem trazer sentimentos e ações incorporadas em suas análises, bem como imagens, sons, cheiros, toques e gostos que compõem grande parte de nossas experiências" (Nayak; Jeffrey, 2011, p. 505, tradução nossa).

Por esse viés, a proposta das teorias não representacionais é valorizar a natureza do mundo como ativo, sensual e corporificado, isto é, uma interpretação do mundo em constante construção, com acúmulo de processos e *performances* em andamento e abertura ao imprevisível e ao desconhecido. O foco recai sobre o modo como a vida ganha forma e expressão em experiências compartilhadas, rotinas cotidianas e movimentos corporificados; assim, o corpo ganha potência de análise justamente por sua capacidade afetiva (Nayak; Jeffrey, 2011).

A participação em redes heterogêneas tem um impacto considerável, afetando nossa *performance*. As ações guiadas pelos afetos que nos cercam diariamente produzem práticas corporificadas, de maneira que a análise conjunta do corpo e do ambiente ocorre em uma relação marcada pela interação afetiva e pela capacidade de afetar (Silva, 2023; MacPherson, 2010).

De acordo com Silva (2022, p. 72, 73), a "expressão 'geografia do que acontece' associa-se à transcendência representacional e à busca por narrar o espaço-tempo por meio da persecução cotidiana de atores envolvidos em redes heterogêneas"; portanto, busca-se uma "geografia do factível, manifesta por meio da agência humana e das relações envolvendo humanos e não humanos".

A geografia do que acontece, como vimos, é uma denominação por meio da qual se pretende "sintetizar metodologias mais-que--representacionais, baseadas na montagem do cotidiano de atores inseridos em redes de afeto" (Silva, 2022, p. 77). Essa dimensão do afeto transcende a experiência humana, mas diz respeito também às dinâmicas e afetações não humanas.

> A perspectiva mais-que-representacional visa rejeitar a utilização de representações como meio de interpretações do arranjo de elementos no espaço-tempo. Diferentemente, a abordagem em questão parte do pressuposto que as representações não são esvaziadas de valor, sendo consideradas como instrumentos afetivos emaranhados no grande fluxo de relações envolvendo as pessoas, animais, plantas e objetos. Na prática, a chamada geografia do que acontece se baseia em pesquisas que visam esmiuçar o cotidiano de certos atores inseridos em complexas redes heterogêneas de relações – conhecidas na literatura como *assemblages*. (Silva, 2022, p. 79)

As provocações propostas por essas teorias, seja adotando o termo *não representacional*, seja optando pelo termo *mais-que-representacional*, colocam em debate, fundamentalmente, o que entendemos por *geografias cotidianas*, como são as relações e as construções que se estabelecem e qual é o resultado dessas dinâmicas, levando em conta sempre o contexto do movimento (espaço e tempo). Dessa forma, tais teorias problematizam alguns conceitos/temas-chave, assim como fazem proposições metodológicas para lidar com essas problemáticas, tendo em vista que métodos mais tradicionais não conseguem resolver essas questões ou deixam desafios para a interpretação dessas práticas. Assim, diálogos interdisciplinares são fundamentais para a ampliação dessas discussões, conforme veremos nas seções a seguir.

6.6.1 Atmosferas afetivas

Como indicamos em outros momentos, muitas das problematizações da geografia cultural recaem sobre práticas e dinâmicas do contexto urbano. Para além de sua dimensão material, objetiva e concreta, o espaço urbano também é o *locus* do ser e estar muito particular, com dinâmicas subjetivas, imateriais e afetivas.

No âmbito da interligação entre as dimensões subjetivas nos estudos urbanos, surge o interesse em examinar as estruturas que sustentam essas conexões, tanto de maneira espontânea quanto de modo intencional. Isso se torna relevante ao considerarmos que existem elementos não prontamente perceptíveis nem aos indivíduos comuns nem aos pesquisadores. Essa reflexão tem levado pesquisadores a adotar termos como **atmosferas** ou **ambiências** para compreender esses fenômenos, que podem ser analisados a partir das experiências emocionais daqueles que habitam o espaço urbano.

O termo *atmosferas*, com raízes na tradição filosófica da fenomenologia, é mais frequentemente aplicado a contextos da língua inglesa e do alemão, ao passo que *ambiência* é adotado por estudiosos que produzem em francês, espanhol e língua portuguesa. Ambos os termos se referem à emanação sensorial dos lugares. Essa experiência engloba tanto a percepção consciente quanto os afetos inconscientes das pessoas, que impactam o corpo e geram estados emocionais. Cada local apresenta a própria ambiência, embora também seja possível criar ambiências (Paiva, 2022).

A interseção entre o espaço e os afetos nos conduz a uma discussão sobre as atmosferas, partindo do pressuposto de que é nesse território conceitual que a afetividade emerge (Paiva, 2017). A atmosfera, de maneira similar, representa uma interação entre as características materiais do local e o domínio imaterial da percepção e da imaginação humanas. Percebemos as atmosferas por meio de nossa sensibilidade emocional (Pallasma, 2014).

O termo *atmosfera* tem uma conotação geográfica intrínseca, frequentemente associada a questões climáticas, embora também se aplique a uma atmosfera econômica – a ambientação de um espaço ou a atmosfera presente em certos eventos. Podemos falar, por exemplo, da serenidade da atmosfera de uma manhã de primavera ou descrever alguém como irradiando uma atmosfera particular (Böhme, 1993). Essa ideia é quase como algo que paira no ar e envolve os acontecimentos, caracterizado por fluidez e movimento, que nem sempre são evidentes, mas estão sempre presentes. Nesse contexto, podemos considerar algo como a percepção atmosférica que se aplica a pessoas, a espaços e à própria natureza (Griffero, 2010; Böhme, 1993).

A relevância das atmosferas não se limita à forma como percebemos e atribuímos significado às nossas experiências, residindo também na maneira como damos significado a elas em si.

245

As atmosferas entrelaçam o aspecto representacional, o imaterial e o afetivo, indicando atividades e padrões apropriados de comportamento (Sumartojo; Edensor; Pink, 2019).

Esse debate tem sido conduzido também pela arquitetura e pelos estudos nas áreas de turismo e planejamento urbano, os quais buscam analisar o *design*, a encenação, a co-criação e a *performance* nos usos, consumos e valorização dos lugares, de modo a possibilitar a reflexão sobre a geração de espaços-tempos de engajamento afetivo em ambientes urbanos (Paiva; Sánchez-Fuarros, 2021).

As atmosferas desempenham um papel fundamental na experiência humana, representando uma parte significativa das identidades e conceituações de paisagens, arquitetura e ambientes residenciais, pois delineiam ou preenchem o espaço que habitamos. Em outras palavras, as atmosferas são tanto compartilhamento quanto encenação (Bille; Bjerregaard; Sørensen, 2015).

Os urbanistas têm contemplado o conceito de atmosferas para descrever as características ou a atmosfera singular de um lugar. Argumenta-se que as atmosferas são entidades relacionais, algo que abrange diversos aspectos, como difusão/contenção e fluidez/instabilidade (Buser, 2014). Nesse contexto, Trigg (2022) observa que essa discussão assume um papel crítico na compreensão e na estruturação das emoções compartilhadas.

As atmosferas podem ser percebidas como fenômenos afetivos, apreendidos de forma pré-reflexiva, manifestados espacialmente, experimentados corporalmente e concebidos como entidades semiautônomas e indeterminadas. Portanto, é por meio dos encontros entre corpos e afetos que tais singularidades espaciais são produzidas (Buser, 2014).

Anderson (2009) argumenta que as atmosferas são qualidades afetivas únicas que emanam, mas também transcendem, a reunião dos corpos. Elas constituem um terreno compartilhado a partir do qual emergem estados subjetivos e os sentimentos e emoções a eles associados. As atmosferas permanecem indeterminadas, pois são elementos que se integram à experiência sensorial e estão em constante processo de emergência e transformação.

A percepção da ambiência une as qualidades sensoriais de determinado local, onde forças afetivas poderosas influenciam positiva ou negativamente o comportamento individual e coletivo, bem como o estado emocional do indivíduo. Isso impacta o humor e as emoções percebidas como agradáveis ou desconfortáveis (Paiva, 2022). Thibaud (2015) enfatiza a **configuração de ambiência** nos espaços urbanos, que desloca o foco do espaço físico, ou seja, da organização dos elementos arquitetônicos e urbanos, para o espaço afetivo e vivenciado. Essa abordagem contribui para a consideração do sensorial como campo de atuação, tendo em vista a composição com tonalidades afetivas, a sustentação das situações urbanas no decorrer do tempo e a exploração das transformações sutis.

Nesse contexto, emerge o desafio de projetar os espaços de forma mais integrada, levando em conta os sentimentos enraizados no ambiente construído. O projeto não deve ater-se unicamente à funcionalidade do "espaço efetivo", mas considerar também a atmosfera, a empatia, o imaginário e a memória do "afetivo" (Gregory, 2011).

Outro aspecto relevante é a ideia de que as atmosferas residem "entre", estabelecendo uma inter-relação entre corpos humanos e não humanos, constituindo um encontro entre lugares. São esses encontros que conferem significado às atmosferas, entendendo-se que o processo afetivo de produção e cultivo do espaço pode fortalecer as noções de identidade e pertencimento, além de contribuir para a reflexão sobre saúde e bem-estar nos espaços urbanos (Buser, 2014).

Hasse (2011) aborda a manifestação peculiar das atmosferas, destacando que reagimos à sua presença sensorial, mas não as compreendemos por meio de conceitos cognitivos. No espaço urbano, as atmosferas interpenetram-se e sobrepõem-se, de modo que o próprio conceito de *urbanidade*, como construção simbólica e emocional, envolve elementos atmosféricos. As emoções que moldam essa urbanidade têm raízes tanto no estado de espírito pessoal quanto na estetização do espaço urbano circundante.

As atmosferas tornam-se perceptíveis por meio da participação prática, algo que pode ser apreendido pelo próprio corpo e mediado pela linguagem, por gestos, expressões musicais, religiosas ou outras formas de comunicação (Hasse, 2011). Assim, a experiência urbana em si pode atuar como uma maneira de mediação para a compreensão dessas atmosferas, uma vez que a vida é resultado menos de um planejamento meticuloso e mais dos sentimentos que emergem das atmosferas urbanas.

Essa dinâmica pode ser crucial para as cartocoreografias. Conforme Jacques (2008), "a cidade não é apenas cenário, mas, além disso, ela adquire substância a partir do momento em que é praticada, tornando-se 'outro' corpo". A corpografia parte da hipótese de que a experiência urbana é inscrita, em diversas escalas temporais, no próprio corpo do indivíduo que a vivencia. Dessa maneira, o corpo também define essa experiência, mesmo que involuntariamente.

Importante!

É preciso dedicar atenção às experiências corporais urbanas, que desenham cartografias por meio do corpo, gerando uma memória urbana e prática que proporciona diversas percepções e interpretações da apreensão urbana. Essas interpretações, por sua vez, contribuem para a reflexão e a intervenção na cidade contemporânea (Jacques, 2008).

De acordo com Duff (2017), é relevante pensar sobre o direito afetivo à cidade, porque a materialização do direito à cidade acontece na ocupação social, material e afetiva dos espaços urbanos. O autor defende que os aspectos afetivos e performativos do direito à cidade são um modo de colocar em primeiro plano a materialização desse direito, a partir de seu devir corpóreo. Portanto, essa afirmação afetiva e performativa pode ser considerada uma etapa crítica pela qual o direito à cidade se materializa como uma expressão prática e viva de resistência à precariedade e de transformação do espaço.

Assim, a consideração de um urbanismo afetivo torna-se relevante, guiado por um vocabulário conceitual específico para as lógicas do afeto e da emoção. Essas lógicas não apenas compõem as cidades, sendo institucionalizadas por meio de fluxos de trabalho, pessoas, ideias, informações e objetos, como também fazem parte de arranjos que envolvem atores humanos e não humanos. Isso forma um conjunto de agenciamentos que misturam elementos biológicos, técnicos, sociais e econômicos (Anderson; Holden, 2008).

Vale ressaltar que os afetos e as emoções são distribuídos de maneira desigual nas cidades, gerando uma intrincada rede de geografias urbanas de sofrimento, perda, desaparecimento e dano. É urgente compreender como essas distribuições desiguais de afetos e emoções se manifestam em topologias de poder temporárias e espacialmente nuançadas.

Ernwein e Matthey (2019) enfatizam que, apesar do crescimento da literatura sobre a noção de urbanismo afetivo, o caráter experiencial dos eventos permanece pouco explorado. Logo, é crucial considerar o regime ordinário de eventos mobilizados pelos criadores da cidade para agir, configurando uma experiência afetiva corporificada desta a partir das formas como interagem com ela.

Essa perspectiva nos permite, por meio do *design* de dispositivos materiais efêmeros, encorajar os cidadãos a incorporar modos de conhecer o espaço e agir nele.

6.6.2 Ritmos e movimentos

Considerando a experiência do agir espacial, alguns caminhos na geografia têm percorrido o debate sobre a forma como a dinâmica do espaço é envolvida por ritmos e movimentos singulares, que constituem também a atmosfera dos lugares. O corpo e suas relações intersubjetivas e intercorporais constroem *performances* muito próprias nos contextos espaciais, cuja análise pode trazer à tona muitos elementos não visibilizados nas discussões mais tradicionais.

Tendo em vista os contextos urbanos, a dimensão dos ritmos urbanos, conforme apontado por Paiva et al. (2017), compõe-se de uma multiplicidade de atividades que ocorrem no ambiente urbano. Essas atividades abrangem desde movimentos físicos realizados por pessoas, animais e tecnologias no espaço urbano até uma camada sensorial constituída por fluxos de informações, afetações, *affordances* e significados que desempenham um papel fundamental na ritmicidade urbana. A metodologia da geoetnografia é sugerida para explorar esses ritmos urbanos, considerando-se o encontro entre padrões e fluidez, atividade e sensação, macro e micro, quantitativo e qualitativo.

O trabalho de Lefebvre (1991, 2000, 2021) sobre a ritmanálise é fundamental para entender os ritmos urbanos. Na abordagem do teórico, entende-se que a compreensão dos ritmos origina-se nos ritmos internos do corpo, que funcionam como um metrônomo alinhado aos ritmos sociais (Lefebvre, 2021). Esses ritmos estão intrinsecamente ligados a práticas corporificadas, como caminhadas diárias, ao passo que os conjuntos coreografados de ritmos de vários lugares formam as "danças do lugar". Esses movimentos cotidianos representam uma força corporal intencional que se manifesta de maneira automática e sensível (Wunderlich, 2008; Seamon, 2013).

Essas práticas são parte dos ritmos da vida cotidiana, do movimento dos corpos, em que há sempre algo de imprevisível, que escapa à lógica, e tais aspectos, ricos em significações, de nossa realidade – o cotidiano e os ritmos – podem ser apreendidos pelo olhar e pelo intelecto (Lefebvre, 2021). Conforme Lefebvre (2021), o tecido urbano é composto por esses polirritmos, por vezes escondidos, secretos, públicos, fictícios ou dominantes-dominados, em que os corpos apresentam esses ritmos em interação, em distintas temporalidades e espacialidades (Figura 6.3).

Figura 6.3 – Ritmos urbanos na/da cidade do Rio de Janeiro: o imprevisto, o movimento dos corpos e os escapes da lógica espacial

Marcia Alves Soares da Silva

Assim, podemos considerar a noção de "lugar-ritmo", abrangendo as dimensões sociais, espaciais e naturais. Isso engloba não somente as rotinas funcionais de nosso mundo cotidiano, mas também padrões sensoriais como som, cheiro, luz, escuridão, calor e frio, movimento e quietude, que se entrelaçam internamente (Wunderlich, 2008). Explorar a interseção desses eventos abertos mostra-se pertinente para compreender a maneira como os ritmos de movimento moldam os lugares e como, inversamente, os diferentes lugares moldam os ritmos de seus movimentos. Isso ocorre porque os ritmos, por si sós, não são suficientes para abarcar toda a complexidade da temporalidade do lugar (Vannini, 2012).

Tais ritmos abarcam horários, trajetos, intensidades, afetações e trajetórias que constituem as dinâmicas cotidianas. O planejamento da experiência urbana, tanto formal quanto informal, é orientado pelos ritmos necessários e esperados para manter a vida em movimento. Embora reflexões aprofundadas nesse sentido sejam ainda limitadas, os ritmos urbanos oferecem perspectivas valiosas para entender a organização social e a produção do espaço, com foco na análise do espaço público urbano, de modo a contemplar várias temporalidades multiescalares, incluindo as calendáricas, diurnas e lunares e os ciclos de vida somáticos e mecânicos (Edensor, 2010; Lehtovuori; Koskela, 2013).

Os ritmos urbanos revelam que os lugares não são estáticos; pelo contrário, devem ser considerados como eventos compostos por práticas corpóreas e relações afetivas. Esses ritmos, tanto individuais quanto coletivos, se entrelaçam nas dinâmicas espaço-temporais, gerando movimento e repouso em escalas variadas das rotinas pessoais. Além disso, fazem parte das experiências afetivas, já que o afeto não é apenas uma característica humana, caracterizando-se também como uma variável significativa do espaço (Paiva, 2017).

A vida cotidiana é forjada por uma pluralidade de hábitos, horários e rotinas que lhe conferem previsibilidade e estabilidade ontológica. Essa estruturação rítmica do dia não é apenas uma manifestação individual; é igualmente coletiva, originando-se da sincronização das práticas que integram o modo coletivo de "fazer as coisas" (Edensor, 2010).

> Uma questão central na compreensão dos ritmos urbanos é a tensão entre estrutura e fluidez. Embora os ritmos urbanos sejam marcados por uma estruturação espaço-temporal bastante vincada, eles são também compostos por emergências temporárias que interferem constantemente com essa estrutura. De fato, quando se criam leituras dos ritmos urbanos, é frequentemente aparente que as vidas são vividas num fluxo contínuo imprevisível, dadas as pequenas necessidades e emergências que nos surgem no dia a dia. Apenas a partir de uma perspectiva alargada sobre o uso do espaço ou do tempo se encontram padrões relativamente estáveis. É fruto dessa aparente dicotomia que alguns estudos sobre ritmos urbanos tendem a focar os padrões rítmicos e a sua previsibilidade, enquanto outros sublinham a fluidez e as constantes arritmias e síncopes dos ritmos urbanos. As disparidades entre os resultados destes estudos são fruto da sua perspectiva: enquanto os primeiros partem de uma perspectiva macro que pretende construir uma visão da cidade a partir de cima, os segundos baseiam-se em observações etnográficas e constroem o seu conhecimento a partir do terreno. (Paiva et al., 2017, p. 5-6)

Os afetos, por sua vez, podem ser compreendidos como campos de intensidade distribuídos e em movimento, influenciados pelo deslocamento dos corpos. O movimento dos corpos introduz perturbações que alteram a intensidade e a extensão desse campo. Como resultado, os corpos participam ativamente da criação de espaços afetivos, caracterizados por qualidades e consistências vagas, percebidas vagamente como tonalidades, humores ou atmosferas afetivas específicas (McCormack, 2013). Isso leva a uma compreensão das espacialidades derivadas da vida dos lugares, da intensidade dos eventos e das interconexões em várias escalas, formando uma teia de atores, atrizes e redes. A experiência afetiva emerge desses eventos e agências, os quais moldam o cotidiano nas cidades.

Nesse contexto, os ritmos urbanos influenciados por experiências afetivas nos levam a reconhecer que o movimento dos corpos é um convite ao engajamento geográfico, expandindo as geografias e a potência das espacialidades. Como Lefebvre (2021) destaca, o ritmanalista, ao analisar os movimentos e ritmos urbanos, considera a minúcia do espaço, e isso afeta o próprio corpo do pesquisador. O ritmanalista atenta para as concordâncias e discordâncias entre ritmos estabelecidos e vivenciados, com o corpo como ponto focal. Ele pensa com o próprio corpo, considerando seus ritmos internos, respirações, pulsos, circulações, assimilações, durações e fases das durações, conectando o interior e o exterior, de modo a imergir no tecido do vivido e do cotidiano.

Esse olhar proporciona uma nova consciência espacial, na qual o movimento de pessoas, bens e representações pelo espaço resulta em um "espaço-movimento" cada vez mais apoiado em tecnologias. Isso traz à tona a relevância de investigar esses novos ritmos urbanos (Paiva et al., 2017; Thrift, 2008).

Nesse sentido, ao pensarmos os ritmos urbanos animados pelas experiências afetivas, entendemos que o movimento dos corpos é um convite para o fazer geográfico, ampliando as geografias e a potência das espacialidades.

> O pilar fundamental da construção do conhecimento geográfico é o corpo que precisa se movimentar no espaço, viver o espaço, sentir o espaço. Só assim ele se torna "geográfico". Assim, nossos conceitos espaciais não são simples teorias, surgem a partir da vivência emocional que impulsiona para construir uma forma possível de conhecimento. (Silva; Arruda, 2021, p. 131)

McCormack (2013, p. 2, tradução nossa) salienta que "o ritmo oferece uma abordagem para compreender o cotidiano como dinâmico, processual e relacional". Isso se reflete na dualidade entre estrutura e fluidez, assim como nas emergências temporárias, visto que a vida cotidiana é vivida em um fluxo contínuo e imprevisível. As múltiplas correntes e sua dinâmica situada são examinadas por meio da análise dos padrões rítmicos, bem como pela análise geoetnográfica, que envolve a imersão no terreno e a observação das dinâmicas espontâneas (Edensor, 2010; Paiva et al., 2017). No entanto, os autores destacam uma lacuna em relação à exploração da fluidez rítmica e sensorial dos espaços urbanos, abrindo um caminho inovador para futuras investigações urbanas.

Edensor (2010) propõe que a ritmanálise identifica como o poder se manifesta em práticas normativas não reflexivas, mas também é contornado, resistido e complementado por outras dimensões da experiência cotidiana, considerando os contrarritmos e as arritmias.

Em síntese, a proposta de discutir os ritmos e os movimentos diz respeito exatamente às múltiplas afetações possíveis no espaço geográfico, em função das ações de humanos e não humanos, que constituem atmosferas singulares, complexas e plurais de relações espaciais. Também faz uma provocação sobre a necessidade de uma percepção atenta sobre essas dinâmicas, como forma de ampliar as perspectivas geográficas sobre a produção de espacialidades.

6.6.3 Geografias mais-que-humanas

A recente discussão que envolve pensar um contexto mais-que-humano dá enfoque à necessidade urgente de compreendermos que a experiência do habitar no mundo é, na realidade, um coabitar entre humanos e não humanos. Desse modo, a ideia de que as dinâmicas espaciais são plurais, diversas e complexas é expandida. Essa conjuntura está diretamente ligada aos debates sobre crise climática, transição ecológica e outras problemáticas socioambientais, certamente aprofundadas pelo contexto da pandemia de covid-19, em 2020.

No campo das ciências humanas, essa discussão tem sido aprofundada por teorias como a pós-fenomenológica, as não representacionais, as ecofeministas e as pós-humanistas, sendo que estudos vitais, atmosféricos, afetivos e corporificados nos permitem decifrar grafias da Terra que se contrapõem ao excepcionalismo humano hegemônico (Souza Júnior, 2021).

A proposta das geografias mais-que-humanas (em inglês, *more-than-human geographies*), de acordo com Whatmore (2006), é abordar o nexo vital entre o bio (vida) e o geo (terra), ou a "vividade" do mundo, tendo em vista a conexão entre corpos (incluindo corpos humanos) e mundos (geofísicos). Para a autora, essa relação é intrinsecamente corpórea, envolvendo os campos sensorial e do afeto, visto que há maior preocupação sobre o que nos afeta e como nós afetamos, considerando-se os diferentes agentes provocadores das afetações.

No caso da geografia, em especial da geografia cultural, estudos mais recentes têm realizado aproximações com estudos animais e biofilosóficos, além de outras abordagens mais-que-humanas, buscando repensar paisagens e lugares por meio de noções interativas entre os elementos socioculturais e não humanos dessas espacialidades, assim como a inseparabilidade de formas e aproximações de arranjos multiespécies e corporificados.

Nesse sentido, "Reconhecer o mundo mais-que-humano é compreender que existem outros 'eus' com centros de experiência corporalmente diferentes entre si e que decorrem em um vasto horizonte de intersubjetividade e intercorporeidade" (Souza Júnior, 2021, p. 3). Nesse caminho, as geografias culturais mais-que-humanas dialogam com as teorias mais-que-representacionais porque buscam questionar as limitações representacionais ao colaborar "na construção de práticas geográficas que visam o encontro em transcendência à representacionalidade" (Souza Júnior, 2021, p. 4).

Esse debate está inserido diretamente na reflexão acerca das lógicas afetivas, uma vez que, ao abordarmos a intersubjetividade e a intercorporeidade, falamos de diferentes afetações, assim como de forças de intensidade variável que afetam tais relações.

Importante!

Segundo Souza Júnior (2021), afeto é o pensamento e a prática de afetar e ser afetado; portanto, trata-se de uma maneira recíproca de interação corporificada que envolve emoções, percepções e imaginários.

Dessa maneira, de acordo com Souza Júnior (2021, p. 5),

> as aproximações afetivas realizadas nas geografias culturais mais-que-humanas oportunizam imersões recíprocas nos cosmos de plantas, animais e atmosferas. Ao orientar-se nas formas primais de intercorporeidade experienciadas nesses arranjos, o geógrafo pode identificar maneiras de afetar e ser afetado pelas situações geográficas em suas especificidades.

Inseridas nesse debate, também têm surgido as chamadas *geografias vitais*, que dão enfoque ao fazer-lugar de animais e vegetais, observando as tessituras sensíveis e afetivas que conformam espacialidades específicas às suas variações corporais. Conforme Souza Júnior (2021, p. 6), há o interesse em saber como os arranjos multiespécies são formados em mundos de contato corporificados entre diferentes seres, assim como as "intersubjetividades, afetos e formas de senciência dos entes em foco, de modo a vislumbrar a autonomia desses na composição de suas espacialidades de existência".

Sob esse viés, a provocação sobre uma pretensa hegemonia do ser humano em produzir conhecimento, enaltecida sobretudo no contexto científico, envolve analisar a redução dos mundos natural e material a um objeto passivo, de modo a oferecer um meio de desestabilizar as compreensões aceitas do mundo, divididas em duas classificações: de um lado, um grupo de sujeitos humanos pensantes e que agem e, de outro, um mundo passivo, natural e material de objetos não humanos (Greenhough, 2014).

> Na busca por geografias vitais, a experiência visceral dos espaços existenciais e corporificado [sic] dos diferentes entes são evidenciados. Cada qual em sua

dimensão variável, a identificação de entrançamentos partilhados entre seres mais-que-humanos desvelam [sic] múltiplas dimensões espaciais. Parte-se, portanto, de um pressuposto que considera a agência autônoma, vital e sociável dos entes não humanos envolvidos. (Souza Júnior, 2021, p. 7)

Nesse sentido, o vitalismo defende uma perspectiva fortemente relacional, segundo a qual todas as coisas são compostas de relações; logo, todas as entidades só podem ser compreendidas umas em relação às outras (Greenhough, 2014).

Para Greenhough (2014), nesse contexto, não é possível pensar a natureza como algo "fora", pois é preciso considerar a socialização massiva do mundo biofísico, bem como a preocupação crescente com relação às capacidades humanas de intervir em processos naturais. Assim, é necessário ter em conta que os seres humanos são entidades híbridas, definidas e performadas mediante suas relações com múltiplas agências humanas e não humanas. Dessa forma, de acordo com a autora, as geografias mais-que-humanas têm interesse em:

1. desvendar conjuntos de corpos, conhecimentos e propriedades;
2. apresentar uma perspectiva não antropocêntrica sobre quem (ou o que) deveria ter importância política;
3. reconhecer a agência não humana;
4. esclarecer que o espaço e o tempo devem ser definidos de forma relacional, e não absoluta, com referência aos processos por meio dos quais emergem;
5. reconhecer as capacidades limitadas dos seres humanos para representar o mundo, juntamente com um imperativo de aprimorar novas sensibilidades, competências e capacidades afetivas.

Mediante essas provocações, essa perspectiva apresenta um caráter político e ético, com o questionamento sobre a extensão dos direitos humanos – suas normas, princípios e regulações – para os direitos da natureza, suscitando a necessidade de refletirmos sobre um argumento epistemológico e ontológico que leve em consideração as dimensões próprias de experiências mais-que-humanas. Para Greenhough (2014), a atenção à vivência do mundo recombina as preocupações da economia política tradicional com os interesses dos geógrafos humanos em questões de identidade, relações sociais, cultura e ética. Além disso, relaciona-se com as teorias mais-que-representacionais ao implicar a busca contínua por novos modos de encontrar o mundo.

Sob essa perspectiva, Maller (2018) indica que não podemos mais ignorar o fato de que os seres humanos fazem parte da natureza. Com efeito, a falácia antropocêntrica inegavelmente arrogante de que estamos acima da natureza é rebatida quando perdemos o controle de um vírus com potencial pandêmico. "A reação padrão é de surpresa quando não humanos, como os vírus, outras espécies ou desastres naturais, interrompem a atividade humana em ambientes urbanos porque conceituamos as cidades como centradas no ser humano" (Maller, 2018, p. 15, tradução nossa). A provocação da autora explica o contexto da pandemia de covid-19, que teve seu maior impacto a partir do ano de 2020, ao fazer com que muitas atividades fossem interrompidas, reduzidas ou modificadas, confirmando que não estamos sozinhos na experiência do habitar a Terra.

Considerando um ponto de vista mais prático, com foco na cidade, Maller (2018) convida a reimaginar cidades como *habitats* dinâmicos e locais para mudança. Nesse sentido, a autora define *ambientes urbanos saudáveis* como lugares que convidam e encorajam ativamente alguns não humanos vivos a florescer, além de indicar onde humanos e não humanos podem coexistir produtivamente e se beneficiar da presença uns dos outros (Figura 6.4).

Figura 6.4 - As plantas que cuidam das casas abandonadas: cidades mais-que-humanas (Cuiabá, Mato Grosso)

Marcia Alves Soares da Silva

Essa perspectiva foi discutida recentemente por Silva et al. (2024), que propuseram uma articulação interdisciplinar no projeto de pesquisa-montagem "As plantas que cuidam das casas abandonadas". Iniciado em 2023, o projeto contou com artistas e pesquisadoras das áreas de biologia e geografia para um "lambrecamento" em torno de um repensar espacial humano e não humano no coabitar as/nas cidades. Tendo em vista as geografias mais-que-humanas, o projeto problematizou como as experiências espaciais transcendem as dinâmicas centralizadas no ser humano, provocando o coabitar na produção e na experiência de lugares, com foco nas ruínas urbanas e nos lugares abandonados.

Considerando o Centro Histórico de Cuiabá, o projeto surgiu com algumas inquietações: as plantas que crescem nos espaços abandonados pelo ser humano; os supostos conflitos territoriais entre humanos e plantas; as relações de poder em torno do conceito de beleza; as interações com o espaço e o tempo na contemporaneidade; e as hierarquias de importância entre todos os seres que coabitam esses espaços. Ao explorar a intersecção entre as ruínas urbanas, a presença das plantas e as experiências sensoriais, essa reflexão revela a complexidade e a riqueza das relações entre humanos e não humanos no contexto urbano contemporâneo (Silva et al., 2024).

Em síntese, a discussão sobre as geografias mais-que-humanas é bastante recente no contexto da geografia brasileira, sendo preciso ainda desvendar as possibilidades de diálogo. Tal perspectiva dialoga ainda com outros temas, como direitos da natureza, direitos da Mãe Terra, alternativas sistêmicas, bem viver, decrescimento e desglobalização, de modo a debater sobre uma crise sistêmica que afeta todas as formas de vida, encabeçada pela pretensa hegemonia e poder do ser humano sobre elas. São teorias complexas, que provocam mudanças estruturais em regimes econômicos, políticos e desenvolvimentistas, além de afetarem consideravelmente a (re)produção de espacialidades. Portanto, temos uma agenda de debate urgente e emergente, a qual também tem interessado a geografia cultural contemporânea.

Síntese

Neste capítulo, tendo em vista nossa preocupação em analisar as questões culturais com base na práxis e em elementos próximos da vida cotidiana, discutimos o diálogo da geografia com diferentes esferas, como a religião, o gênero, as emoções e a arte. Essas temáticas, por vezes, são negligenciadas e marginalizadas pela ciência como um todo. Por isso, abordagens mais contemporâneas e interdisciplinares têm trazido esses debates para a geografia, a fim de proporcionar um repensar sobre essa ciência, ao mesmo tempo que suscitam novos caminhos de reflexão, colaborando para a constante renovação na produção de conhecimento.

Na geografia, a abordagem desses temas vem crescendo nos últimos tempos, principalmente em razão do diálogo com outras áreas do conhecimento. O interesse por essas temáticas revela a demanda por uma aproximação do pensamento científico com problemas enfrentados pela sociedade, além de indicar a importância de pautar tais assuntos para romper com certas visões estereotipadas sobre eles.

Inserir o debate sobre gênero na geografia, por exemplo, ajuda a entender as diferenças nos usos, no acesso e na ocupação do espaço pelos diferentes gêneros. Ao abordarmos as emoções, podemos analisar o espaço geográfico com um olhar mais sensível, problematizando a relação das pessoas com os lugares com base em suas experiências emocionais. A discussão sobre religião auxilia no entendimento dos espaços e símbolos sagrados, embora seja preciso considerar sua pluralidade para examinar a complexidade do pensamento religioso. No que diz respeito à arte, vimos que é necessário compreender a geografia considerando as diferentes manifestações artísticas que estimulam os vários sentidos sensoriais, como a música, as artes visuais, a gastronomia e a literatura.

Também aparesentamos reflexões mais recentes, no campo das questões representacionais, tendo em vista temas como ritmos, movimentos e atmosferas afetivas, que afetam a experiência e a produção de espacialidades de corpos humanos e não humanos. As geografias mais-que-humanas também têm pautado essas agências que coabitam e compartilham o espaço geográfico, analisando temas urgentes para as sociedades contemporêneas.

Nesse contexto, esclarecemos como a construção do conhecimento deve também levar em consideração que a experiência espacial não é exclusiva dos seres humanos, mas constitui uma experiência de coabitar e de compartilhar com seres não humanos. As geografias mais-que-humanas têm feito essas provocações na contemporaneidade, diante de crises socioambientais, apontando a relevância de cogitar um descentramento do ser humano e a valorização de formas de consciência não humanas, de maneira a problematizar como pensam e agem no/sobre o mundo.

Esse debate está diretamente atrelado às preocupações das teorias mais-que-representacionais, as quais, ao darem enfoque à questão da ação, abordam temas como *performances*, teoria ator-rede, *assemblages*, atmosferas afetivas, ritmos e movimentos, tendo em vista discussões sobre a ação social e política e o uso de meios alternativos para organizar as ideias e a geografia do que acontece. O cotidiano, o banal, o espontâneo e o sensível tornam-se elementos-chave dessa análise, que impulsiona também a reflexão sobre alternativas metodológicas para debater esses temas contemporâneos. Os métodos inovadores, criativos e interdisciplinares são caminhos possíveis para essas reflexões, conforme demonstraremos no próximo capítulo.

O objetivo deste capítulo foi evidenciar a amplitude do debate cultural na geografia, destacando que essa ciência é aberta para diferentes perspectivas, ao mesmo tempo que se alimenta também do diálogo com outras áreas do conhecimento preocupadas com tais temas. Demonstramos, assim, que a construção do pensamento científico – no caso específico de nossa discussão, o geográfico – não se faz sozinha, pois é preciso dialogar com as demais ciências, de modo a conferir atenção à vida cotidiana e suas constantes transformações.

Indicações culturais

ESCADA para o céu: a arte de Cai Guo-Qiang. Direção: Kevin MacDonald. EUA, 2016. 76 min.

Esse documentário mostra a obra do artista chinês Cai Guo-Qiang, que utiliza fogos de artifício para elaborar sua arte no tempo e no espaço. O artista cria um verdadeiro espetáculo em movimento no céu, além de obras de arte em que utiliza os elementos naturais que compõem as cores da pólvora. A arte do chinês vai além da expressão estética: diz respeito também a uma relação emocional com os lugares, uma vez que a explosão dos fogos de artifício, com suas cores e seus sons, varia em significado de acordo com os lugares em que é realizada. O artista tem várias intervenções em diferentes lugares do mundo, unindo elementos específicos para cada um. Um exemplo foi uma intervenção realizada na Argentina baseada nos sons do tango e na paisagem do Rio da Prata.

ECO de la montaña. Direção: Nicolás Echevarría. México, 2014. 92 min.

O documentário conta a história do artista huichol (um povo originário do México) Santos de La Torre. O artista indígena retrata em sua arte cores, símbolos, mitos e outros elementos significativos para seu grupo étnico, como o solo sagrado de onde vive, elemento fundamental para a sua existência, assim como para a existência de seu povo e de sua arte. O mundo mítico é tema de representação da arte huichol, que busca conservar o significado religioso e simbólico por meio de quadros, adornos e outros artigos com a utilização de miçangas coloridas.

O NARIZ. Direção: Kim Nguyen. Canadá, 2014. 86 min.

Esse documentário enaltece a relevância do sentido sensorial do olfato em nossa vida cotidiana e indica como os cheiros estão intrinsecamente ligados à nossa memória e às nossas emoções. Isso porque a parte do cérebro que processa os cheiros é diretamente conectada à parte do cérebro onde nossas emoções são processadas. Nessa obra, os cheiros são apresentados em diferentes contextos espaciais, provocando a necessidade de atenção a esse sentido, que revela muitos elementos relevantes de nossa dinâmica social.

GEOGRAFIA pra que(m)? Podcast. Disponível nas plataformas de *streaming*.

Geografia pra que(m)? é um projeto de extensão do curso de Geografia da Universidade Federal de Mato Grosso (UFMT), campus Cuiabá. Criado por professores e alunos do Grupo de Pesquisa História do Pensamento Geográfico e Epistemologia da Geografia (HPGEO), o podcast visa expandir os debates geográficos para além do ambiente universitário. Já foram discutidos temas como neuroarquitetura, geografias emocionais, geografia e arte, cidade inteligente e cidade saudável, geografia e religião e patrimônio afetivo. Vale a pena ouvir!

Atividades de autoavaliação

1. A geografia das emoções está inserida, entre outras, na perspectiva da fenomenologia. Podemos afirmar que o interesse da geografia das emoções é:
   a) compreender a relação objetiva que temos com o espaço, utilizando para isso dados quantitativos.
   b) apoiar-se nas teorias da geografia analítica para discutir as emoções segundo um viés positivista.
   c) compreender as relações entre as pessoas, suas emoções e vivências espaciais por meio de um olhar subjetivo, levando em consideração a experiência humana.
   d) analisar o espaço geográfico com base no que é material e visível, sem interesse nas questões imateriais e intangíveis.

2. A geografia da religião tem influências da geografia cultural e da geografia humanista. Os temas de interesse da geografia da religião são:
   I. os espaços sagrados e profanos, as paisagens religiosas e as manifestações religiosas.
   II. as espacialidades do fenômeno religioso.
   III. as romarias, as peregrinações e as jornadas, festas e tradições religiosas.
   IV. as questões relacionadas à economia do espaço agrário e do espaço urbano.

Agora, assinale a alternativa que apresenta somente as afirmações corretas:
a) I e IV.
b) II e III.
c) I, II e III.
d) Todas as afirmações estão corretas.

3. Sobre a questão da paisagem sonora, analise as afirmativas a seguir.
   I. A paisagem sonora é cultural, pois reflete a identidade de um lugar e de seus habitantes.
   II. Os sons da natureza e dos animais se repetem em todos os lugares da mesma forma.
   III. Entre os sons do trânsito há, além dos sons dos motores, códigos que são específicos em cada grupo social.
   IV. Cada lugar apresenta especificidades na paisagem sonora.

   Agora, assinale a alternativa que apresenta somente as afirmações corretas:
   a) I e II.
   b) I, III e IV.
   c) II e IV.
   d) Todas as afirmações estão corretas.

4. Sobre as geografias marginais, podemos afirmar:
   I. São pesquisas cujo aporte teórico e metodológico vem da hermenêutica, da fenomenologia e do existencialismo.
   II. Buscam realizar análises espaciais considerando as subjetividades relacionadas às percepções e representações socioculturais.

III. A análise é realizada por meio de metodologias quantitativas, com o aporte teórico da geografia teórica.

IV. O foco são os elementos visíveis na paisagem, como a paisagem edificada, tendo em vista a materialidade da vida.

Agora, assinale a alternativa que apresenta somente as afirmações corretas:

a) I e II.
b) II e IV.
c) I e III.
d) I, II e IV.

5. Com relação à questão de gênero na geografia, Silva (2003) afirma:

a) A geografia é hegemonicamente masculina, sendo os homens os que mais têm produzido e se beneficiado do avanço da ciência, de modo a caracterizar um contexto de androcentrismo na produção do conhecimento, em que as mulheres são invisibilizadas na produção do espaço.

b) Mulheres e homens não têm posicionamentos diferentes no mundo; portanto, suas relações com os lugares são iguais, bem como suas espacialidades.

c) Não há opressão das mulheres pelos homens em diferentes lugares e em diferentes tempos, porque ambos têm as mesmas condições sociais.

d) A visão da construção biológica da feminilidade e da masculinidade posicionou os estudos geográficos para além da busca pela objetividade científica.

Atividades de aprendizagem

Questões para reflexão

1. Você já presenciou algum tipo de preconceito religioso nos espaços em que vive? Como reagiu a isso? Imagine que tal situação possa acontecer no contexto da sala de aula. Analise a relevância de o professor ter uma postura crítica e reflexiva em relação a esse debate, apontando elementos que façam os alunos pensarem sobre suas práticas cotidianas referentes à religião, ao outro (noção de alteridade) e à diferença.

2. O trabalho doméstico comumente destaca o papel social das mulheres na sociedade e a importância do trabalho reprodutivo. Mulheres desempenham múltiplas atividades essenciais para sustentar a vida familiar e comunitária, embora frequentemente não sejam remuneradas por isso. Por volta da década de 1970, iniciou-se a denúncia de que o trabalho doméstico não é apenas um serviço pessoal, mas fundamental para o desenvolvimento econômico capitalista. Você já parou para pensar sobre as tarefas de cuidado que são desempenhadas em nossa sociedade? Como acontecem as divisões de gênero em sua casa? Por exemplo, supondo que você seja homem, heterossexual e casado, qual é seu papel nos afazeres domésticos? Caso você seja mulher, heterossexual, casada e mãe, como percebe seu papel social em sua casa? Analise esse tema considerando seu contexto.

3. Você já parou para pensar sobre os direitos da natureza? Qual é o aspecto ético de nossa relação com os demais seres que compartilham e coabitam a terra conosco? Como a geografia, uma ciência que, além de aspectos sociais e culturais, também discute temas ligados à natureza, pode contribuir para o respeito a essas diferentes formas de vida?

Atividade aplicada: prática

1. Entre as praças de sua cidade, escolha aquela que tenha maior movimentação ou que tenha uma relevância histórica para a cidade. Busque saber mais sobre a história dessa praça e elabore um pequeno questionário (com, no mínimo, três e, no máximo, cinco questões) sobre essa praça e a relação das pessoas com ela, em especial em termos emocionais e afetivos. Nesse sentido, considere aspectos significativos, associados a lembranças, entre outras questões. Selecione alguns moradores locais (podem ser usados alguns critérios, como a idade das pessoas, o tempo de moradia na cidade e o gênero) e aplique o questionário, explicando de maneira sucinta os objetivos dessa aplicação e a importância disso para sua formação como educador e futuro professor de Geografia.

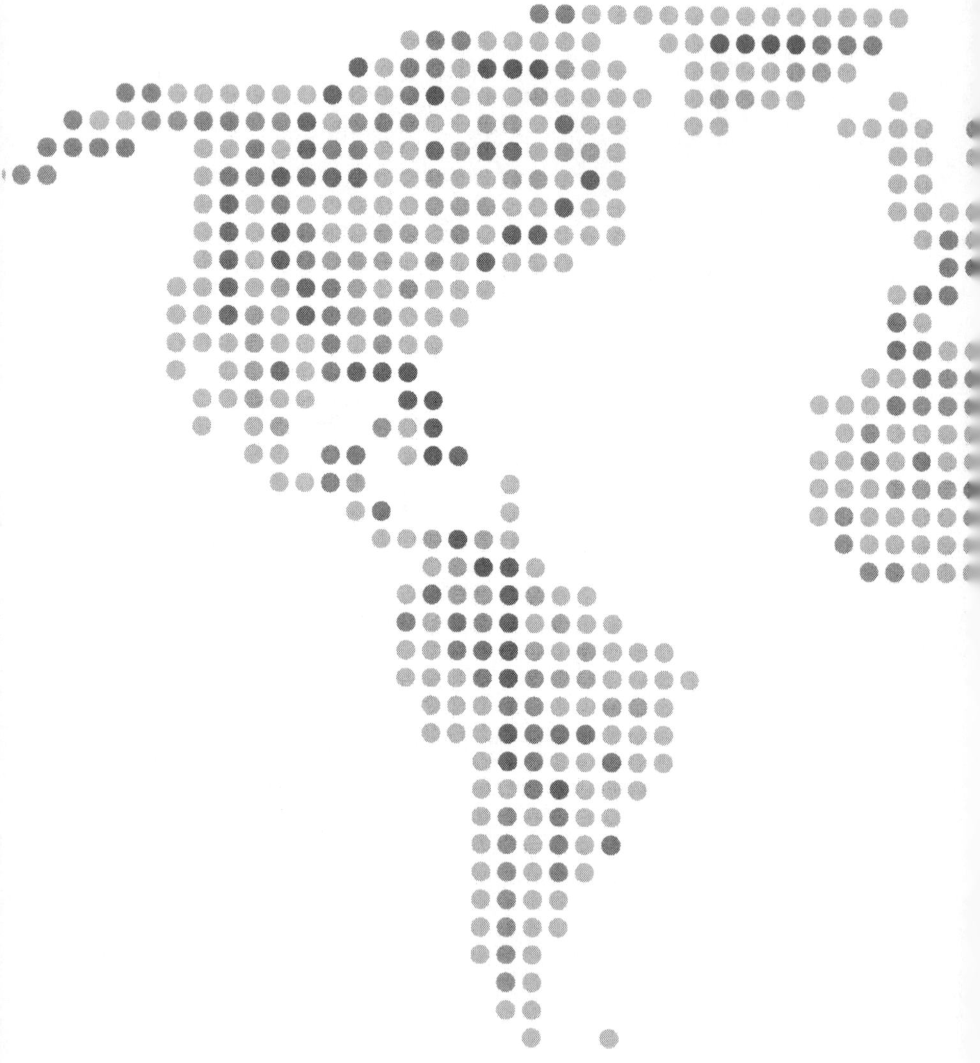

7
Metodologias inovadoras e geografias criativas

Ao propor temas contemporâneos e emergentes, a geografia precisa também pensar em caminhos mais criativos e inovadores para debater esses tópicos, que não se resolvem exclusivamente com uma análise geográfica. Portanto, é necessário estabelecer o diálogo com outras áreas do conhecimento. Nesse sentido, como vimos anteriormente, a geografia estreita e constrói laços férteis com a arte.

A relação da geografia com a arte não é novidade, visto que, desde o século XIX, considerando-se os trabalhos de campo, os relatos de paisagens e as pinturas como formas de documentar essa realidade, o campo artístico já era algo enaltecido. No entanto, no decorrer do tempo, esses laços foram oscilando, tornando-se ora mais próximos, ora mais distantes, como parte da dinâmica de produção do conhecimento.

Mais recentemente, examinando esses temas contemporâneos, muitos autores têm analisado como a criatividade e as artes são um meio relevante e convidativo para levar as pessoas a refletir sobre a própria condição, na qualidade de produtoras de conhecimento, e a encontrar diferentes meios para se expressarem, contribuindo para a reflexão sobre os métodos mais tradicionais de pesquisa qualitativa. A geografia cultural tem se destacado ao propor essas provocações, em um contexto no qual usa a criatividade como método de investigação e, ao mesmo tempo, como possibilidade de ampliar os temas de reflexão geográfica, tomando essas metodologias como objetos de análise.

7.1 Caminhos provocadores para pesquisar o/no cotidiano

Ao abordarmos os temas que temos discutido no decorrer deste livro, concordamos com Paiva (2024) ao afirmar que discursos, narrativas, representações, símbolos, ideologias, éticas, conflitos, regras, práticas, *performances*, materialidades, experiências, emoções, afetos, sensações, estéticas, entre outros elementos, são parte de nossas dinâmicas espaciais. Sem a compreensão desses elementos, a geografia perde grande parte de sua capacidade de explicar os processos espaciais.

Nesse contexto, de acordo com Hawkins (2015), a recente (re)virada criativa da geografia fez com que estudiosos de toda a disciplina adotassem métodos geográficos criativos – incluindo as artes visuais, a criação de imagens, a escrita criativa e técnicas de *performance* – como meio de produção de pesquisas, preocupando-se também com o modo como essas pesquisas podem ser comunicadas e apresentadas. Paiva (2024) complementa essas inovações e as enquadra em outras cinco viradas temáticas: movimento (mobilidade), digital, atmosférica, participativa e criativa.

No caso da **mobilidade**, conforme o autor, é visível que nossa sociedade é móvel em vários aspectos da palavra. Coisas, pessoas, seres não humanos e informações compõem essa mobilidade, embora os métodos geográficos tradicionais nem sempre tenham sido capazes de dar conta de todos os movimentos de que é feita nossa vida. Por isso, tem havido um esforço por parte de pesquisadores para adaptar suas metodologias à mobilidade – por exemplo, com entrevista andante e métodos móveis (etnografias em movimento), método de "seguir a coisa", método da caminhada, além da incorporação do uso de ferramentas para a captação desses movimentos, como videografia, fotografia de repetição e técnica de *time-lapse* (Paiva, 2024).

Ainda no contexto do movimento, têm sido abordados os métodos digitais e os métodos móveis (Figura 7.1). Nesse âmbito, discute-se sobre etnografias em espaços digitais, biossensores, uso de sistemas de informação geográfica (SIGs) qualitativa, método Delphi e trabalho de arquivo (Paiva, 2024).

Figura 7.1 – Uso do biossensor Empatica E4 (pulseira inteligente)[i]

Daniel André Fernandes Paiva

Tendo em vista um mundo cada vez mais móvel e conectado, têm ganhado destaque as **questões afetivas**, as quais estão presentes nas relações espaciais e sociais, considerando-se como as pessoas são afetadas pelas rápidas mudanças espaciais em seu

---

i. Trata-se de uma biotecnologia que realiza a captação de dados fisiológicos relacionados à resposta emocional ao ambiente, sendo utilizada em pesquisas ligadas ao neurourbanismo, aos métodos móveis e a estudos urbanos.

cotidiano e como existe uma atmosfera que molda certas práticas, comportamentos e representações.

Os **métodos atmosféricos** surgem diante dessas inquietações, a fim não somente de perceber as dinâmicas móveis, mas também de analisar como as pessoas sentem essas mudanças e respondem a elas. Esses métodos se fundamentam "na experiência direta dos eventos ou objetos em análise, e na descrição crítica desses eventos, procurando salientar os principais fluxos afetivos" dessas relações (Paiva, 2018, p. 162). Combinam métodos mais tradicionais com possibilidades mais abertas e experimentais, possibilitando abordar questões afetivas complexas e incluir a participação ativa das pessoas (Paiva, 2017, 2024).

De acordo com Paiva (2017, 2024), autoetnografias, entrevista com elicitação de materiais, diários, caminhadas, interpretação de paisagem, etnografia multissituada e em movimento, seguir a coisa, sombreado, entre outras possibilidades, têm sido métodos inseridos nessas pesquisas. Essa proposta está ligada ao que abordamos anteriormente sobre as atmosferas afetivas, pensando diferentes dinâmicas materiais e imateriais que compõem essas atmosferas, especialmente com relação à questão do afeto.

No que se refere aos **métodos participativos**, segundo Paiva (2024), tem crescido o interesse em construir, de fato, uma ciência cidadã, problematizando o aspecto social, político e ético da produção de conhecimento, de modo que este possa realmente ser aplicado para melhorar a qualidade de vida das pessoas e a saúde do planeta. Para tanto, têm sido desenvolvidas versões participativas de métodos mais tradicionais, como o levantamento fotográfico, a videografia, a fonografia, os mapas mentais e as entrevistas de história de vida, em que a produção e a análise de dados ocorrem mediante a investigação ativa de participantes, cujo processo participativo pode conduzir a uma investigação-ação.

A última das viradas foi a **criativa**. O uso da criatividade como uma proposta de método e de metodologia está muito atrelado à sua dinâmica mais espontânea, atenta aos fatos mais banais, ordinários e cotidianos, nem sempre foco de interesse de pesquisas mais tradicionais. Assim, questões mais sensíveis, afetivas e próximas da experiência de vida das pessoas tornam o processo mais horizontal e elucidativo e potencializam a dinâmica criativa de cada um como um meio alternativo para organizar ideias e refletir sobre sua ação social e seu papel político na experiência espacial.

Conforme Paiva (2024), esse tipo de abordagem busca adaptar os métodos qualitativos à exploração e à experimentação, proporcionando um diálogo entre métodos mais tradicionais e as artes, de modo a expandir as possibilidades de captar práticas em movimento, examinar questões afetivas complexas e incluir participantes na investigação. *Story maps*, mapas sonoros (cartofonia), *sound art*, diálogos com teatro, filmes, dança, literatura, entre outras questões, são alguns dos exemplos.

Preste atenção!

O termo *geografia criativa* foi proposto Harriet Hawkins (2015), que analisa a questão criativa tanto na investigação geográfica quanto na exposição de resultados de pesquisa, pensando em metodologias corporificadas e centradas na prática experimental.

A principal justificativa para a (re)virada criativa da geografia é o potencial das práticas criativas como resposta à orientação contínua da disciplina para fazeres incorporados e baseados na prática, tendo em vista as experiências sensoriais, as emoções, as atmosferas afetivas e os fluxos da vida, que envolvem públicos não especializados em causas geográficas – nesse sentido, propõe-se uma abordagem participativa e comunicativa (Hawkins, 2015).

7.2 CriAÇÃO no/do espaço: *performances* e experiências geográficas

Buscando fortalecer os elos geográficos com as práticas artísticas, parte-se da premissa de que a experiência espacial, como abordamos anteriormente, acontece a partir de um coabitar, em que práticas geográficas artísticas, narrativas e criativas oportunizem a imersão e a expressão de mundos partilhados, ou seja, há o interesse em metodologias performáticas, geopoéticas ou de intervenções/instalações (Souza Júnior; Almeida, 2020).

De acordo com Paiva (2017), muitos desses estudos têm discutido sentidos sensoriais menos explorados, como audição, paladar, olfato e tato, fazendo emergir uma linha de investigação geográfica sobre paisagens sensoriais, que reformula métodos etnográficos para o estudo social, antropológico e geográfico dos sentidos. Com efeito, os métodos convencionais da geografia humana, tendo em vista aqui a geografia cultural, não dão conta de explicar a realidade complexa, bem como são inadequados para "a tarefa de captar as lógicas afetivas e processuais dos espaços-tempos nos quais corpos em movimento são participantes generativos" (McCormack, 2013, p. 118, tradução nossa).

Por isso, segundo Paiva (2017), têm sido analisadas possibilidades nos campos do experimentalismo e da criatividade, de modo a captar o dinamismo da vida e teorizar sobre fluxos sensoriais, atmosferas afetivas, *assemblages*, ritmos e eventos à medida que acontecem (Figura 7.2).

Figura 7.2 – Obra *Bandeira Nacional*, do artista Desali[ii]

DESALI. **Bandeira Nacional**. 2021. Obra composta por 504 esponjas de cozinha doadas pela TerraCycle, coladas sobre espuma e 6 limpadores de azulejo: color.; 200 x 180 cm. Fotografia realizada na exposição "Carolina Maria de Jesus: um Brasil para os brasileiros", Museu de Arte do Rio.

Conforme abordamos anteriormente, os debates mais-que-representacionais e mais-que-humanos também apontam a necessidade de um repensar metodológico na produção de conhecimento. Isso porque, ao deslocar a atenção dessas perspectivas para os múltiplos modos de coabitar e cofabricar afetivamente

---

ii. Na obra indicada, como esponjas, cabos de vassoura e rodos explicam a realidade socioespacial do Brasil?

mundos, é preciso expandir as possibilidades procedimentais para aproximações com outros campos disciplinares das humanidades (Souza Júnior, 2021).

Para Souza Júnior (2021), procedimentos mais tradicionais, centrados apenas na experiência humana, limitam a percepção na/da pesquisa e sua imersão em mundos mais-que-humanos. Questionar os dualismos/cartersianismos da ciência moderna diz respeito não apenas aos temas em análise, mas também ao modo como se fazem a análise e a interpretação dos fenômenos geográficos, pautando arranjos polifônicos multiespécies. Assim, a geografia tem realizado o movimento de um "retorno criativo", que já esteve mais presente na estruturação da geografia como ciência moderna. "Mudanças nesse fazer geográfico envolvem aberturas para práticas menos pragmáticas e para aproximações com outras formas de sensibilidade e observação" (Souza Júnior, 2021, p. 5).

Nesse contexto, tem sido efetuada a busca por metodologias que correlacionem o psíquico e o emocional, recorrendo às práticas interdisciplinares. Dessa maneira, é necessário transpor linguagens e capacidades da arte, pensando modos imersivos de pesquisa que aproximem atmosferas e formas de alteridade afetivas (Souza Júnior, 2021). A música, o teatro, a fotografia, as artes visuais, o cinema e outras experiência artísticas têm sido colocados em prática na geografia. Nesse sentido, considera-se a produção de conhecimento geográfico mais livre, mas não menos crítica, ética e criteriosa (Figra 7.3).

Figura 7.3 – CriATIVIDADE na produção de conhecimento: diálogos entre geografia, biologia, teatro e dança organizados por meio de mapa mental

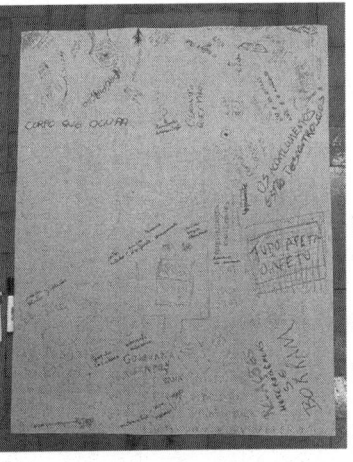

Marcia Alves Soares da Silva

Como explica Paiva (2017), tem-se apostado também no uso de tecnologias (métodos móveis) que permitem a captação de experiências em movimento, como fotografias, vídeos, fonografia e etnografias em movimento ou *go-along*, *soundwalk*, *eye-tracking* e biossensores móveis.

A arte, nesse caminho, tem a capacidade de desvelar espacialidades ampliadas, quando permite o infinito de possibilidades para pensar a capacidade criativa das interAÇÕES. O contato imaginativo, poético, sensorial e empático permite uma ampliação da produção de conhecimento, bem como de sua divulgação, alcance e impacto quando pensamos em mudanças necessárias em contextos mais-que-humanos.

Dirksmeier e Helbrecht (2008) falam sobre uma "virada performativa" na pesquisa social qualitativa, utilizando o exercício de *performances* verbais, corporais e multimodais de práticas artísticas ou sociais, isto é, de eventos singulares e temporários, baseados numa mudança do paradigma da "representação" para técnicas de arte/*performance*.

Assim, há o entendimento do fazer artístico como uma possibilidade metodológica de pesquisa na geografia cultural, visto que a "arte pode, mais que expandir, criar outras espacialidades que carregam consigo potencial para encontros criativos com aspectos sensíveis e afetivos da realidade geográfica (Souza Júnior; Almeida, 2020, p. 490).

Esses temas contemporâneos da geografia cultural provocam um realinhamento contínuo das energias intelectuais, de acordo com Whatmore (2006). Para a autora, a criatividade da geografia cultural é gerada não por uma sucessão de "novas" reviravoltas, mas pela força acumulada de retornos constantes a preocupações duradouras com os processos e excessos de "vivência" de uma forma para além do mundo humano. É um realinhamento que promete muito em termos de equipar a geografia na era das ciências da vida, mas que traz resultados metodológicos reais e urgentes.

Por esse caminho, há a necessidade de complementar o repertório familiar de métodos humanistas que se fundamentam na geração de fala e texto com práticas experimentais que amplifiquem outros registros sensoriais, corporais e afetivos (Whatmore, 2006).

Esses caminhos criativos desafiam nossas concepções e representações de espaço e tempo na perspectiva geográfica, refletindo, para além disso, a possibilidade de intervenção nessas dinâmicas.

> As geografias criativas, portanto, não só oferecem oportunidades para enfrentar os desafios representacionais das formas contemporâneas de pensar o lugar, mas tornam-se potencialmente os meios para intervir nos processos de criação de lugares. O terreno está preparado para essas discussões em todos os estudos geográficos sobre arte, seja no que diz respeito ao planejamento urbano, à arte baseada na comunidade e às práticas participativas, seja no que se refere aos processos de memorialização, em que é concedido às práticas criativas o potencial de criação de lugares e de formação de comunidades. (Hawkins, 2015, p. 253, tradução nossa)

Destacamos, ainda, que essas proposições metodológicas igualmente solicitam que sejam revistas as formas de análise e de interpretação dos dados construídos. No caso das metodologias que apresentamos, também se propõe a realização de uma análise e de uma interpretação criativas, conforme os interesses e propósitos da pesquisa que conduzimos. O fato é que, ao considerarmos essas possibilidades, uma abordagem interdisciplinar também se mostra relevante, assim como provoca mudanças e transformações analíticas em nossa própria área do conhecimento.

De acordo com Paiva (2024), na geografia, as principais abordagens referentes à interpretação de dados qualitativos são: semiótica e abordagens visuais; hermenêutica; fenomenologia, análise de discurso; e análise de narrativa.

Como modo de facilitar a organização das possibilidades metodológicas, apresentamos, no Quadro 7.1, uma síntese das metodologias mais inovadoras e contemporâneas em pesquisas qualitativas, com base no levantamento realizado por Paiva (2024).

Quadro 7.1 – Exemplos de metodologias qualitativas, inovadoras e criativas

Metodologia	A proposta	Exemplos práticos	Pontos de atenção
Autoetnografia	Consiste no estudo de uma experiência vivida pelo investigador.	O sujeito da investigação é o próprio investigador e sua vivência, que será objeto de análise e interpretação. A experiência vivida deve ser contextualizada em um ambiente social ou geográfico, a partir de uma escrita narrativa.	Pode haver limitações em virtude de falhas da memória; não é uma metodologia preestabelecida e, assim, requer uma sensibilidade específica para cada caso.
Biografia	É uma descrição da vida de uma pessoa, que geralmente é ordenada temporalmente a partir de seu nascimento e até sua morte.	Enquadra-se nas redes de relações socioespaciais de diferentes tempos o percurso de uma vida individual, o qual pode ser acessado diretamente com a pessoa ou por meio de arquivos.	Quando temos os dados recolhidos, a escrita da biografia em si tende a ser relativamente automática. É preciso ordenar temporalmente a informação e identificar os acontecimentos mais significativos, relacionando as dimensões temporal e espacial dos fatos.

(continua)

(Quadro 7.1 – continuação)

Metodologia	A proposta	Exemplos práticos	Pontos de atenção
Caminhada	Proposta imersiva, exploratória e de intimidade, oferece um conhecimento do espaço a partir da perspectiva do corpo; interação com um ambiente físico e social.	Compreensão de escalas e ritmos de um contexto urbano; caminhada a pé, observando detalhes, explorando estímulos sensoriais, recolhendo dados escritos, fotográficos ou sonoros e interagindo casualmente com pessoas ou animais; caminhada de transecto, iconográfica ou sonora.	Geralmente é combinada com outras metodologias, como entrevista, fotografia, fonografia ou métodos criativos.
Cartofonia	São práticas de mapeamento que incluem o levantamento, a georreferenciação, a digitalização ou a análise do ambiente sonoro.	O processo de produção de um mapa de perfil de som consiste em realizar uma exploração intensiva do ambiente sonoro de uma área, geralmente recorrendo a caminhadas, e um levantamento dos principais marcos sonoros, para depois fazer o georreferenciamento.	Permite uma interpretação alternativa mais sensível, mais intuitiva e mais exploratória da informação cartográfica.

(Quadro 7.1 – continuação)

Metodologia	A proposta	Exemplos práticos	Pontos de atenção
Diário	Consiste em abordar a vida cotidiana da perspectiva de quem a pratica e a experiencia, permitindo aos participantes escolher aquilo que pretendem dizer ou salientar em sua vivência.	O investigador reúne um grupo de participantes com o tamanho e as características adequadas para seu estudo e solicita-lhes que escrevam um diário das atividades que vão realizando em seu dia a dia; diários reflexivos, diários colaborativos, diários de WhatsApp, diários em áudio e diários fotográficos ou sonoros.	Podem ser analisados de forma coletiva, a depender da proposta realizada. No entanto, pode haver limitações com relação a tempo e recursos por parte dos participantes, algo que deve ser considerado na escolha desta proposta.
Entrevista andante	Consiste na prática de conversar enquanto se anda. Permite-nos falar sobre um lugar à medida que o experienciamos, dirigindo o foco da conversa para o uso prático e a experiência imediata dos lugares.	Tem sido aplicada em estudos sobre diversidade, representações e emoções, considerando-se eventos e fatos que acontecem no momento da andança.	Pode ser realizada a análise discursiva ou hermenêutica da fala ou de sistemas de informação geográfica para espacializar as falas.

(Quadro 7.1 – continuação)

Metodologia	A proposta	Exemplos práticos	Pontos de atenção
Entrevista com o uso de materiais	Consiste em um diálogo sobre determinados materiais que representam espaços, lugares ou paisagens, como fotografias, vídeos, gravações sonoras, mapas ou desenhos, com a intenção de que o entrevistado possa dialogar sobre isso.	Usa a sensibilidade para refletir sobre a paisagem do dia a dia; destaca certos elementos da paisagem; acessa espaços com significados para os participantes.	O processo de tratamento e análise dos dados da entrevista com elicitação é semelhante ao da entrevista tradicional, com atenção especial aos materiais que são utilizados, garantindo-se uma conduta ética.
Etnografia	É caracterizada como um método intensivo de recolha e interpretação de dados qualitativos que envolve a participação de um investigador em uma cultura, grupo social ou prática humana.	Inserção em determinadas comunidades. Perspectiva mais-que-humana: interesse em particular pelo modo como o ser humano se relaciona com outros seres vivos, com tecnologias e com a materialidade do espaço; perspectiva não representacional: preocupa-se com as relações afetivas, cognitivas e emocionais entre corpos e espaços.	Os dados que se recolhem em uma etnografia são de natureza diversa. Dada a variedade de situações sociais e contextos geográficos em que o investigador pode se encontrar, um dado etnográfico pode ser praticamente qualquer coisa.

(Quadro 7.1 – continuação)

Metodologia	A proposta	Exemplos práticos	Pontos de atenção
Etnografia digital	Consiste em um estudo etnográfico em que o campo está na internet.	O espaço virtual é o meio de recolha de informações, estabelecendo uma certa "ausência" do pesquisador, que não vai fisicamente ao campo. Utilização de dados recolhidos em mídias sociais, jogos *on-line*, entre outros.	As características do mundo virtual exigem algumas reorientações que são comuns à maioria das etnografias conduzidas em espaços virtuais. Por vezes, é difícil saber quem é responsável pela inserção de uma informação, quantas pessoas participaram dessa inserção ou quantas a consultaram, elementos que impactam a coleta e a análise de dados.
Fotografia de repetição	Trata-se da replicação de fotografias históricas com o objetivo de identificar e analisar as mudanças da paisagem.	A replicação implica que a fotografia de repetição duplique as condições em que a fotografia original foi tirada.	Analisa-se como a própria paisagem se altera no decorrer do tempo, tendo em vista que a paisagem é mutável. Portanto, a análise vai depender do contexto e considera se houve o uso de métodos mistos.

(Quadro 7.1 – continuação)

Metodologia	A proposta	Exemplos práticos	Pontos de atenção
Fonografia	Tem sido usada principalmente para a realização de gravações sonoras de campo.	O meio sonoro mistura sempre todas as fontes de som em dada localização; portanto, a fonografia é ideal para mostrar a copresença de corpos em paisagens. Implica um processo de exploração da paisagem e a escolha do ponto de escuta ideal para a gravação.	A gravação de campo exige um conhecimento profundo dos ritmos e dos fluxos de um lugar. A essa etapa de exploração segue-se uma etapa de gravação e de *playback*, sendo recomendadas também a escuta ativa e a edição de som, além da utilização de outros métodos multissensoriais que permitem a complementação na coleta e na análise dos dados.
Interpretação de paisagem	A paisagem pode ser interpretada de uma maneira semelhante à leitura e interpretação de textos escritos ou orais (paisagem como texto) ou ao visionamento e interpretação de imagens (iconografia da paisagem).	Estudos da intertextualidade na literatura e em textos jornalísticos; representação de figuras, pinturas.	Técnicas de interpretação da semiótica; análise da paisagem como se fosse um documento escrito.

(Quadro 7.1 – continuação)

Metodologia	A proposta	Exemplos práticos	Pontos de atenção
Mapas mentais	Trata-se de um desenho feito apenas com base naquilo que as pessoas lembram sobre os espaços que conhecem.	Consiste em pedir a um ou mais participantes de um estudo que descrevam seu mapeamento cognitivo, de modo a serem reveladas diferenças de percepções, representações e usos espaciais entre grupos sociais.	A análise da informação de mapas mentais geralmente ocorre por meio de uma leitura qualitativa, embora existam abordagens que quantifiquem as características dos desenhos.
Métodos móveis	São etnografias realizadas em contextos de mobilidade, podendo focar aspectos experienciais e performativos.	Uso de meios de transporte existentes (bicicleta, carros, a pé, entre outros) e registro dessa experiência por meio de vídeo, *time-lapse*, fonografia e sistemas de informação geográfica.	A depender da proposta escolhida e do objetivo da investigação, podem ser usados métodos mistos. Têm sido utilizadas muitas tecnologias para captar dados em movimento, como relógios inteligentes.

(Quadro 7.1 - continuação)

Metodologia	A proposta	Exemplos práticos	Pontos de atenção
Método Delphi	Reúne um grupo de especialistas que respondem a uma série de questionários para se obter a melhor resposta possível a um problema.	Uma sequência de questionários escritos é enviada a um painel de especialistas, estabelecendo-se uma questão-central de investigação e várias fases de coleta e análise de dados.	O método Delphi pode ser quantitativo ou qualitativo, o que determinará a análise dos dados.
Seguir a coisa	É uma metodologia de caráter etnográfico na qual o propósito da investigação é seguir um objeto no espaço.	Encontro entre a etnografia multissituada e a etnografia em movimento. Implica perceber que relações as pessoas estabelecem com o objeto e quais são os atores-chave envolvidos em sua produção, mobilidade e consumo.	Deve ser feita no sentido de realizar a biografia da coisa, da sua criação ao seu desaparecimento (prática, consumo ou outra atividade), analisando-se essas etapas, transformações e a síntese disso.

(Quadro 7.1 - continuação)

Metodologia	A proposta	Exemplos práticos	Pontos de atenção
Sistemas de informação geográfica participativa	Busca-se democratizar a recolha de dados geoespaciais a partir do conhecimento da população.	Esse tipo de proposta permite uma maior participação ativa e política da população, colaborando para o planejamento e a formulação de políticas públicas, construindo uma ciência cidadã em que os cidadãos agem como sensores.	A informação espacial fica georreferenciada em uma base de dados à qual os investigadores têm acesso e cujos dados podem ser tratados e analisados, podendo-se incluir também os cidadãos no tratamento, na análise e no debate sobre a informação geográfica recolhida.
Sombreado	Trata-se de um método de investigação em que o investigador observa a ação social sem o conhecimento da maioria ou de todos os sujeitos presentes no local de estudo. Há mínima ou nenhuma participação por parte do investigador nessa ação social.	Deve-se estar o mais próximo possível da ação social "como ela é", sem a intervenção, interrupção ou presença visível do investigador. Pode ser usado em vários contextos e com níveis diferentes de "disfarce".	É frequentemente combinado com outros métodos que providenciam novas perspectivas de observação não participante, como o vídeo ou a fotografia, o que modifica, portanto, a forma de analisar os dados.

(Quadro 7.1 – continuação)

Metodologia	A proposta	Exemplos práticos	Pontos de atenção
Story maps	Mapas de histórias são aplicações de *web mapping* desenhadas especificamente para contar histórias por meio de mapas.	Estas ferramentas (ESRI ArcGIS Online, QGIS, Mapbox e Leaflet) permitem produzir cartografia em uma tela de mapa interativa 2D ou 3D com várias funções, como a inclusão de simbologia espacial ou a análise espacial quantitativa.	Pode-se propiciar um entendimento prático de realidades complexas, sendo importante selecionar o que deve entrar no *story map* e o que fica de fora, visto que, para ser mais inteligível, esse material deve ser o mais simples possível, com coerência gráfica e textual.
Videografia	O vídeo tem sido um recurso utilizado para dar respostas às transformações da sociedade em constante mudança; analisa, portanto, eventos temporários.	Pode ser utilizado como registro de campo, para captar a comunicação não verbal, como movimentos dos olhos ou linguagem corporal. Cria memórias dos movimentos em determinado espaço-tempo, preservando a visão e a audição de contextos que mudam. Também pode ter caráter participativo, em que os próprios participantes produzem o material.	Entrevistas são frequentemente um complemento importante à recolha de imagens, pois a explicação dos sujeitos pode ser necessária para elucidar as práticas registradas em vídeo.

295

(Quadro 7.1 – conclusão)

Metodologia	A proposta	Exemplos práticos	Pontos de atenção
Time-lapse	Trata-se de uma tecnologia que registra uma sequência de fotografias com determinado intervalo de tempo entre elas – daí o nome *lapso de tempo*.	O resultado de uma gravação *time-lapse* pode ser visualizado como um vídeo ou as fotografias individuais podem ser colocadas lado a lado para uma análise mais minuciosa. Permite estudar os ritmos e a temporalidade de práticas humanas em ambientes urbanos.	Pode ser aprofundado pela combinação com outros métodos, como observação participante ou não participante e diários, que podem compensar as limitações do *time-lapse*, nomeadamente o problema de reduzir os eventos e práticas sociais a uma sequência de imagens que não contêm sons, falas, cheiros, nem todos os movimentos e expressões que as pessoas fazem.

Fonte: Elaborado com base em Paiva, 2024.

Nesse quadro, buscamos apresentar algumas proposições metodológicas que estão entre as mais inovadoras e contemporâneas na geografia. Algumas são tradicionais, porém incorporaram ferramentas e perspectivas mais condizentes com os dilemas, os desafios e as rápidas mudanças da dinâmica espacial atual. Portanto, esses exemplos, para alguns, podem abranger práticas já realizadas em campo, em sala de aula e em outras dinâmicas de pesquisa; para outros, podem ser um primeiro contato para a produção de pesquisas e inovações na resolução de problemas cotidianos.

Síntese

Neste capítulo, buscamos sintetizar o que consideramos como metodologias inovadoras e criativas no campo da geografia, embora tenhamos, em todo o livro, apresentado exemplos práticos das teorias e conceitos que debatemos.

Sabemos que é bastante desafiador trabalhar com alguns temas da geografia cultural, em especial pelo receio de não saber "como" trabalhar. Há, até mesmo, muitos preconceitos e marginalização de certos temas, justamente pelo problema da metodologia. Por isso, a escolha metodológica também não precisa ser um fim, podendo se constituir em um processo de tentativas, acertos e erros, que são parte fundamental da produção de conhecimento.

Vale mencionar que muitas dessas propostas ainda são incipientes no contexto brasileiro, seja pela pouca bibliografia em língua portuguesa, seja por limitações de recursos, seja por desconhecimento. Portanto, nosso intuito foi dar visibilidade a essas metodologias, à proposição de caminhos mais criativos para a produção de conhecimento, enaltecendo o debate interdisciplinar e instigando que se saia da zona de conforto. Nesse contexto, é preciso valorizar a participação ativa não só dos pesquisadores, mas também daqueles que produzem muitos saberes cotidianos que enriqueçam e tornam ainda mais complexa a experiência espacial.

Indicações culturais

PAIVA, D. Mapeando sonoridades. In: BRITO-HENRIQUES, E.; CAVACO, C.; LABASTIDA, M. (Ed.). **Ruínas e terrenos vagos:** explorações, reflexões e especulações. Lisboa: Centro de Estudos Geográficos da Universidade de Lisboa, 2019. p. 49-51.

O pesquisador Daniel Paiva, da Universidade de Lisboa, compartilhou em seu artigo "Mapeando sonoridades" um mapeamento de sonoridades em espaços vacantes urbanos[iii], com o intuito de amplificar as sonoridades de uma existência periférica na cidade. A proposta do pesquisador inclui algumas das metodologias que citamos neste capítulo. Vale a pena conhecer e pensar sua problematização em outros contextos.

SENSORY MAPS: produção de mapas sensoriais. Disponível em: <https://sensorymaps.com/>. Acesso em: 6 set. 2024.

A pesquisadora, artista e palestrante Kate McLean trabalha na interseção de paisagens olfativas com a cartografia e a comunicação de dados detectados "invisíveis aos olhos". Para conseguir isso, lidera passeios olfativos públicos internacionais e traduz os dados resultantes usando design *digital, aquarela, animação, difusão de aromas e escultura em mapeamentos de paisagens olfativas.*

[iii]. VACANT LAND SOUNDSCAPES. Disponível em: <https://sites.google.com/view/novoidsoundmap/lisbon>. Acesso em: 6 set. 2024.

URBIO: Making Urban Planning and Design Smarter with Participatory Mobile Biosensing. Disponível em: <https://urbioproject.wixsite.com/home>. Acesso em: 6 set. 2024.

Urbio é um projeto cujo objetivo é investigar o uso de biodetectores no planejamento e no design urbanos, considerando-se os fenômenos sociais e culturais envolvidos na recepção de novas tecnologias de biodetecção. Nesse sentido, o projeto busca experimentar novas abordagens participativas com cidadãos mediante o uso de dados. A ideia é utilizar biossensores para captação de respostas fisiológicas na relação com as dinâmicas urbanas, de modo a permitir a análise da questão emocional que as rodeia.

Atividades de autoavaliação

1. A geografia criativa, conforme proposta por Hawkins (2015), incorpora artes visuais, escrita criativa e *performance* tanto na produção quanto na apresentação de pesquisas geográficas. Assinale a alternativa que indica o papel das geografias criativas nos estudos geográficos contemporâneos:
    a) Servem apenas para planejar o uso do espaço urbano sem intervenções diretas.
    b) Limitam-se a representar práticas artísticas sem envolver os processos de memorialização ou de criação de lugares.
    c) Focam exclusivamente a preservação histórica dos lugares, sem influência nas comunidades atuais.
    d) Proporcionam intervenções na criação de lugares e na formação de comunidades por meio de práticas artísticas e participativas.

2. Segundo Paiva (2024), quais são as cinco viradas temáticas que complementam as inovações criativas na geografia?
   a) Digital, estética, participativa, atmosférica e afetiva.
   b) Atmosférica, digital, criativa, participativa e mobilidade.
   c) Atmosférica, criativa, afetiva, digital e colaborativa.
   d) Digital, afetiva, participativa, criativa e estética.

3. Qual das alternativas a seguir **não** está entre os exemplos de métodos participativos citados por Paiva (2024)?
   a) *Story maps*.
   b) Etnografia em movimento.
   c) Mapas mentais.
   d) Observação não participante.

4. De acordo com Souza Júnior (2021), o movimento de "retorno criativo" na geografia busca:
   a) maior utilização de ferramentas tecnológicas avançadas.
   b) a aplicação de práticas exclusivamente humanas na análise geográfica.
   c) uma reaproximação com formas mais sensíveis e imersivas de observar o mundo.
   d) abandonar completamente os métodos tradicionais de pesquisa.

5. Qual das alternativas a seguir indica uma das transformações analíticas que ocorrem na geografia quando se adota uma abordagem interdisciplinar?
   a) O uso exclusivo de dados quantitativos.
   b) A aplicação de métodos estatísticos complexos.
   c) A flexibilização das metodologias de análise e interpretação.
   d) A rejeição das abordagens visuais.

Atividades de aprendizagem

Questões para reflexão

1. Como as metodologias criativas e interdisciplinares podem transformar a maneira como interpretamos e representamos o espaço geográfico? Reflita sobre o papel das práticas artísticas, performáticas e sensoriais na geografia e analise como essas abordagens podem influenciar tanto a experiência do pesquisador quanto a comunicação dos resultados de pesquisa para diferentes públicos.

2. De que maneira a inclusão de metodologias que envolvem os sentidos (audição, paladar, olfato e tato) contribui para uma compreensão mais profunda e afetiva dos espaços-tempos na geografia? Pondere como essas abordagens podem ampliar a percepção geográfica para além da visualidade, impactando a análise das dinâmicas espaciais e a conexão emocional com o espaço.

Atividade aplicada: prática

1. Escolha uma das proposições metodológicas apresentadas e coloque-a em prática. Para isso, analise um dos temas abordados no decorrer deste livro e defina a metodologia mais apropriada para tratar dessa problemática. Verifique também qual deve ser a escala para analisar esse fenômeno, considerando o contexto social e cultural em que você vive.

Considerações finais

A geografia se estruturou como ciência moderna quando buscou entender a relação da natureza com a sociedade, culminando na estruturação de seu conceito-chave: o espaço geográfico. No decorrer do avanço teórico e conceitual da área, várias foram as inquietações dos geógrafos na tentativa de compreender essa relação. Assim, diferentes elementos foram inseridos nas diversas áreas da geografia, buscando-se enriquecer a análise do espaço geográfico. Um desses elementos é a cultura.

O debate cultural despertou e ainda desperta interesse em diferentes áreas do conhecimento. A geografia, em um debate interdisciplinar, desenvolve os temas relacionados às questões culturais por meio do diálogo com outras ciências, ao mesmo tempo que lança um olhar sensível para analisar a complexidade da vida, materializada em práticas e manifestações culturais.

As festas, os patrimônios culturais materiais e imateriais, as tradições, os espaços de memória, as questões ambientais, as experiências de vida, as afetividades, os papéis de gênero, as religiões e a arte são alguns dos temas de interesse da geografia cultural, analisados de acordo com diferentes categorias espaciais, como região, paisagem, território, lugar e espaço vivido, além do espaço geográfico propriamente dito. Em um diálogo com a geografia humanista, tais temas são discutidos segundo diferentes perspectivas, o que enriquece o debate cultural para a geografia como um todo.

Ressaltamos que, ao incorporar esses assuntos na perspectiva geográfica, é possível inserir no debate científico várias inquietações do passado e que ainda configuram problemas contemporâneos. Alguns desses temas, como as discussões sobre gênero, arte, religião e afetividade, possibilitam uma renovação do debate geográfico, que se volta para os acontecimentos cotidianos no intuito de compreender como essas questões culturais emergem na atualidade.

Outra contribuição significativa da/para a geografia cultural é o debate sobre a diferença. Quando escolhemos trabalhar com cultura, estamos debatendo sobre a diferença, gênese das manifestações e práticas culturais e questão fundamental para a riqueza do debate. Falar sobre a diferença é falar sobre o outro, sobre a alteridade. É urgente e necessária a compreensão do outro, para entendermos a nós mesmos. Quando buscamos entender a cultura por meio do outro, precisamos atentar para as minúcias dessa relação, respeitando as diferenças, a história do outro, suas experiências de vida e percepções de mundo.

A geografia cultural, desde a década de 1920, com os trabalhos de Carl Sauer, possibilitou à geografia um importante desenvolvimento no que se refere à cultura, dando visibilidade para discussões até então negligenciadas pelas áreas mais tradicionais da geografia.

Buscamos apresentar nesta obra importantes elementos que fazem parte de nossas práticas e manifestações culturais cotidianas, as quais dizem muito sobre quem somos, sobre aquilo em que acreditamos e sobre a direção que queremos tomar. Pensar a cultura na geografia revela que nossas espacialidades são significativas, pois se constituem para além do tangível, contribuem para a valorização dos lugares e das pessoas e possibilitam enxergar diferentes dimensões da vida.

Por isso, entendemos que a adoção de metodologias criativas e sensoriais na geografia amplia a compreensão dos processos espaciais mediante a incorporação de práticas artísticas, experimentais e interdisciplinares que dialogam com os sentidos e os afetos, bem como revelam as complexas dinâmicas sensoriais e emocionais que permeiam os espaços-tempos contemporâneos. Ao desafiarem métodos convencionais e engajarem o pesquisador e o público de maneira mais imersiva e participativa, essas metodologias promovem uma geografia que explora o coabitar e as atmosferas afetivas, conectando-se com os fluxos da vida cotidiana e o potencial transformador de uma ciência mais engajada e sensível às experiências humanas e mais-que-humanas.

A valorização dessas questões é urgente em nossa sociedade, visto que nos instiga a olhar para os outros com empatia, com respeito e com interesse no entendimento dos motivos pelos quais somos diferentes. A diferença é a riqueza da vida; trata-se de um elemento que se manifesta na cultura, a qual não deve ser entendida como recurso econômico, mas como fator primordial para a compreensão da complexidade das sociedades.

Glossário

Affordance: termo utilizado para expressar como se dão as possibilidades de relação entre organismos e objetos, que ocorrem por intermédio de estímulos dos objetos sobre os organismos; portanto, está ligado à percepção do entorno e a suas possibilidades de uso, considerando-se contextos e significados. O conceito é utilizado no âmbito da teoria não representacional e dialoga com a ideia de ação, *performance* e afeto, tendo em vista que os humanos agem sobre os objetos, mas os objetos também agem sobre os humanos.

Assemblage: termo que diz respeito às complexas redes e arranjos heterogêneos de relações. O conceito de *assemblage* está muito associado à teoria ator-rede de Bruno Latour, que leva em consideração que o contexto social apresenta formações/associações/agências em que participam não só humanos, mas toda uma série de entidades não humanas, como textos, objetos e tecnologias. Esses arranjos heterogêneos também afetam as dinâmicas espaciais, entendendo-se que as experiências espaciais dão forma a cada vida, sempre territorializada.

Determinismo geográfico: corrente da geografia tradicional alemã segundo a qual o espaço (ambiente) determina os seres humanos, o que inclui as questões naturais, como clima, flora e fauna.

Existencialismo: movimento filosófico que ganhou força na Europa em meados do século XX, mas foi iniciado anteriormente por Søren Kierkegaard. Assume a existência humana como questão central.

Fenomenologia: corrente filosófica iniciada no século XIX, com diferentes vertentes e perspectivas, com contribuições de filósofos como Franz Brentano, Edmund Husserl, Martin Heidegger e

Maurice Merleau-Ponty, tendo como base o estudo dos sujeitos e de suas experiências.

Formas simbólicas: na perspectiva de Ernst Cassirer, as formas simbólicas são construídas pelas pessoas, fazendo parte do mundo da cultura e servindo como mediação da relação do indivíduo com a vida.

Gênero de vida: conceito discutido por Paul Vidal de La Blache, geógrafo do século XIX da escola francesa de geografia. Refere-se a um conjunto de técnicas e hábitos criados pelo ser humano para a adaptação ao meio em que vive e para as trocas entre os grupos; é parte do mundo da cultura.

Griôs: termo de origem africana que diz respeito às pessoas de comunidades tradicionais que, por meio da oralidade, transmitem a cultura de sua comunidade para as próximas gerações. Assim, a continuidade das práticas culturais nesses lugares é possibilitada pelo papel dos griôs, por meio de sua memória e da linguagem.

Intersubjetividade: relação entre diferentes sujeitos, considerando-se que têm percepções, experiências e ligações distintas com o mundo e as pessoas que os cercam.

Performance: a ideia de *performance* está ligada a uma proposta interdisciplinar com a arte, tendo em vista a interface produtiva entre esse campo e o uso da *performance* na vida cotidiana, como as relações intercorpóreas, os movimentos e ritmos e as experiências emocionais. O conceito tem sido abordado como tema-chave no campo das teorias não representacionais, que, ao focarem a geografia do que acontece, dão atenção a rotinas roteirizadas, à natureza contínua da prática, permitindo o inesperado, o espontâneo, o ordinário das práticas corporificadas.

Savoir-faire: termo em francês que significa literalmente "saber-fazer". Seu uso é comum nas discussões que envolvem cultura, sendo geralmente entendido como manifestações culturais que envolvem tanto o conhecimento (saber) quanto a prática (fazer). Em inglês, o termo correspondente é *know-how*.

Teoria ator-rede: considerando-se a complexa rede de relações humanas, matéria orgânica e objetos materiais que constituem a experiência espacial, a teoria ator-rede, que emergiu na década de 1980, assume que objetos não são meros adereços para *performance*, e sim compõem montagens híbridas dotadas de personalidade difusa e agência relacional. Essas práticas projetam mundos e engajam performatividades; por isso, priorizam-se análises de práticas móveis para compreender a complexidade do mundo social.

Tombamento: medida que se aplica – com base em estudos, análise da importância histórica e políticas de legislação – para a preservação de bens patrimoniais materiais que devem ser protegidos e salvaguardados pela sociedade como um todo.

Tout court: termo em francês que significa "somente", "sem mais", "só isto", "simplesmente".

Referências

ALMEIDA, M. G. de. Geografia cultural e geógrafos culturalistas: uma leitura francesa. **Geosul**, v. 8, n. 15, p. 40-52, 1993. Disponível em: <https://periodicos.ufsc.br/index.php/geosul/article/view/12818/12002>. Acesso em: 13 set. 2024.

ALVES, P. C. (Org.). **Cultura:** múltiplas leituras. Bauru: Edusc; Salvador: Edufba, 2010.

AMORIM FILHO, O. B. A evolução do pensamento geográfico e a fenomenologia. **Sociedade & Natureza**, Uberlândia, v. 11, n. 21-22, p. 67-87, 1999.

AMORIM FILHO, O. B. **Ensaios sobre o conceito de cultura**. Rio de Janeiro: J. Zahar, 2012.

ANDERSON, B. Affective Atmospheres. **Emotion, Space and Society**, n. 2, p. 77-81, Dec. 2009.

ANDERSON, B.; HOLDEN, A. Affective Urbanism and the Event of Hope. **Space and Culture**, v. 11, n. 2, p. 142-159, May 2008.

ANDERSON, K.; SMITH, S. Editorial: Emotional Geographies. **Transactions of the Institute of British Geographers**, v. 26, n. 1, p. 7-10, Mar. 2001.

ANDREOTTI, G. Geografia emocional e cultural em comparação com a geografia racionalista. In: HEIDRICH, A. L.; COSTA, B. P. da; PIRES, C. L. Z. (Org.). **Maneiras de ler geografia e cultura**. Porto Alegre: Imprensa Livre/Compasso Lugar Cultura, 2013. p. 98-105.

ANDREOTTI, G. O senso ético e estético da paisagem. **Ra'e Ga – O Espaço Geográfico em Análise**, Curitiba, n. 24, p. 5-17, 2012. Disponível em: <https://revistas.ufpr.br/raega/article/download/26191/17414>. Acesso em: 16 ago. 2024.

BAUMAN, Z. **A cultura no mundo líquido moderno**. Rio de Janeiro: J. Zahar, 2013.

BAUMAN, Z. **Ensaios sobre o conceito de cultura**. Rio de Janeiro: J. Zahar, 2012.

BAUMAN, Z. **Identidade**: entrevista a Benedetto Vecchi. Rio de Janeiro: J. Zahar, 2005.

BELCHIOR. Conheço o meu lugar. Intérprete: Belchior. In: BELCHIOR. **Era uma vez um homem e seu tempo**. Rio de Janeiro: WEA, 1979. Faixa 6.

BILLE, M.; BJERREGAARD, P.; SØRENSEN, T. F. Staging Atmospheres: Materiality, Culture, and the Texture of the in-Between. **Emotion, Space and Society**, v. 15, p. 31-38, May 2015.

BÖHME, G. Atmosphere as the Fundamental Concept of a New Aesthetic. **Thesis Eleven**, v. 36, p. 113-126, Jan. 1993.

BOLLNOW, O. F. **O homem e o espaço**. Curitiba: Ed. da UFPR, 2008.

BONDI, L.; DAVIDSON, J.; SMITH, M. Introduction: Geography's Emotional Turn. In: DAVIDSON, J.; BONDI, L.; SMITH, S. (Ed.). **Emotional Geographies**. Aldershot: Ashgate, 2007. p. 1-16.

BONNEMAISON, J. Viagem em torno do território. In: CORRÊA, R. L.; ROSENDAHL, Z. (Org.). **Geografia cultural**: um século. Rio de Janeiro: EdUERJ, 2002. p. 83-131. v. 3.

BOSI, E. **Memória e sociedade**: lembranças de velhos. 3. ed. São Paulo: Companhia das Letras, 1991.

BUSER, M. Thinking through Non-Representational and Affective Atmospheres in Planning Theory and Practice. **Planning Theory**, v. 13, n. 3, p. 227-243, 2014.

BUTTIMER, A. Grasping the Dynamism of Lifeworld. **Annals of the Association of American Geographers**, v. 66, n. 2, p. 277-292, June 1976.

BUTTIMER, A. Lar, horizontes de alcance e o sentido de lugar. **Geograficidade**, Niterói, v. 5, n. 1, p. 4-19, verão 2015. Disponível em: <https://periodicos.uff.br/geograficidade/article/view/12915/pdf>. Acesso em: 13 set. 2024.

CADMAN, L. Nonrepresentational Theory/Nonrepresentational Geographies. In: KITCHEN, R.; THRIFT, N. (Ed.). **International Encyclopedia of Human Geography**. Oxford: Elsevier, 2009. p. 456-463.

CAMARGO, H. L. **Patrimônio histórico e cultural**. São Paulo: Aleph, 2002.

CANCLINI, N. G. **Consumidores e cidadãos**. Rio de Janeiro: Ed. da UFRJ, 2010.

CARLOS, A. F. A. **O espaço urbano**: novos escritos sobre a cidade. São Paulo: FFLCH, 2007.

CASSIRER, E. **Ensaio sobre o homem**: introdução a uma filosofia da cultura humana. 2. ed. São Paulo: WMF Martins Fontes, 2012.

CHAUI, M. **Cidadania cultural**: o direito à cultura. São Paulo: Fundação Perseu Abramo, 2006.

CHRISTOFOLETTI, A. As perspectivas dos estudos geográficos. In: CHRISTOFOLETTI, A. (Org.). **Perspectivas da geografia**. São Paulo: Difel, 1982. p. 11-36.

CLAVAL, P. **A geografia cultural**. 3. ed. Florianópolis: Ed. da UFSC, 2007.

CLAVAL, P. A geografia cultural no Brasil. In: BARTHE-DELOIZY, F.; SERPA, A. (Org.). **Visões do Brasil**: estudos culturais em geografia. Salvador: Edufba/L'Harmattan, 2012. p. 11-25.

CLAVAL, P. A geografia cultural: o estado da arte. In: CORRÊA, R. L.; ROSENDAHL, Z. (Org.). **Manifestações da cultura no espaço**. Rio de Janeiro: EdUERJ, 1999a. p. 59-98.

CLAVAL, P. Geografia cultural: um balanço. **Geografia**, Londrina, v. 20, n. 3, p. 5-24, set./dez. 2011a.

CLAVAL, P. Geografía cultural o abordaje cultural en geografía? In: ZUSMAN, P. et al. **Geografías culturales**: aproximaciones, intersecciones y desafíos. Buenos Aires: Editorial de la Facultad de Filosofía y Letras, 2011b. p. 293-314.

CLAVAL, P. Los fundamentos actuales de la geografía cultural. **Documents d'Anàlisi Geogràfica**, v. 34, p. 25-40, 1999b.

CORRÊA, R. L. A espacialidade da cultura. In: CORRÊA, R. L.; ROSENDAHL, Z. (Org.). **O Brasil, a América Latina e o mundo**: espacialidades contemporâneas. Rio de Janeiro: Lamparina, 2008a. p. 18-31. v. 1.

CORRÊA, R. L. A geografia cultural brasileira: uma avaliação preliminar. **Revista da Anpege**, Ponta Grossa, v. 4, n. 4, p. 73-88, 2008b.

CORRÊA, R. L. Carl Sauer e Denis Cosgrove: a paisagem e o passado. **Espaço Aberto**, Rio de Janeiro, v. 4, n. 1, p. 37-46, 2014.

CORRÊA, R. L. **Sobre a geografia cultural**. Porto Alegre: IHGRGS, 16 nov. 2009. Disponível em: <http://ihgrgs.org.br/artigos/contibuicoes/Roberto%20Lobato%20Corr%C3%AAa%20-%20Sobre%20a%20Geografia%20Cultural.pdf>. Acesso em: 13 set. 2024.

CORRÊA, R. L.; ROSENDAHL, Z. A geografia cultural no Brasil. **Revista da Anpege**, Ponta Grossa, v. 2, n. 2, p. 97-102, 2005.

CORRÊA, R.; ROSENDAHL, Z. (Org.). **Introdução à geografia cultural**. Rio de Janeiro: Bertrand Brasil, 2003.

CORRÊA, R. L.; ROSENDAHL, Z. (Org.). **O Brasil, a América Latina e o mundo**: espacialidades contemporâneas. Rio de Janeiro: Lamparina, 2008.

COSGROVE, D. Novos rumos da geografia cultural radical: problemas da teoria. In: CORRÊA, R.; ROSENDAHL, Z. (Org.). **Introdução à geografia cultural**. Rio de Janeiro: Bertrand Brasil, 2003. p. 135-146.

CRUZ, A.; DINIZ, M. Meu lugar. Intérprete: Arlindo Cruz. In: CRUZ, A. **Sambista perfeito**. Rio de Janeiro: Deckdisc, 2007. Faixa 1.

CUCHE, D. **A noção de cultura nas ciências sociais**. Bauru: Edusc, 1999.

DARDEL, E. **O homem e a Terra**: natureza da realidade geográfica. São Paulo: Perspectiva, 2015.

DIRKSMEIER, P.; HELBRECHT, I. Time, Non-Representational Theory and the "Performative Turn" – towards a New Methodology in Qualitative Social Research. **Forum Qualitative Sozialforschung**, v. 9, n. 2, May 2008.

DUFF, C. The Affective Right to the City. **Transactions Institute of British Geographers**, v. 42, n. 4, p. 516-529, June 2017.

DUNCAN, J. O supraorgânico na geografia cultural americana. **Espaço e Cultura**, Rio de Janeiro, n. 13, p. 7-33, jan./jun. 2002.

EDENSOR, T. **Geographies of Rhythms**: Nature, Place, Mobilities and Bodies. London: Ashgate, 2010.

ERNWEIN, M.; MATTHEY, L. Events in the Affective City: Affect, Attention and Alignment in Two Ordinary Urban Events. **Environment and Planning A: Economy and Space**, v. 51, n. 2, p. 283-301, Feb. 2019.

FERNANDES, N. da N. Geografia cultural, festa e cultura popular: limites do passado e possibilidades do presente. **Espaço e Cultura**, Rio de Janeiro n. 15, p. 1-20, 2003.

FRÉMONT, A. L'espace vécu et la notion de région. **Travaux de l'Institut Géographique de Reims**, n. 41-42, p. 47-58, 1980.

GEERTZ, C. **A interpretação das culturas**. Rio de Janeiro: LTC, 2008.

GIL FILHO, S. F. Espacialidades de conformação simbólica em geografia da religião: um ensaio epistemológico. **Espaço e Cultura**, Rio de Janeiro, n. 32, p. 78-90, jul./dez. 2012a.

GIL FILHO, S. F. Geografia das formas simbólicas em Ernst Cassirer. In: BARTHE-DELOIZY, F.; SERPA, (Org.). **Visões do Brasil**: estudos culturais em geografia. Salvador: Edufba/ L'Harmattan, 2012b. p. 47-66.

GIL FILHO, S. F. Notas para uma geografia das formas simbólicas em Ernst Cassirer. In: ENCONTRO NACIONAL DOS GEÓGRAFOS, 16., 2010, Porto Alegre. **Anais**... Porto Alegre: AGB, 2010.

GIL FILHO, S. F. Por uma geografia do sagrado. **Ra'e Ga – O Espaço Geográfico em Análise**, Curitiba, v. 5, p. 67-78, 2001.

GIL FILHO, S. F. Religião como forma simbólica e a fenomenologia em Ernst Cassirer. In: GIL FILHO, S. F. (Org.). **Liberdade e religião**: o espaço sagrado no século XXI. Curitiba: CRV, 2016. p. 65-78.

GOMES, P. C. da C. O conceito de região e sua discussão. In: CASTRO, I. E.; CORRÊA, R. L. (Org.). **Geografia**: conceitos e temas. 2. ed. Rio de Janeiro: Bertrand Brasil, 2000. p. 49-76.

GONÇALVES, J. R. S. O patrimônio como categoria de pensamento. In: ABREU, R.; CHAGAS, M. (Org.). **Memória e patrimônio**: ensaios contemporâneos. 2. ed. Rio de Janeiro: Lamparina, 2009. p. 25-33.

GRATÃO, L. H. B.; MARANDOLA JÚNIOR, E. Sabor da, na e para geografia. **Geosul**, Florianópolis, v. 26, n. 51, p. 59-74, jan./jun. 2011.

GREENHOUGH, B. More-than-human Geographies. In: LEE, R. et al. **The Sage Handbook of Human Geography**. Los Angeles: Sage, 2014. p. 94-119. v. 1.

GREGORY, D. Emotional Geography. In: GREGORY, D. et al. (Ed.). **The Dictionary of Human Geography**. 5. ed. London/New York: Wiley-Blackwell, 2011. p. 188-189.

GREGORY, D. et al. **The Dictionary of Human Geography**. 5. ed. Chichester/Oxford: Wiley-Blackwell, 2009.

GRIFFERO, T. **Atmospheres**: Aesthetics of Emotional Spaces. Surrey: Ashgate, 2010.

HAESBAERT, R. De espaço e território, estrutura e processo. **Economía, Sociedad y Territorio**, v. 13, n. 43, p. 805-815, 2013.

HAESBAERT, R. **Dos múltiplos territórios à multiterritorialidade**. Porto Alegre, set. 2004. Disponível em: <http://www.ufrgs.br/petgea/Artigo/rh.pdf>. Acesso: 13 set. 2024.

HAESBAERT, R. Identidades territoriais. In: CORRÊA, R. L.; ROSENDAHL, Z. (Org.). **Manifestações da cultura no espaço**. Rio de Janeiro: EdUERJ, 1999. p. 169-190.

HAESBAERT, R. Identidades territoriais: da multiterritorialidade à "reclusão" territorial ou do hibridismo cultural à essencialização das identidades. In: HAESBAERT, R.; ARAUJO, F. G. (Org.). **Identidades e territórios**: questões e olhares contemporâneos. Rio de Janeiro: Access, 2007. p. 33-56.

HAESBAERT, R. Região, regionalização e regionalidade: questões contemporâneas. **Antares: Letras e Humanidades**, Caxias do Sul, n. 3, p. 2-24, jan./jun. 2010. Disponível em: <https://edisciplinas.usp.br/pluginfile.php/4330801/mod_resource/content/1/3.haesbaert.pdf>. Acesso em: 13 set. 2024.

HAESBAERT, R. Território, cultura e desterritorialização. In: ROSENDAHL, Z.; CORRÊA, R. L. (Org.). **Religião, identidade e território**. Rio de Janeiro: EdUERJ, 2001.

HALL, S. **A identidade cultural na pós-modernidade**. 10. ed. Rio de Janeiro: DP&A, 2005.

HASSE, J. Emotions in an Urban Environment: Embellishing the Cities from the Perspective of the Humanities. In: SCHMID, H.; SAHR, W.-D.; URRY, J. (Ed.). **Cities and Fascination Beyond the Surplus of Meaning**. Surrey: Ashgate Publishing Limited, 2011. p. 49-74.

HAWKINS, H. Creative Geographic Methods: Knowing, Representing, Intervening: on Composing Place and Page. **Cultural Geographies**, v. 22, n. 2, p. 247-268, Feb. 2015.

HEIDRICH, A. L. Território e cultura: argumentos para uma produção de sentido. In: HEIDRICH, A. L.; COSTA, B. P. da; PIRES, C. L. Z. (Org.). **Maneiras de ler geografia e cultura**. Porto Alegre: Imprensa Livre/Compasso Lugar Cultura, 2013. p. 52-61.

HOBSBAWM, E. Introdução: a invenção das tradições. In: HOBSBAWM, E.; RANGER, T. (Org.). **A invenção das tradições**. Rio de Janeiro: Paz e Terra, 1997. p. 9-23.

HOLZER, W. **A geografia humanista**: sua trajetória 1950-1990. Londrina: Eduel, 2016.

HOLZER, W. A geografia humanista: uma revisão. **Espaço e Cultura**, Rio de Janeiro, n. 3, p. 8-19, 1996.

HOLZER, W. Memórias de viajantes: paisagens e lugares de um novo mundo. **GEOgraphia**, Niterói, v. 2, n. 3, p. 111-122, 2000.

HOLZER, W. O lugar na geografia humanista. **Território**, Rio de Janeiro, ano 4, n. 7, p. 67-78, jul./dez. 1999.

HOLZER, W. Sobre territórios e lugaridades. **Cidades**, v. 10, n. 17, p. 18-29, 2013. Disponível em: <https://periodicos.uffs.edu.br/index.php/cidades/article/view/12015/7714>. Acesso em: 13 set. 2024.

HUTTA, J. S. Territórios afetivos: cartografia do aconchego como uma cartografia de poder. **Caderno Prudentino de Geografia**, Presidente Prudente, n. 42, v. 2, p. 63-89, jun. 2020.

IPHAN – Instituto do Patrimônio Histórico e Artístico Nacional. **Patrimônio Mundial Cultural e Natural**. Disponível em: <http://portal.iphan.gov.br/pagina/de-talhes/29>. Acesso em: 18 mar. 2019.

JACQUES, P. B. Corpografias urbanas. **Arquitextos**, São Paulo, ano 8, fev. 2008. Disponível em: <https://vitruvius.com.br/revistas/read/arquitextos/08.093/165>. Acesso em: 13 set. 2024.

KOZEL, S. Geopoética das paisagens: olhar, sentir e ouvir a "natureza". **Caderno de Geografia**, v. 22, n. 37, p. 65-78, 2012. Disponível em: <https://periodicos.pucminas.br/index.php/geografia/article/view/3418/3866>. Acesso em: 13 set. 2024.

KOZEL, S. Um panorama sobre as geografias marginais no Brasil. In: HEIDRICH, A. L.; COSTA, B. P. da; PIRES, C. L. Z. (Org.). **Maneiras de ler geografia e cultura**. Porto Alegre: Imprensa Livre/Compasso Lugar Cultura, 2013. p. 12-27.

LAGO, M. C. de S. **Modos de vida e identidade**: sujeitos no processo de urbanização da Ilha de Santa Catarina. Florianópolis: Ed. da UFSC, 1996.

LARAIA, R. de B. **Cultura**: um conceito antropológico. Rio de Janeiro: J. Zahar, 2001.

LAUSCHKE, M. A arte em Ernst Cassirer. In: BRAGA, J.; GARCIA, R. (Org.). **Antropologia da individuação**: estudos sobre o pensamento de Ernst Cassirer. Porto Alegre: Fi, 2017. p. 163-178.

LEFEBVRE, H. **A vida cotidiana no mundo moderno**. São Paulo: Ática, 1991.

LEFEBVRE, H. **Elementos da ritmanálise**. Rio de Janeiro: Consequência, 2021.

LEFEBVRE, H. **La production de l'espace**. 4. ed. Paris: Éditions Anthropos, 2000.

LEHTOVUORI, P.; KOSKELA, H. From Momentary to Historic: Rhythms in the Social Production of Urban Space, the Case of Calçada de Sant'Ana, Lisbon. **The Sociological Review**, v. 61, n. S1, p. 124-143, June 2013.

LENCIONI, S. Região e geografia: a noção de região no pensamento geográfico. In: CARLOS, A. F. A. (Org.). **Novos caminhos da geografia**. 5. ed. São Paulo: Contexto, 2005. p. 187-204.

LÉVY, J. Qual o sentido da geografia cultural? **Revista do Instituto de Estudos Brasileiros**, n. 61, p. 19-38, ago. 2015. Disponível em: <https://www.revistas.usp.br/rieb/article/view/100758/99453>. Acesso em: 13 set. 2024.

LORIMER, H. Cultural Geography: the Busyness of Being "More-Then-Representational". **Progress in Human Geography**, v. 29, p. 83-94, 2005.

LUCHIARI, M. T. D. P. Urbanização turística: um novo nexo entre o lugar e o mundo. In: LIMA, L. C. (Org.). **Da cidade ao campo**: a diversidade do saber fazer turístico. Fortaleza: Ed. da UECE, 1998, p.15-29.

LUNA, T.; VALVERDE, I. Presentación: afecto, sentido, sensibilidad: miradas transversales sobre paisaje y emoción. In: LUNA, T.; VALVERDE, I. (Dir.). **Teoría y paisaje II**: paisaje y emoción – el resurgir de las geografías emocionales. Barcelona: Observatorio del Paisaje de Cataluña/ Universidad Pompeu Fabra, 2009. p. 5-9.

MACPHERSON, H. Non-Representational Approaches to Body–Landscape Relations. **Geography Compass**, v. 4, n. 1, p. 1-13, Jan. 2010.

MAIA, C. E. Ensaio interpretativo da dimensão espacial das festas populares: proposições sobre festas brasileiras. In: CORRÊA, R. L.; ROSENDAHL, Z. (Org.). **Manifestações da cultura no espaço**. Rio de Janeiro: EdUERJ, 1999. p. 191-218.

MALLER, C. **Healthy Urban Environments**: More-than-Human Theories. London/New York: Routledge, 2018.

MARANDOLA JR., E. Humanismo e a abordagem cultural em Geografia. **Geografia**, Rio Claro, v. 30, n. 3, p. 393-419, dez. 2005.

MARANDOLA JR., E. Fenomenologia e pós-fenomenologia: alternâncias e projeções do fazer geográfico humanista na geografia contemporânea. **Geograficidade**, Niterói, v. 3, n. 2, p. 49-64, 2013.

MARQUEZ, R. M. Arte e geografia. In: FREIRE-MEDEIROS, B.; COSTA, M. H. B. e V. da (Org.). **Imagens marginais**. Natal: EdUFRN, 2006. p. 11-22.

McCORMACK, D. **Refrains for Moving Bodies**: Experience and Experiment in Affective Spaces. Durham/London: Duke University Press, 2013.

MONASTIRSKY, L. B. Espaço urbano: memória social e patrimônio cultural. **Terr@ Plural**, Ponta Grossa, v. 3, n. 2, p. 323-334, jul./dez. 2009.

MONASTIRSKY, L. B. **Ferrovia**: patrimônio cultural – estudo sobre a ferrovia brasileira a partir da região dos Campos Gerais (PR). 190 f. Tese (Doutorado em Geografia) – Universidade Federal de Santa Catarina, Florianópolis, 2006. Disponível em: <https://ri.uepg.br/riuepg/bitstream/handle/123456789/867/TESE_LeonelBrizollaMonastirsky.pdf?sequence=1>. Acesso em: 18 set. 2024.

MOREIRA, R. **O pensamento geográfico brasileiro**: as matrizes clássicas originárias. 2. ed. São Paulo: Contexto, 2011.

NAYAK, A.; JEFFREY, A. **Geographical Thought**: an Introduction to Ideas in Human Geography. London: Routledge, 2011.

NOGUÉ, J. Geografías emocionales. **La Vanguardia**, p. 22, maio 2009.

NORA, P. Entre memória e história: a problemática dos lugares. **Projeto História: Revista do Programa de Estudos Pós-Graduados de História**, São Paulo, v. 10, p. 7-28, dez. 1993.

OLIVEIRA, L. Lugares míticos. **Geograficidade**, Niterói, v. 5, n. 2, p. 18-25, 2015.

ORNAT, M. J. Sobre espaço e gênero, sexualidade e geografia feminista. **Terr@ Plural**, Ponta Grossa, v. 2, n. 2, p. 309-322, jul./dez. 2008. Disponível em: <https://revistas.uepg.br/index.php/tp/article/view/1182/894>. Acesso em: 8 out. 2024.

ORNAT, M.; SILVA, J. M. Deslocamento cotidiano e gênero: acessibilidade diferencial de homens e mulheres ao espaço urbano de Ponta Grossa – Paraná. **Revista de História Regional**, Ponta Grossa, v. 12, n. 1, p. 175-195, 2007.

PAES, M. T. D. Patrimônio cultural, turismo e identidades territoriais: um olhar geográfico. In: ENCONTRO DE GEÓGRAFOS DA AMÉRICA LATINA, 12., 2009, Montevidéu.

PAIVA, D. Ambiance. In: BUHALIS, D. (Org.). **Encyclopedia of Tourism Management and Marketing**. Poole: Edward Elgar Publishing, 2022. p. 145-148.

PAIVA, D. **Manual de métodos qualitativos em geografia**. Lisboa: CEG; Igot, 2024.

PAIVA, D. Mapeando sonoridades. In: BRITO-HENRIQUES, E.; CAVACO, C.; LABASTIDA, M. (Ed.). **Ruínas e terrenos vagos**: explorações, reflexões e especulações. Lisboa: Centro de Estudos Geográficos da Universidade de Lisboa, 2019. p. 49-51.

PAIVA, D. Teorias não-representacionais na Geografia I: conceitos para uma geografia do que acontece. **Finisterra**, v. LII, n. 106, p. 159-168, dez. 2017. Disponível em: <https://revistas.rcaap.pt/finisterra/article/view/10196>. Acesso em: 13 set. 2024.

PAIVA, D. Teorias não-representacionais na geografia II: métodos para uma geografia do que acontece. **Finisterra**, v. LIII, n. 107, p. 159-168, 2018. Disponível em: <https://revistas.rcaap.pt/finisterra/article/view/10197/10622>. Acesso em: 13 set. 2024.

PAIVA, D.; SÁNCHEZ-FUARROS, I. The Territoriality of Atmosphere: Rethinking Affective Urbanism through the Collateral Atmospheres of Lisbon's Tourism. **Transactions of the Institute of British Geographers**, v. 46, n. 2, p. 392-405, Nov. 2021.

PAIVA, D. et al. A criação de geoetnografias como metodologia para o estudo dos ritmos urbanos. Uma aplicação no Chiado, Lisboa. **Scripta Nova**, Barcelona, v. XXI, n. 569, p. 1-29, jul. 2017.

PALLASMAA, J. Space, Place and Atmosphere: Emotion and Peripherical Perception in Architectural Experience. **Lebenswelt**, v. 1, n. 4, p. 230-245, July 2014.

PEDROSA, B. V. Sauer, Boas, Kroeber e a cultura superorgânica: notas sobre a relação entre geografia e antropologia. **Confins**, n. 23, 2015. Disponível em: <http://journals.openedition.org/confins/9958>. Acesso em: 13 set. 2024.

PELEGRINI, S.; FUNARI, P. **O que é patrimônio cultural imaterial**. São Paulo: Brasiliense, 2008.

PEREIRA, C.; TORRES, M. A. Espacialidades religiosas. In: GIL FILHO, S. F. (Org.). **Liberdade e religião**: o espaço sagrado no século XXI. Curitiba: CRV, 2016. p. 95-106.

PITOMBO, M. Entre o universal e o heterogêneo: uma leitura do conceito de cultura na Unesco. In: NUSSBAUMER, G. M. (Org.). **Teorias e políticas da cultura**: visões multidisciplinares. Salvador: Edufba, 2007. p. 115-138.

POLLAK, M. Memória e identidade social. **Estudos Históricos**, Rio de Janeiro, v. 5, n. 10, p. 200-212, 1992.

POUTIGNAT, P.; STREIFF-FENART, J. **Teorias da etnicidade**: seguido de grupos étnicos e suas fronteiras. São Paulo: Ed. da Unesp, 1998.

RELPH, E. As bases fenomenológicas da geografia. **Geografia**, Rio Claro, v. 4, n. 7, p. 1-25, abr. 1979.

RELPH, E. **Place and Placelessness**. London: Pion, 1976.

ROCHA, L. B. Fenomenologia, semiótica e geografia da percepção: alternativas para analisar o espaço geográfico. **Revista da Casa da Geografia de Sobral**, Sobral, v. 4/5, p. 67-79, 2002/2003.

ROSENDAHL, Z. Cultura, turismo e identidade. In: NUSSBAUMER, G. M. (Org.). **Teorias e políticas da cultura**: visões multidisciplinares. Salvador: Edufba, 2007. p. 245-256.

ROSENDAHL, Z. Geografia da religião: uma proposição temática. **Geousp: Espaço e Tempo**, São Paulo, n. 11, p. 9-19, 2002.

ROSENDAHL, Z. Geografia e religião. **Boletim Gaúcho de Geografia**, Porto Alegre, v. 20, p. 96-99, dez. 1995.

ROSENDAHL, Z. Representações do sagrado: ratificando o domínio da emoção e do sentimento do ser-no-mundo. In: COLÓQUIO NACIONAL DO NÚCLEO DE ESTUDOS EM ESPAÇO E REPRESENTAÇÕES, 2006, Curitiba. **Anais**... Curitiba: Neer/Ed. da UFPR, 2006.

ROSENDAHL, Z. Sobre emoções e lugares: contribuições da geografia das emoções para um debate interdisciplinar. **Revista Brasileira de Sociologia da Emoção**, João Pessoa, v. 17, n. 50, p. 69-84, ago. 2018.

SAQUET, M. A. Reflexões sobre o conceito de território e suas relações com os estudos de cultura e identidade. In: HEIDRICH, A. L.; COSTA, B. P. da; PIRES, C. L. Z. (Org.). **Maneiras de ler geografia e cultura**. Porto Alegre: Imprensa Livre/Compasso Lugar Cultura, 2013. p. 37-51.

SAUER, C. Geografia cultural. **Espaço e Cultura**, Rio de Janeiro, n. 3, p. 1-7, 1997.

SEAMON, D. Corpo-sujeito, rotinas espaço-temporais e danças-do-lugar. **Geograficidade**, Niterói, v. 3, n. 2, p. 4-18, 2013.

SILVA, J. M. Amor, paixão e honra como elementos da produção do espaço cotidiano feminino. **Espaço e Cultura**, Rio de Janeiro, n. 22, p. 97-109, 2007.

SILVA, J. M. Um ensaio sobre as potencialidades do uso do conceito de gênero na análise geográfica. **Revista de História Regional**, Ponta Grossa, n. 8, v. 1, p. 31-45, verão 2003.

SILVA, L. L. S. Elucidando as teorias não-representacionais. **Geotemas**, Pau dos Ferros, v. 13, p. 1-20, 2023. Disponível em: <https://periodicos.apps.uern.br/index.php/GEOTemas/article/view/4389/3558>. Acesso em: 13 set. 2024.

SILVA, L. Uma geografia do que acontece. **Revista Geografia Acadêmica**, v. 16, n. 2, p. 72-85, 2022. Disponível em: <https://revista.ufrr.br/rga/article/view/7573/3761>. Acesso em: 13 set. 2024.

SILVA, L.; COSTA, A. Utilizando a time geography como estratégia para a pesquisa mais-que-representacional. **Recital: Revista de Educação, Ciência e Tecnologia de Almenara**, v. 5, n. 1, p. 131-149, jan./abr. 2023. Disponível em: <https://recital.almenara.ifnmg.edu.br/index.php/recital/article/view/361/161>. Acesso em: 13 set. 2024.

SILVA, M. A. S. da. Sobre emoções e lugares: contribuições da geografia das emoções para um debate interdisciplinar. **RBSE – Revista Brasileira de Sociologia da Emoção**, v. 17, n. 50, p. 69-84, ago. 2018. Disponível em: <https://www.academia.edu/40251979/On_emotions_and_places_contributions_of_the_Geography_of_Emotions_to_an_interdisciplinary_debate>. Acesso em: 14 out. 2024.

SILVA, M. A. S. da. Por uma geografia das emoções. **GEOgraphia**, Niterói, v. 18, n. 38, p. 99-119, 2016.

SILVA, M. A. S. da; ARRUDA, C. Movimento como convite para fazer geografias: corpo, espaço e emoções. **Geografares**, Vitória, Brasil, v. 1, n. 32, p. 124-143, 2021.

SILVA, M. A. S. da et al. Ruínas, atmosferas, abandonos: desVER o mundo a partir de diálogos interdisciplinares. In: SOUZA JÚNIOR, C. R. B.; SILVA, L. L. (Org.). **Irrupções geográficas**: afetos, lugares e paisagens para além das representações. Vitória: Rasuras, 2024, p. 245-285.

SOUZA JÚNIOR, C. R. B. Geografias culturais mais-que-humanas rumo ao coabitar na Terra. **Mercator**, Fortaleza, v. 20, p. 1-10, 2021. Disponível em: <https://www.scielo.br/j/mercator/a/bj4MCYjMFZJw8MXMShs9Gdr/?format=pdf&lang=pt>. Acesso em: 14 out. 2024.

SOUZA JÚNIOR, C. R. B.; ALMEIDA, M. G. Geografias criativas: afinidades experienciais na relação arte-geografia. **Sociedade e Natureza**, Uberlândia, v. 32, p. 484-493, 2020. Disponível em: <https://www.scielo.br/j/sn/a/GnX7hnhbh7DFJVr5vkbTCws/?format=pdf&lang=pt#:~:text=As%20afinidades%20experienciais%20com%20a,quanto%20quem%20busca%20seus%20resultados.>. Acesso em: 13 set. 2024.

SUMARTOJO, S.; EDENSOR, T.; PINK, S. Atmospheres in Urban Light. **Ambiances**, v. 5, p. 1-20, Mar. 2019.

THE MASK You Live in. Direção: Jennifer Siebel Newsom. EUA, 2015. 97 min.

THIBAUD, J.-P. The Backstage of Urban Ambiances: When Atmospheres Pervade Everyday Experience. **Emotion, Space and Society**, v. 15, p. 39-46, May 2015.

THRIFT, N. **Non-Representational Theory**: Space, Politics, Affect. London: Routledge, 2008.

THRIFT, N. **Spatial Formations**. London: Sage, 1996.

TORRES, M. A. **A paisagem sonora da Ilha dos Valadares**: percepção e memória na construção do espaço. 152 f. Dissertação (Mestrado em Geografia) – Universidade Federal do Paraná, Curitiba, 2009.

TRIGG, D. Introduction. In: TRIGG, D. (Org.). **Atmospheres and Shared Emotions**. New York: Routledge, 2022. p. 1-14.

TUAN, Y.-F. **Espaço e lugar**: a perspectiva da experiência. Londrina: Eduel, 2013.

TUAN, Y.-F. **Topofilia**: um estudo da percepção, atitudes e valores do meio ambiente. Londrina: Eduel, 2012.

VANNINI, P. In Time, Out of Time: Rhythmanalyzing Ferry Mobilities. **Time & Society**, v. 21, n. 2, p. 241-269, July 2012.

VANNINI, P. Non-Representational Research Methodologies: an Introduction. In: VANNINI, P. (Org.). **Non-Representational Methodologies**: Re-Envisioning Research. New York: Routledge, 2015. p. 1-18.

WARNIER, J. P. **A mundialização da cultura**. Bauru: Edusc, 2000.

WHATMORE, S. Materialist Returns: Practising Cultural Geography in and for a More-Than-Human World. **Cultural Geographies**, v. 13, n. 4, p. 600-609, Oct. 2006.

WUNDERLICH, F. Walking and Rhythmicity: Sensing Urban Space. **Journal of Urban Design**, v. 13, n. 1, p. 125-139, Feb. 2008.

Bibliografia comentada

ANDREOTTI, G. **Paisagens culturais**. Curitiba: Ed. da UFPR, 2013.

 O livro da geógrafa italiana Giuliana Andreotti trata da paisagem para além de algo a construir ou proteger, considerando-se que é preciso reconhecê-la, percebê-la, escutá-la e descrevê-la. O modo de perceber o espaço é fundamental para penetrar nas paisagens com sensações e sentimentos, imprimindo-se um olhar mais sensível e humanizado. A discussão da paisagem cultural nessa perspectiva permite integrar a relação entre a experiência humana e os fenômenos naturais e culturais. Para analisar a paisagem cultural, a autora relata sua experiência com alguns lugares da Itália, como as paisagens do Rio Adige, do Vale Fassa, da Toscana e da Sardenha. A leitura é muito rica e permite entender a paisagem cultural em sua totalidade.

AZEVEDO, A. F.; REGO, N. (Org.). **Geografias e (in)visibilidades**: paisagens, corpos, memórias. Porto Alegre: Compasso Lugar Cultura, 2017.

 Composta por diversos artigos, essa coletânea apresenta um debate sobre o visível e o invisível na geografia, abordando discussões tradicionalmente marginais – como questões do corpo, da memória e das paisagens culturais – e revelando a multiplicidade, a diversidade e a diferença da vida que podem ser traduzidas em termos geográficos. Por meio do retrato de experiências no Brasil e em Portugal, o livro enfoca aquilo que é visível para muitas pessoas, mas invisível para o debate mais tradicional da geografia, ao privilegiar a dimensão dos indivíduos e de suas vivências cotidianas.

CORBIN, A.; COURTINE, J.-J.; VIGARELLO, G. (Dir.). **História das emoções**. Petrópolis: Vozes, 2020. 3 v.

Essa coletânea de três volumes aborda as emoções no decorrer da história. O primeiro volume contempla "Da Antiguidade às Luzes", ao passo que o segundo volume trata "Das Luzes até o final do século XIX", com destaque para as dinâmicas da sensibilidade humana e as experiências efêmeras. No terceiro volume, "Do final do século XIX até hoje", são analisadas as relações interpessoais, buscando-se compreender de que maneira problemas como ansiedade, crises econômicas e a ascensão constante de novas tecnologias têm afetado a vida moderna, de modo a dificultar ainda mais o entendimento daquilo que sentimos.

CORRÊA, R. L.; ROSENDAHL, Z. (Org.). **Geografia cultural**: uma antologia. Rio de Janeiro: EdUERJ, 2012. v. 1.

CORRÊA, R. L.; ROSENDAHL, Z. (Org.). **Geografia cultural**: uma antologia. Rio de Janeiro: EdUERJ, 2013. v. 2.

Em dois volumes, essa coletânea de artigos conta com publicações de autores nacionais e internacionais, com uma rica análise sobre a geografia cultural, seus caminhos, perspectivas e temas de pesquisa, revelando a pluralidade da discussão cultural na geografia. Entre outros, constam textos de Denis Cosgrove, James Duncan, Augustin Berque, Jean Gallais, Zeny Rosendahl e Rogério Haesbaert.

HAESBAERT, R. **Por amor aos lugares**. Rio de Janeiro: Bertrand Brasil, 2017.

Nesse livro, o geógrafo Rogério Haesbaert, professor da Universidade Federal Fluminense (UFF), desenvolve uma proposta diferente com relação a outras obras suas, pois oferece crônicas de suas viagens ao redor do mundo nos últimos anos. Ele apresenta um olhar sensível sobre os lugares que conheceu em viagens curtas e sobre lugares em que morou durante um tempo, no Oriente e no Ocidente. Ao falar das memórias, das emoções, do encontro com o diferente, Haesbaert não deixa de lado seu olhar geográfico sobre a vida, mas narra tais experiências sem ter como foco conceitos ou categorias geográficas, considerando suas experiências em termos culturais, vinculados às transformações das paisagens, aos hábitos cotidianos, aos espaços de bem-estar. Trata-se de uma leitura leve e sensível sobre os espaços da vida e os espaços de passagem.

OLIVEIRA, L. de. **Percepção do meio ambiente e geografia**: estudos humanistas do espaço, da paisagem e do lugar. São Paulo: Cultura Acadêmica, 2017.

A publicação desse livro é um importante marco para a geografia humanista brasileira, pois reúne os textos escritos por Lívia de Oliveira no decorrer de sua carreira, iniciada em 1962. Sistematizando seu pensamento, a autora apresenta uma publicação carregada de humanismo, cuidado e afeto, contribuindo para uma compreensão epistemológica do espaço, levando em consideração as questões da percepção e da cognição humanas. A autora deu uma importante contribuição para a discussão a respeito de Jean Piaget, inserindo-o na geografia para discutir a epistemologia do espaço, a percepção ambiental, os estudos cognitivos e a paisagem geográfica.

PAIVA, D. **Affective Urbanism**. Berlin: Springer Nature, 2024.

Essa obra aborda o conceito de urbanismo afetivo e as diversas experiências urbanas que o fundamentam, discutindo como o urbanismo voltado à experiência vem se desdobrando em duas vertentes principais: uma delas, pautada na economia da experiência, concebe a cidade como um espaço de consumo que explora elementos afetivos e sensoriais para atrair consumidores; já a outra propõe intervenções urbanas que priorizam práticas de cuidado e curadoria, sensíveis às necessidades cotidianas das populações urbanas diversas. Embora ambas as abordagens utilizem o afeto para transformar os espaços e as relações nas cidades, os resultados que produzem são distintos. O livro explora essas nuances a fim de compreender as diferentes maneiras pelas quais o afeto molda as espacialidades urbanas.

SOUZA JÚNIOR, C. R. B.; SILVA, L. L. (Org.). **Irrupções geográficas**: afetos, lugares e paisagens para além das representações. Vitória: Rasuras, 2024.

Essa coletânea propõe uma abordagem mais-que-representacional, oferecendo novas perspectivas ainda pouco exploradas na geografia brasileira. Com o intuito de incentivar futuras pesquisas sobre as complexas apreensões espaço-temporais nas irrupções afetivo-performáticas, esse livro busca ser um marco de referência nesse campo, fomentando um diálogo profundo entre as percepções sensíveis e as expressões da geograficidade que moldam nossa existência. Os artigos que compõem a coletânea buscam ir além das representações convencionais, abrindo espaço para uma pluralidade de investigações e trocas intelectuais sobre a complexidade das relações entre seres, objetos e o mundo.

Respostas

Capítulo 1

Atividades de autoavaliação

2. a

3. c

4. a

5. c

6. b

Capítulo 2

Atividades de autoavaliação

7. c

8. d

9. a

10. c

11. d

Capítulo 3

Atividades de autoavaliação

12. d

13. a

14. c

15. d

16. c

Capítulo 4

Atividades de autoavaliação

17. c

18. b

19. d

20. a

21. b

Capítulo 5

Atividades de autoavaliação

22. a

23. b

24. c

25. c

26. a

Capítulo 6

Atividades de autoavaliação

27. c

28. c

29. b

30. a

31. a

Capítulo 7

Atividades de autoavaliação

32. d

33. b

34. d

35. c

36. c

Sobre a autora

Marcia Alves Soares da Silva é doutora em Geografia (2019) pela Universidade Federal do Paraná (UFPR), mestra em Geografia (2014) pela Universidade Federal Fluminense (UFF) e licenciada em Geografia (2011) pela Universidade Estadual de Ponta Grossa (UEPG). Foi bolsista Capes no Programa de Doutorado Sanduíche no Exterior, no Departamento de Filosofia da Universidade de Évora, em Portugal (2017).

Atualmente, é docente do Departamento e do Programa de Pós-Graduação em Geografia da Universidade Federal de Mato Grosso (UFMT). Participa do Núcleo de Estudos em Espaço e Representações (Neer) e do Grupo de Pesquisa Geografia Humanista Cultural (GHUM) e coordena o Grupo de Pesquisa História do Pensamento Geográfico e Epistemologia da Geografia (HPGEO). Tem experiência em pesquisa, extensão e ensino na área de geografia, com ênfase em geografia cultural, geografia humanista, geografia social e geografia urbana.

Impressão:
Fevereiro/2025